KB169840

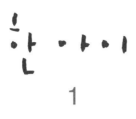

안아이

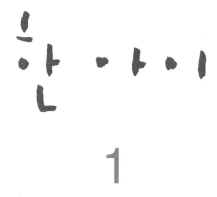

한 아이

1

토리 헤이든 지음 | 이희재 옮김

아름드리미디어

드디어 서광이……

마침내 그 순간이 왔다. 몇 달 동안 이제나저제나 하고
숨죽여 기다려온 그 순간이 드디어 눈앞의 현실로 나타난 것이다.

아이는 놀랍게도 진짜 눈물을 쏟았고, 나는 잠시 할 말을 잊은 채
그 아이를 바라보는 수밖에 없었다. 나는 아이를 꼬옥 끌어안았다.
아이는 내 옷을 움켜잡았다. 살갗을 파고드는 아이의 손가락에서
둔중한 아픔이 느껴졌다. 그 애는 하염없이 울었다.
내가 할 수 있는 일이라곤 아이를 안은 채 흔들어주는 게 전부였다.
좁은 방 안에서 내 팔과 가슴은 아이의 눈물과 뜨거운 숨결로
촉촉이 젖어갔다.

당연히, 쉴라에게 바칩니다.

사람들은 곧잘 내 방 벽에 붙어 있는
시에 대해서 묻곤 합니다.
이제 아무래도 그들에게 시의 주인공을
알려야 할 순간이 온 듯합니다.
제 글이 그 시의 절반이라도
따라갈 수 있기를 바라면서.

들어가는 말

저는 반평생을 정서장애아들과 함께 생활했습니다. 대학에 들어가던 해 가을, 저는 미취학 장애아를 위한 탁아 프로그램에 자원봉사자로 참여했습니다. 그것을 계기로 저는 아동 정신질환의 무궁무진한 세계에 깊이 빠져들었습니다. 그 후 저는 세 개의 관련 학위를 취득했고, 보조교사, 교사, 대학 강사, 정신병원 연구원으로 다섯 개 주를 옮겨다니며 사설 탁아소와 공립학교, 정신병원의 격리병동과 주립 보호시설에서 근무했습니다. 구름 잡듯 아득하기만 한 정서장애아의 세계로 들어갈 수 있는 마법의 열쇠를 찾아내고 싶다는 소망은 늘 제 머리를 떠나지 않았습니다만, 그런 열쇠란 건 존재하지 않으며 아무리 사랑을 쏟아 부어도 절망감밖에 안겨주지 않는 아이가 있기 마련이라고 체념하고 싶은 순간도 허다했습니다. 하지만 인간 영혼에 대한 믿음은 모든 합리적 추론을 넘어서고 인간이 지닌 허약한 이성의 울타리를 뛰어넘는가 봅니다.

종종 사람들은 제게 직업과 관련된 질문들을 던지곤 합니다. 가장 흔히 받는 질문은 좌절감이 들지 않느냐는 것입니다. 폭력과 빈곤, 약물 중독과 알코올 중독, 성적 학대와 구타, 무관심과 방치 속에서 날마다 생활하다보면 못 견디겠다는 생각이 들지 않느냐고 묻는 대학생들이 많습니다. 일반학급의 교사들 역시 죽도록 애썼는데도 이렇다 할 결과가 나타나지 않을 때 좌절감이 들지 않느냐고 질문하곤 합니다. 아무리 뼈 빠지게 고생해봤자 겨우 중간이 될까 말까 한 아이도 나오기 힘들고, 우리 기준으로는 정상인처럼 생산적이고 건설적인 인생을 살 수 있는 아이가 거의 없을 텐데, 어떻게 좌절하지 않고 견디냐는 게 그들의 한결같은 질문입니다. 정말 많은 사람들이 묻습니다.

하지만 실제로는 그렇지가 않습니다. 그 아이들도 그저 어린아이들일 뿐입니다. 가끔은 저도 실망을 느끼지만 그건 보통 아이들한테서도 똑같이 느끼는 감정입니다. 그 아이들은 눈물겹도록 인정이 많고 무섭도록 감수성이 예민합니다. 저는 광기만이 진실을 숨김없이 드러내는 건지도 모른다는 생각을 할 때가 많습니다.

그뿐이 아닙니다. 이 아이들에게는 용기가 있습니다. 우리는 저녁 뉴스 시간에 방송되는 아득히 먼 곳에서 일어난 모험과 사건들에서는 새로운 흥분을 느끼곤 하지만, 정작 우리 안에서 벌어지는 생생한 드라마는 자주 간과하고 있습니다. 제 보기에 이것은 불행한 일입니다. 이곳에서는 그 어떤 세상사에서도 우리가 접할 수 없는 용기가 펼쳐지고 있으니까요. 끔찍한 악몽에 짓눌려 손가락을 놀리는 일 하나에서조차 이루 말할 수 없는 공포를 느끼며 살아가는 아이들이 있습니다. 필설로는 형언할 수 없는 폭력과 학대를 받으며 살아가는 아이들도 있고, 짐승보다 못한 대우를 받으며 살아가는 아이들도 있습니다. 사랑 없이 살아가는 아이들도 있습니다. 또 희망 없이 살아가는 아이들도 있습니다. 그래도 이 아이들은 견딥니다. 달리 방도가 없으니 하는 수 없이 자기의 처지를 받아들인다고나 할까요.

이 책에는 한 아이의 이야기가 담겨 있습니다. 저는 동정을 받으려고 이 책을 쓴 건 아닙니다. 교사로서 칭찬을 들으려고 쓴 것도 아닙니다. 이런 현실을 모르고 평화롭게 살아가는 사람들의 마음을 심란하게 만들려고 이 책을 쓴 건 더더욱 아닙니다. 저는 마음의 병을 앓는 아이들과 생활하면서 좌절감을 느끼지 않느냐고 묻던 바로 그 질문에 대한 답변으로 이 책을 썼습니다. 이 책은 인간의 영혼에 바치는 노래입니다. 이 어린 소녀는 제가 아는 모든 아이들과 다를 바 없습니다. 우리 모두처럼, 그 소녀도 살아남았습니다.

예상했어야 했다.

그것은 신문 6면의 연재만화 하단에 박힌 겨우 몇 줄에 불과한 기사였다. 기사는 이웃집 아이를 유괴한 여섯 살짜리 여자아이의 이야기를 전하고 있었다. 11월의 추운 어느 날 밤, 그 소녀는 세 살 난 남자아이를 숲으로 끌고 가 나무에 묶은 채로 불을 질렀다. 병원에 실려간 남자아이는 현재 생명이 위독한 상태였고 소녀는 수감되었다.

나는 다른 기사를 접할 때와 다를 바 없이 그 기사를 읽어 넘기면서 말세가 따로 없다는 역겨움을 잠시 느꼈다. 그날 저녁 설거지를 하는데, 그 기사가 다시 머리에 떠올랐다. 경찰이 소녀를 어떻게 다루었을지 궁금했다. 여섯 살짜리를 감옥에 넣은 건 아닐까? 나는 찬바람이 새어드는 시립 구치소 안에 갇혀 문짝을 두드리는 아이의 모습을 그리면서 카프카의 소설에 나오는 고립무원의 상황을 연상했다. 그런 내 생각에 사사로운 연민이나 애틋함은 없었다. 그 일이 나와 관계가 있으리라는 생각은 더더욱 못했다.

그런 배경을 가진 여섯 살짜리 아이를 자기 반에 받아들일 교사가 있을 리 만무하다는 사실을 나는 미처 깨닫지 못하고 있었다. 그런 아이가 자기 자식과 같은 반에 있는 걸 달가워할 부모가 없다는 사실도, 그런 아이가 동네를 활보하며 다니기를 바랄 사람이 있을 리 없다는 사실도 알지 못했다. 결국 그 아이는 내게 올 수밖에 없는 처지였는데도 나는 그걸 까맣게 모르고 있었다.

나는 우리 학교에서 '쓰레기반'이라는 애칭으로 불리는 학급을 이끌고 있었다. 다음 해부터는 특수아동들을 일반학급에 넣어서 가르치게 되어 있었기에, 특수아동들을 여러 개의 반으로 나누어 가르치는 제도는 그 해가 마지막이었다. 정신지체아를 위한 반, 정서장애아를 위한 반, 신체장애아를 위한 반, 행동장애아를 위한 반, 학습장애아를 위한 반이 있었고, 마지막으로 우리 반이 있었다. 어디에도 집어넣기가 곤란한 여덟 명의 아이가 내 몫으로 돌아왔다. 우리 반에서도 포기한 아이는 보호시설로 들어가야 했다. 받아주는 곳 없는 어린이가 들어오는 반이 바로 우리 반이었다.

그 해 봄부터 나는 일반학급에 다니는 정서장애아와 학습장애아에게 도움을 주는 지원교사로 일하고 있었다. 당시에 나는 이런저런 자격으로 그 지역의 교육 분야에 관여하고 있었기에 5월 어느 날, 에드 서머스 특수교육 국장이 내게 와서 가을부터 쓰레기반을 맡아줄 용의가 있느냐고 물었을 때도 별로 놀라지 않았다. 그는 내가 중증의 장애아를 다뤄본 경험이 많고, 큰애들보다 어린애들을 더 선호한다는 사실을 잘 알고 있었다. 뿐만 아니라 내게는 강한 도전 의욕이 있다는 것도 잘 안다고 국장은 덧붙였다. 그 말을 던지고는 그도 내게 쏟아놓은 찬사가 다소 작위적이었다고 생각했는지 겸연쩍게 웃었지만, 국장으로서야 지푸라기라도 잡고 싶은 심정이 아니었을까 싶다.

망설이지 않았던 것은 아니지만 나는 그의 요청을 수락했다. 아이들을 내 주도 아래 가르칠 수 있는 나만의 반을 다시 갖고 싶다는 욕망이 더 강했던 것이다. 본의는 아니었을 테지만, 내게는 억압적으로 비쳤던 교장에게서 벗어나고 싶다는 생각도 작용했다. 교장은 호인이었지만 나와는 사물을 바라보는 시각이 달랐다. 그는 내 자유분방한 옷차림과 어수선한 교실을 탐탁지 않게 여겼고, 아이들이 거리낌 없이 내 이름을 부르는 것도 좋아하지 않았다. 물론 이런 것들은 사소한 문제였지만, 모든 사소한 문제가 그렇듯이 나중에는 커다란 고민거리가 되었다. 에드의 요청대로 학급을 맡으면 내 복장, 너저분한 교실, 아이들과 허물없이 지내는 행동을 눈감아주지 않겠는가라는 계산도 작용했다. 그 정도면 나는 어떤 난관도 극복할 수 있으리라는 자신감을 갖고 그 일을 떠맡았다.

하지만 계약서에 서명을 할 때부터 첫날 수업이 끝나기까지의 사이에, 내 자신감은 벌써 크게 흔들렸다. 첫 충격은 내가 그때까지 있던 학교로 돌아가서 똑같은 교장 밑에서 일해야 한다는 사실이었다. 이제 교장은 나만이 아니라, 여덟 명의 아주 특별한 아이들에 대해서도 걱정을 일삼을 것이 불 보듯 뻔했다. 우리는 그 자리에서 체육관에 유일하게 딸려 있던 방 하나를 배정받았다. 이로써 우리는 학교에서 완전히 격리되었다. 아이들이 좀 더 컸고 참을성이 있었다면, 우리 방도 그런대로 좁지는 않다고 볼 수도 있었으리라. 그러나 여덟 명의 어린애와 두 명의 어른, 열 개의 책상과 세 개의 탁자, 네 개의 책꽂이와 하룻밤 자고 날 때마다 몇 배씩 불어나는 것처럼 보이는 헤아릴 수 없이 많은 의자들을 생각하면 방은 턱없이 비좁았다. 그래서 우리는 고육책으로 교사용 책상과 책꽂이 두 개, 서류함, 아홉 개 가량 되는 작은 의자를 들어냈고, 결국은 아이들 책상도 밖으로 내갔다. 또 그 방은 길쭉한 데다, 창문이라고는 맨 끝에 달랑 하나뿐이었다. 원래 심리검사와 상담용으로 만든 방이어서 나무로 된 바닥에다 양탄자까지 깔려 있었지만, 낮이면 낮답게 불을 켤 필요가 없고 뭘 흘리더라도 스며들거나 얼룩이 남지 않는 리놀륨 바닥으로 된 방만 얻을 수 있다면, 나는 언제라도 그런 호사스러움쯤은 양보할 준비가 되어 있었다.

우리 반 아이들의 수는 중증장애아의 수용 상한선에 이미 도달해 있었기 때문에, 나는 주(州) 법에 따라 한 명의 정식 보조교사를 둘 수 있었다. 내가 원한 사람은 지난해에 함께 일한 적이 있는, 유능한 두 여성 가운데 한 사람이었다. 하지만 실망스럽게도 내게 돌아온 것은 신규 채용된 직원이었다. 내가 살던 지역은 주립병원과 주립교도소, 대규모 계절 이주노동자 집단 거주지를 가까운 곳에 두고 있었기에 막대한 복지비 부담으로 휘청거리고 있었다. 이 때문에 비숙련직은 사회복지국에 명단이 올라 있는 실업자들 몫으로 돌아가게 마련이었다. 나로서는 한 번도 보조교사를 비숙련직으로 여긴 적이 없지만, 사회복지국의 입장은 달랐다. 개학 첫날 나를 맞이한 사람은 영어보다는 스페인어를 잘하고 키가 후리후리한 멕시코계 미국인이었다. 안톤은 스물아홉 살이었는데 고등학교도 졸업하지 못한 사람이었다. 그는 아이들과 생활하는 이런 일은 처음이라고 솔직히 시인했다. 또 그가 딱히 이런 일을 원한 것도 아니었다. 나라에서 마련해준 일자리를 걷어차면

실업 수당이 끊긴다는 게 그의 궁색한 설명이었다. 그는 유치원생이 앉으면 좋을 아담한 의자에 구부정하게 걸터앉더니, 이 일자리에 눌러 앉게 되면 난생처음 다른 이주노동자들을 따라 겨울에 캘리포니아로 가지 않고 이 북부지방에 남아 있게 된다고 말했다. 교사는 그렇게 우리 둘이었다. 그리고 나중에 학기가 시작되고 나면, 열네 살 먹은 여중생 한 명이 자습 시간을 이용해서 매일 두 시간씩 우리 반에 와서 아이들과 함께 지내주기로 했다. 나는 이런 체제로 아이들을 맞이했다.

여덟 명의 아이들에게 내가 남다른 기대를 걸었던 건 아니었다. 이때쯤에는 적어도 그런 순진함에 빠져들지 않을 만큼은 나도 관록이 붙어 있었다. 그리고 놀라거나 충격을 받았을 때도 그런 감정을 절대로 드러내지 않는 게 최선의 방어책이라는 사실도 그동안의 경험으로 터득해놓고 있었다. 그쪽이 더 안전한 길이었다.

8월 아침에 처음 모습을 나타낸 아이는 피터였다. 여덟 살짜리 피터는 둥글게 부푼 머리를 하고 행동이 거친 아이였다. 피터는 심한 발작과 갈수록 거칠어지는 폭력적 행동을 유발하는 악성 신경질환이라는 병명이 무색하리만큼 튼튼해 보였다. 피터는 화가 잔뜩 나서 욕설을 내뱉고 고래고래 악을 쓰면서 방으로 뛰어들어왔다. 그 애는 학교도 싫고 나도 싫고 우리 반도 싫다고 말하면서 엿 같은 이 방에 있고 싶지 않다고 했지만, 내가 그 애의 요구를 받아들일 수는 없었다.

그 다음은 타일러였다. 그 아이가 여자아이라는 걸 알고 나는 약간 놀랐다. 타일러는 곱슬곱슬한 까만 머리를 푹 숙인 채 엄마 뒤에 살며시 숨어 있었다. 아직 여덟 살밖에 안 되었는데도 이미 두 차례의 자살 미수 경험이 있는 아이였다. 두 번째로 자살을 시도하면서 마신 하수구 세척제가 식도 일부를 녹여버렸기에 목에 달린 인공 튜브와 가장자리가 벌건 수술 자국들이 이 소녀가 저지른 끔찍한 일을 드러내주고 있었다.

맥스와 프레디는 둘 다 엉엉 울면서 질질 끌려왔다. 덩치가 크고 금발인 여섯 살짜리 맥스에게는 유아자폐증이라는 꼬리표가 달려 있었다. 맥스는 기이한 소리를 내고 날갯짓을 하면서 방 안을 빙글빙글 돌아다녔다. 맥스의 어머니는 예측 불허의 행동을 일삼는 아들 때문에 어쩔 줄 몰라 하면서 미안해했다. 지친 듯이 나를 바라보는 어머니의 눈에는 단 몇 시간이라도 아들에게서 벗어나게 되었다는 해방감이 역력했다. 프레디는 일곱 살이었는데 체중이 무려 42킬로그램이나 나갔다. 옷 가장자리와 셔츠의 단추 사이사이로 비곗살이 비집고 나와 있었다. 바닥에 주저앉게 하니까 프레디는 울음을 그치더니 짐더미처럼 꼼짝도 않고 앉아 있었다. 그 아이는 한 기록에는 자폐증으로 되어 있었고, 다른 기록에서는 중증의 정신지체아로 분류되어 있었다. 그리고 또 다른 기록은 솔직히 모르겠다고 시인했다.

일곱 살 난 사라는 나도 3년 전부터 아는 아이였다. 나는 그 아이가 학교를 다니기 전에 지도한 적이 있다. 얻어맞으면서 성적 노리개가 되어온 사라는 독이 잔뜩 오른 반항심으로 가득한 아이였다. 사라는 작년 한 해 동안 다른 학교의 1학년 특수반에 다녔지만 거의 말이 없었다고 한다. 그 아이는 엄마와 언니를 제외하고는 누구한테도 말을 하려 하지 않았다. 우리는 웃음으로 재회의 기쁨을 함께 나누었다. 아는 얼굴이 있다는 건 사라에게도 내게도 고마운 일이었다.

깔끔한 옷차림의 중년 부인이 인형처럼 예쁘게 생긴 아이를 데리고 왔다. 그 계집아이는 아동 패션 잡지에서 막 걸어나온 것 같았다. 보들보들한 금발은 잘 손질되어 있었고, 파삭파삭한 드레스는 티 한 점 없이 깨끗했다. 여섯 살 난 그 애의 이름은 수잔나 조이였다. 학교는 이번이 처음이었다. 나는 가슴이 철렁했다. 입학과 동시에 내 반에 배정되었다는 건 암울한 징조였다. 의사들은 부모에게 수잔나가 결코 정상인이 되지 못할 거라고 말했다고 한다. 수잔나는 소아 정신분열증을 앓고 있었다. 환청과 환시에 시달리면서 대부분의 시간을 흐느끼거나 몸을 앞뒤로 흔들면서 보냈다. 그 아이는 도통 말이 없었고, 어쩌다가 하는 말도 무슨 뜻인지 종잡기 어려웠다. 아이의 어머니는 내게 금지옥엽 같은 딸을 정상으로 만들어줄 기적의 의식을 베풀어달라고 애원하는 눈빛을 보냈다. 그 눈빛은 현실을 도저히 수용하지 못하겠다고 말하고 있었다. 그 간절한 눈빛을 바라보는 내 가슴은 쓰렸다. 우리 중 어느 누구에게도 수잔나 조이에게 필요한 마법이 있지 않다는 사실을 그 애의 부모가 깨달을 때, 그들이 느낄 고통과 번민이 어떠할지 마음이 아팠던 것이다.

마지막으로 온 것이 윌리엄과 길러모였다. 둘 다 아홉 살이었다. 홀쭉하고 얼굴에 생기 하나 없는 윌리엄은 물과 어둠, 자동차와 진공청소기, 침대 밑의 먼지를 끔찍이 무서워하는 소년이었다. 그 자구책으로 윌리엄은 자기 몸을 자꾸 만진다든지 나지막이 주문을 읊조린다든지 하는 정교한 의식에 빠져들었다. 길러모는 해마다 초원으로 일하러 오는 수많은 멕시코계 미국인의 아이였다. 그 아이는 잔뜩 골이 나 있기는 했지만 도저히 다루기 곤란한 정도는 아니었다. 문제는 그 애가 장님이라는 점이었다. 처음에 길러모가 우리 반에 배정된 사실을 알았을 때 나는 난색을 표했다. 하지만 맹아(盲兒)나 약시아(弱視兒)를 지도하는 학급들은 길러모의 공격적 행동을 다루기에 역부족이라는 게 내가 들은 설명이었다. 나는 피차일반이라고 생각했다. 나 역시 앞 못 보는 아이를 지도하기에는 역부족이었다.

　이렇게 해서 우리는 열 명이었고, 여중생 휘트니가 가세하면서 우리 식구는 모두 열한 명으로 늘었다. 잡탕 학생들에다 잡탕 교사진을 둘러보니, 처음에는 눈앞이 캄캄했다. 무슨 수로 반을 꾸려나간단 말인가? 어떻게 해야 산수를 가르치고 아홉 달 동안의 교과과정을 무사히 마칠 수 있을까? 세 명은 아직 똥오줌도 못 가렸고, 두 명 이상은 사고를 낸 경험이 있었다. 세 명은 말을 하지 못했고, 한 명은 말을 안 하려고 들었으며, 두 명은 쉴 새 없이 악을 썼다. 또 한 명은 앞을 보지 못했다. 내가 예상했던 것보다 훨씬 어려운 상황인 게 확실했다.

　우리는 그런대로 꾸려나갔다. 안톤은 기저귀 가는 법을 배웠고, 휘트니는 양탄자에서 오줌을 훔쳐내는 요령을 익혔다. 나는 점자를 배웠다. 교장인 콜린스 씨는 별관에 나타나지 않는 지혜를 터득했고, 에드 서머즈 국장은 숨는 요령을 배웠다. 이렇게 해서 우리 반이 탄생했다.

　크리스마스 연휴가 다가올 때쯤 해서 우리 모두는 서로에게 무척 정이 들어 있었다. 나는 갈수록 어서 내일이 오기를 기다릴 정도로 일에 빠져들었다. 사라는 다시 정상적으로 말하기 시작했고, 맥스는 글을 배웠으며, 타일러는 곧잘 웃었고, 피터의 발악은 예전처럼 자주 일어나지 않았다. 또 윌리엄은 복도의 전등 스위치를 그대로 두고 식당으로 걸어갈 수 있게 되었고, 자신을 지키기 위해 주문을 외우던 버릇도 없어졌다. 길러모도 마지못해서이긴 하지만 점자를 배우고 있었다. 수잔나 조이와 프레디? 그 두 아이와는 아직도 씨름을 벌이고 있었다.

　나는 11월 말에 읽었던 그 기사를 까맣게 잊어버렸다. 그것은 내 불찰이었다. 조만간 우리 식구가 열두 명으로 불어나리란 예상을 했어야 했던 것이다.

크리스마스 휴가가 끝나고 아이들이 등교하는 첫날, 에드 서머즈 국장이 내 방에 나타났다. 이른 시간이었다. 당시의 나는 그 상냥한 얼굴에 미안한 듯한 표정이 확연할 때면 내게 좋지 않은 일이 생겼다는 뜻이라는 걸 조금씩 깨달아가던 중이었다. 그것은 길러모의 전담교사를 영입하는 작업이 난항에 부딪혔거나, 수잔나의 주치의가 최근에 내린 또 한 번의 절망적인 진단을 부모에게서 전해들었을 때 그가 짓던 표정이었다. 하지만 에드에게는 어떻게든 잘해보겠다는 의지가 있었다. 그의 선의를 믿고 있던 나로서는 도저히 그에게 화를 낼 수가 없었다.

"한 아이가 선생님 반에 새로 들어올 것 같소." 얼마나 하기 힘든 말이었는지가 그의 얼굴에 그대로 쓰여 있었다.

나는 영문을 몰라 하면서 그의 얼굴을 물끄러미 바라보았다. 나는 이미 주(州)정부가 허용한 상한선을 채우고 있던 터라 새로 한 명이 들어올지 모른다는 생각은 꿈에도 하지 않고 있었다.

"지금도 여덟 명이나 되는데요."

"나도 알아요, 토리. 이건 경우가 좀 달라서요. 도무지 다른 데는 넣을 수가 없어요. 믿을 데라곤 여기밖에 없소이다."

"벌써 여덟 명이 꽉 찼다니까요. 그게 우리 상한선이구요."

나는 묵묵히 되풀이했다.

에드는 울상이었다. 그는 덩치가 곰처럼 크고 미식축구 선수처럼 훤칠한 키에 우람한 근육의 소유자였지만 중년 특유의 유별난 부드러움을 지닌 사람이었다. 그는 거의 다 벗겨지고 몇 오라기 남지 않은 머리카락을 반질반질한 대머리 위로 조심스럽게 빗어넘기고 다녔다. 아무튼 에드 하면 떠오르는 인상은 유순하다는 것이었다. 유순한 사람을 바보 취급하기로 이름난 교육계에서 그가 그런 고위직까지 올라갈 수 있었다는 게 나로서는 무척 신기했다. 어쩌면 그 점이 바로 승진의 비결이었는지도 모른다. 그가 내게 못할 짓을 하는 것 같아 괴롭다는 표정을 지을 때마다 내 마음이 약해지지 않은 적이 단 한 번도 없었기 때문이다.

"그 아이가 남다른 데라도 있나요?"

내가 슬며시 물었다.

"지난 11월에 어린애한테 불을 지른 계집아이랍니다. 학교를 그만두게 하고 주립병원에 보내기로 이야기가 되었지요. 그런데 소아병동에 빈자리가 없다는 겁니다. 그래서 한 달 동안 집에 두었는데 골치 아픈 일이 하나 둘이 아니에요. 복지부에서는 우리가 팔짱만 끼고 있는 것 아니냐고 은근히 닦달하고요."

"가정 수업을 시키면 안 되나요?"

내가 물었다. 우리 아이들 상당수가 가정 수업을 받았기에 하는 말이었다. 가정 수업은 부득이한 사정으로 학교에 다닐 수 없는 아이를 위해 교사를 집으로 보내는 제도를 말한다. 심한 장애를 겪는 아이들은 처음에 이런 방식으로 배우다가 나중에 적당하다 싶은 반에 배정되곤 했다.

에드는 바닥을 내려다보며 얼굴을 찌푸렸다. "선뜻 나서려는 교사가 한 사람도 없습니다."

"겨우 여섯 살이잖아요? 여섯 살짜리를 무서워한다는 건가요?" 나는 놀라움을 금할 수 없었다.

그는 어깨를 으쓱 올렸다 내렸다. 말보다도 그런 침묵에서 그 아이에 대해서 더 많이 알 것 같았다.

"아무튼 제가 데리고 있을 수 있는 아이는 더 없어요."

"다른 반에 보내도 무방한 아이를 하나 고르세요. 이 아이는 반드시 여기 넣어야 합니다, 토리. 당분간만 그러자는 겁니다. 주립병원에 자리가 생길 때까지만. 우린 그 아이를 여기 넣을 수밖에 없는 입장이오. 그 애를 다룰 수 있을 만한 여건이 갖춰진 곳은 여기뿐이거든요. 그 애가 적응할 수 있는 유일한 곳입니다."

"그 애를 받아들일 만큼 미련한 사람이 저밖에 없다는 뜻이로군요."

"선생님이 한 명을 골라서 다른 데로 보내세요."

"언제 오죠?"

"8일."

아이들이 슬슬 등교를 시작할 때가 되어가고 있어서, 나는 어서 빨리 방학 뒤에 처음으로 맞는 수업 준비에 들어가야 할 형편이었다. 내가 시간이 없다는 걸 알아차린 에드는 인사를 하고 교실 밖으로 나갔다. 그는 시간이 지나면 내가 응낙하리라는 걸 알고 있었다. 내가 허세만 부렸지 남의 부탁을 잘 거절하지 못하는 사람이란 것도 벌써 알았지 싶다.

나는 안톤에게 그 소식을 전하고 아이들을 보살폈다. 그날 하루 종일 나는 누구를 보내야 할지 고민했다. 우선 떠오른 것이 길러모였다. 그 아이를 가르칠 만한 여건이 가장 갖추어져 있지 않다는 단순한 이유에서였다. 하지만 프레디나 수잔나 조이도 그 아이와 다를 게 뭐란 말인가? 두 아이 모두 별로 나아지는 듯한 조짐을 보이지 않고 있었다. 질질 끌고 가서 바지를 갈아입히는 일 정도야 내가 아니더라도 누구든지 할 수 있는 일이었다. 타일러도 후보로 오를 만했다. 그 애는 이제 자살 기도를 하지 않는다. 이제는 죽어버리겠다는 말도 하지 않았고, 검정 일색이던 그림도 조금씩 변하고 있었다. 내 판단으로는 지원교사 혼자서도 능히 감당할 수 있을 것 같았다. 나는 아이들 하나하나를 바라보면서 이 아이들이 다른 곳으로 가서 어떻게 지낼지 그려보았다. 이 아이들이 없는 우리 반은 어떻게 바뀔까도 생각했다. 우리만큼 너그럽지 못한 반에 들어가면 단 한 명도 살아남지 못할 것 같다는 게 내 솔직한 심정이었다. 준비가 되어 있는 아이는 아무도 없었다. 나 역시 그 아이들을 남에게 내주거나 포기할 만한 마음의 준비가 되어 있지 않았다.

"에드?" 나는 수화기를 꼭 쥐었다. 손이 땀에 젖어서 수화기가 자꾸만 미끄러지려 했다. "다른 반에 보낼 만한 아이가 한 명도 없어요. 우린 정말 호흡이 잘 맞거든요. 한 명만 고른다는 건 불가능해요."

"토리, 그 아이를 그 반에 넣어야 한다고 말하지 않았습니까. 정말 미안해요. 나도 몹쓸 짓을 하는 것 같아서 괴롭지만 달리 방법이 없으니."

나는 낙담해서 전화기 옆의 게시판을 바라보았다. 거기에는 우리 아이들이 한 번도 참여할 수 없었던 각종 행사 공고들이 요란하게 붙어 있었다. 나는 울화가 치밀었다.

"제가 아홉 명을 맡을까요?"

"아홉 명을 맡는다구요?"

"법에는 저촉되죠. 하지만 보조교사 한 명을 더 주신다면."

"고려해 보겠소."

"승락하시는 거죠?"

"나야 그랬으면 좋겠지만 장담할 수는 없어요. 책상은 하나 더 필요하지 않소?"

"저한테 필요한 건 교사예요. 방까지 생기면 더 좋구요."

"책상 하나면 안 되겠소?"

"곤란해요. 어차피 우린 책상도 없어요. 애당초 책상 여덟 개를 둘 자리도 모자랐거든요. 우린 그냥 양탄자나 탁자 위에 앉습니다. 책상은 정말 필요 없어요. 아이나 보내주세요."

02

그 아이는 1월 8일에 왔다. 내가 맡겠다고 승낙하고 나서 아이가 도착할 때까지 나는 더 이상 연락도 받지 못했고, 관련 기록도 받아보지 못했으며, 그 아이의 가정환경에 대한 아무런 사전 지식도 얻지 못했다. 내가 아는 것이라곤 한 달 반 전에 일간지 6면에서 읽은 연재만화 하단의 서너 줄짜리 기사 내용이 전부였다. 그러나 어차피 사전 지식은 별로 중요하지 않았을 것이다. 그 아이에 대해서는 준비를 한다는 게 애시당초 불가능했으니까.

에드 서머즈가 아이의 손목을 꼭 붙든 채 질질 끌고 왔다. 콜린스 교장도 에드를 따라 모처럼 별관에 모습을 나타냈다.

"새로 너를 가르쳐주실 분이란다. 여긴 네가 새로 있게 될 반이구."
에드가 소개했다.

우리는 서로를 바라보았다. 그 아이의 이름은 쉴라였다. 나이는 만

여섯 살 반이었고 머리는 헝클어져 있었으며 적대감으로 가득 찬 눈을 하고 몸에서 심한 악취를 풍기는, 아주 어린 꼬마였다. 웬만한 덩치는 되리라고 예상했는데 몸집이 너무 작아서 놀랐다. 그 아이한테 봉변을 당한 세 살배기도 그보다 작지는 않았을 것 같았다. 그 애는 낡은 무명 멜빵바지에 남자아이가 입는 빛바랜 줄무늬 티셔츠를 걸치고 있어 아동 구호사업 광고에 나오는 아이 같은 모습을 하고 있었다.

"안녕, 내 이름은 토리란다."

나는 아이에게 손을 내밀면서 최대한 상냥하게 말을 걸었다. 아이는 아무 반응이 없었다. 보다 못한 에드가 아이의 앙상한 손목을 내게 쥐어주었다.

"이 애는 사라야. 사라는 친절하니까 우리 교실에 대해서 잘 가르쳐 줄 거야."

사라가 악수를 청했지만, 쉴라는 여전히 무표정한 눈으로 이 사람 저 사람 얼굴만 쳐다보았다.

"애, 이리 와." 사라가 쉴라의 손목을 잡았다.

"이 친구 이름은 쉴라야."

쉴라는 내 다정한 소개말에 신경질적으로 손을 확 빼면서 뒤로 물러섰다. 쉴라는 달아나려고 했지만 때마침 문간에 서 있던 콜린스 교장한테 부딪히고 말았다. 나는 쉴라의 한 팔을 붙잡고 교실 안으로 끌고 왔다.

"우린 이만 가렵니다." 에드가 말했다. 특유의 미안스러워하는 표정이 그의 얼굴을 스치고 지나갔다. "이 학생의 신상 자료는 교무실에 갖다 두었습니다."

에드와 콜린스 교장이 밖으로 나가자 안톤이 문을 닫은 다음 거기다 다시 빗장까지 걸었다. 나는 우리가 아침마다 토론을 벌이는 내 책상 쪽으로 쉴라를 데리고 가 바닥에 앉게 했다. 나는 쉴라 뒤에 섰다. 다른 아이들이 조심스럽게 우리 주위로 모여들었다. 이제 우리는 열두 명이었다.

우리는 아침마다 늘 '토론'으로 하루를 시작했다. 우리 학교는 수업을 하기 전에 국기에 대한 맹세나 애국가 제창 같은 걸 열심히 하는 학교였다. 기본 욕구마저 제대로 표현하지 못하는 아이들에게 애국심을 강조한다는 게 어불성설이란 느낌이 들었지만, 학교 이사회는 애국심을 이런 식으로 표현하길 거부하는 이들을 탐탁잖아했다. 국기에 대한 맹세는 내가 씨름해야 하는, 내 앞에 산적한 더 중요한 문제들에 비하면 아무것도 아니었기에, 나는 한 발 양보하여 소위 토론 시간이란 걸 만들었다. 어수선하고 온전치 못한 가정에서 자라는 우리 아이들은 아침에 다시 만났을 때 서로를 결속시킬 뭔가를 필요로 했다. 나는 전부터 의사소통의 자극제가 되고, 언어 이해력을 높일 수 있는 방안이 없을까 고민해오던 터라 국기에 대한 맹세를 한 수단으로 삼기로 했다. 나는 한 아이에게 선창을 시켰다. 선창을 하려면 국기에 대한 맹세를 외우는 수밖에 없었다. 의미 있는 문장으로 단어를 배열하는 과정은 아이들에게도 유익했다. 그 다음에 우리는 '주제'가 있는 토론을 시작했다. 우리가 논한 주제는 가령 무엇이 나를 기쁘게 해주는가처럼 주로 자신의 느낌을 파고드는 것이었다. 아니면 빙 둘러앉아서 누가 다친 걸 알았을 때 어떻게 해야 하는가 같은 문제 해결을 모색하는 토론도 있었다. 모든 아이가 참여할 수 있도록 우리는 기본적인 데서 출발했다. 처음에는 내가 일일이 주제를 제시했지만, 한두 달 지나자 아이들이 먼저 제안을 했고 언젠가부터는 나는 토론의 뒷전으로 밀려났다.

토론이 끝나고 나면, 그 전날이나 지난 주말에 집에서 무엇을 하면서 지냈는지 아이들이 말할 수 있는 약간의 시간을 주었다. 아침에 하는 이 두 가지 토론은 갈수록 활기에 넘쳤고, 나중에는 수잔나마저도 나름대로 토론에 적극성을 보였다. 저마다 나서서 이야기하려는 아이들을 다독거리면서 토론을 끝맺으려면 상당히 애를 먹는 날도 있었다. 토론이 모두 끝나면 나는 그날의 일과를 간단히 알려주었고, 이어서 노래 한 곡으로 아침 토론을 마무리지었다. 나는 곡조보다는 율동이 멋진 노래를 꽤 많이 알고 있어서, 노래를 부를 때 대개는 아이 하나를 끌어내 함께 신나는 율동을 선보였다. 아이들은 그걸 무척 좋아해서 명랑한 얼굴로 등교하지 않은 날이라도 노래가 끝날 무렵이면 모두들 웃고 있었다.

그날 아침에도 나는 아이들을 불러 모았다.

"애들아, 이 친구는 쉴라야. 우리 반에 같이 있게 될 거다."

"어째서요? 새 친구가 온다고 선생님이 말하지 않았잖아요." 피터가 제동을 걸었다.

"말했는데, 피터. 우리 친구가 되어서 기쁘다는 걸 쉴라한테 보여주려구 저번 금요일에 우리가 연습하던 거 기억 안 나니?"

"난 저 애가 우리랑 같이 있는 게 기쁘지 않아. 그냥 이대로가 좋다구요." 피터는 내 말을 막으려고 두 손으로 자기 귀를 막더니 몸을 앞뒤로 흔들었다.

"익숙해지려면 시간이 좀 걸리겠지. 하지만 우린 해낼 수 있을 거야." 나는 쉴라의 어깨를 두드렸지만 쉴라는 몸을 뺐다.

"자, 누가 주제를 내놓을까?"

모두들 나를 빙 둘러싸고 바닥에 앉아 있었지만, 아무도 입을 열지 않았다.

"아무도 없니? 그럼, 선생님이 내놓을까? 새로 들어왔는데 아는 사람이 하나도 없을 때, 아니면 여러 사람들 속에 자기도 들어가고 싶은데 아무도 자기를 원하지 않을 때, 우리는 어떤 느낌이 들까? 그 심정이 어떨까?"

"나쁘죠. 전에 나도 그런 적이 있었는데 기분이 안 좋았어요." 길러모가 말했다.

"좀 더 자세히 말해줄래?"

내가 이렇게 말하는데, 갑자기 피터가 벌떡 일어섰다.

"애한테서 냄새가 나요." 피터가 쉴라한테서 뒷걸음질쳤다. "냄새가 너무 지독해요. 애랑 같이 못 앉아 있겠어요. 속이 다 울렁거려요."

쉴라는 미동도 하지 않은 채 입을 꾹 다물고는, 부은 얼굴로 피터를 노려보더니 몸을 웅크리고 무릎을 꽉 끌어안았다.

사라도 일어나 피터가 바꿔 앉은 곳으로 옮겨 갔다.

"정말 냄새가 나요, 선생님. 지린내 같아요."

예의범절은 우리하고 거리가 멀었다. 아이들이 야속한 건 아니었지만 속은 상했다. 그렇다고 해서 아이들이 세상을 바라보는 투명한 눈에 족쇄를 채울 수는 없는 노릇이었다. 예의범절을 향해 겨우 한 걸음 전진했다가도 두세 걸음을 뒤로 물러서거나 옆으로 미끄러지는 게 우리 반의 현실이었다.

"누가 너더러 냄새 난다고 하면 넌 기분이 어떻겠니, 피터?"

"애한테서 지독한 냄새가 난다니까요." 피터가 지지 않고 대꾸했다.

"선생님은 그걸 물은 게 아니야. 선생님은 누가 너더러 그런 말을 했을 때 네 기분이 어떻겠는가를 물었어."

"나 같으면 절대로 반 아이들한테 냄새를 풍기지 않을 거예요."

"선생님 질문은 그게 아니라니까."

"전 마음이 아플 거예요."

타일러가 나서면서 두 무릎을 꿇었다. 사람들이 약간만 화를 내거나 의견 충돌을 보여도 타일러는 기겁을 하고 자꾸만 비위를 맞추려 들었다. 여덟 살 난 아이치고는 지나치게 조숙했다. 타일러는 고집을 꺾지 않는 아이들을 엄마처럼 받아주었다.

"넌 어떻니, 사라? 너 같으면 기분이 어떻겠어?"

내가 사라에게 물었지만, 사라는 일부러 나를 보지 않고 자기 손가락만 빤히 쳐다보면서 대답했다.

"아주 나쁠 거예요."

"그래. 누구라도 기분이 안 좋을 거야. 이 문제를 해결하는 좋은 방법이 없을까?"

"걔한테 냄새가 난다고 살짝 가르쳐주는 거예요. 그럼 창피하지 않을 테니까요." 윌리엄의 제안이었다.

"냄새 나지 않는 법을 가르쳐줄 수도 있어요." 길러모가 덧붙였다.

"다들 코를 막으면 돼요." 피터가 말했다. 그 아이는 아직도 자기 말이 과하다는 사실을 인정하려 들지 않았다.

"그건 말이 안 돼, 피터. 그럼 숨을 못 쉬잖아." 윌리엄이 말했다.

"쉴 수 있어. 입으로 숨 쉬면 되잖아."

나는 웃었다. "모두들 피터의 제안대로 해봅시다. 피터, 너도 해봐."

쉴라를 제외하고 모두들 코를 막고 입으로 숨을 쉬었다. 나는 쉴라에게도 코를 막으라고 했지만, 쉴라는 한사코 웅크린 자세를 풀지 않았다. 잠시 후 우리 모두는 웃음을 터뜨렸다. 우리가 지은 우스꽝스러운 표정에 프레디와 맥스도 웃지 않을 수 없었다. 그래도 쉴라는 웃지 않았다. 쉴라가 자기를 놀리는 걸로 여길지도 모른다는 불안한 생각이 내 머리를 스쳤다. 나는 서둘러 장난이 아니라고 해명했다. 하지만 쉴라는 내 말을 못 들은 척 무시하면서 나한테 눈길도 보내지 않았다. 우린 이런 식으로 문제를 푼다고 그 아이에게 설명했다.

"네 느낌은 어떻겠니?"

마지막으로 나는 쉴라에게 물었다. 모두가 대답을 기다리는 동안 긴 침묵이 흘렀다. 결국 아이들은 조금씩 참을성을 잃어갔다.

"얘는 말을 못 하나요?"

길러모가 묻자, 사라가 나섰다.

"나도 말 안 했던 거 기억 안 나니? 전에 내가 미쳤을 때 난 아무한테도 말하지 않았어." 사라가 쉴라를 바라보았다. "나도 벙어리처럼 지낸 적이 있어서 네 기분 잘 알아, 쉴라."

"자, 우리가 쉴라를 너무 궁지에 몰아넣었나 보다. 쉴라가 우리한테 적응할 수 있게 시간을 좀 주도록 하자."

그날 아침의 토론을 마저 진행한 뒤 우리는 '유 아 마이 선샤인'이라는 노래를 크게 합창하면서 토론 시간을 끝냈다. 프레디는 신이 나서 박수를 쳤다. 길러모는 손으로 지휘를 했고, 피터는 고래고래 악을 썼다. 나는 인형 다루듯 타일러의 손을 잡고 춤을 췄다. 그러나 쉴라는 여전히 돌처럼 굳은 표정으로 앉아 있었다. 그 아이의 작은 몸은 춤꾼들을 훼방놓는 단단한 돌부리였다.

토론이 끝나자 모두들 산수 놀이를 하러 뿔뿔이 흩어졌다. 안톤이 다른 아이들을 차례로 지도하는 동안, 나는 쉴라에게 방을 구경시켜주었다. 사실은 구경시킨 게 아니라 쉴라를 안고 이곳저곳 돌아다녔다고 말하는 게 옳으리라. 아이가 도무지 움직이려 하지 않았기 때문이다. 덩치 큰 청소년이 아닌 것만도 천만다행이라고 자위하는 수밖에 없었다. 간신히 내가 목적한 곳에 데려다 놓아도, 그때마다 쉴라는 두 손으로 얼굴을 가리고 도통 보려 들지를 않았다. 그래도 나는 끌고 돌아다녔다. 그 아이도 우리와 하나가 되어야 한다는 굳은 신념 때문이었다. 나는 사물함과 옷걸이를 보여주었다. 도마뱀 찰스와 뱀 베니, 너무 괴롭히면 덥석 깨무는 토끼 어니언스도 소개했다. 크리스마스 전에 우리가 심은 것으로, 내가 연휴 기간 중에도 나와서 물을 주어야 했던 식물들도 보여주었다. 점심 먹기 전에 우리는 매일 이야기책을 읽는다는 것과 수요일 오후에는 우리 손으로 요리를 한다는 것도 빠뜨리지 않았다. 어항과 장난감도 구경시켰다. 하나밖에 없는 창을 통해 바깥 경치를 볼 수 있게 쉴라의 몸을 번쩍 들어주기도 했다. 나는 쉴라를 계속해서 이리저리 끌고 다니면서, 마치 그 아이가 내 말에 지대한 관심을 가지기라도 한 것처럼 수다를 떨어댔다. 하지만 그 아이는 혹 관심이 있었는지는 몰라도 나한테 내색하지는 않았다. 그 아이의 뻣뻣하고 긴장된 몸은 내 팔을 뻐근하게 했고, 아이의 몸에서는 무더운 여름날 오후의 옥외 변소 같은 악취가 진동했다.

마지막으로 그 아이를 탁자 앞 의자에 앉히고 산수 시험지를 주었다. 그러자 처음으로 반응이 왔다. 쉴라는 시험지를 확 움켜쥐더니 꾸깃꾸깃 뭉쳐서 내게 던졌다. 나는 새 시험지를 주었다. 쉴라는 같은 행동을 되풀이했다. 또 시험지를 주었지만 그때마다 어김없이 시험지는 내 얼굴로 날아왔다. 쉴라가 지쳐 떨어지기 전에 아무래도 시험지가 먼저 바닥날 것 같았다. 하는 수 없이 아이를 무릎에 앉히고 양손을 움직이지 못하도록 한 팔로 아이의 다부진 몸을 휘감은 채 산수 시험지를 새로 꺼냈다. 1 + 2, 1 + 4 따위를 묻는 아주 간단한 덧셈이었다. 나는 블록이 담긴 쟁반을 끌어당겨 탁자 위에 쏟았다.

"좋아, 이제부터 산수를 하자. 1번 문제, 2 더하기 1." 나는 쉴라에게 블록 두 개를 보여주고 나서 블록 하나를 더 보탰다. "이러면 몇 개지? 세어봐."

쉴라는 빳빳한 몸으로 나를 밀치면서 고개를 홱 돌렸다. "셀 수 있겠니?"라고 물어도 묵묵부답이었다.

"자, 선생님이 도와줄게. 하나, 둘, 셋. 2 더하기 1은 3이란다." 나는 연필을 집었다. "그럼 여기다 쓰자."

하나부터 열까지 전쟁의 연속이었다. 한 손을 억지로 잡아뺀 다음 손가락을 벌려서 기껏 연필을 쥐어주니까, 쉴라는 잔뜩 웅크렸던 손가락의 힘을 맥없이 풀어버려 연필이 바닥에 툭 떨어지게 했다. 내가 연필을 주우려고 허리를 숙이는 사이에 쉴라가 블록 두 개를 홱 집어던졌다. 다시 쉴라의 손을 낚아채 연필을 그 안에 밀어넣은 다음 내 손으로 감싸 연필 쥔 쉴라의 손가락을 오므리려 했지만, 연필은 번번이 바닥에 떨어졌다. 나는 불리한 처지에 있었다. 나는 왼팔로 내 무릎에 앉은 쉴라의 몸을 누르고 있었는데, 왼손잡이인 내가 섬세함이 요구되는 나머지 동작을 오른손으로 처리하려니 자연히 동작이 서툴 수밖에 없었다. 하지만 왼손을 썼다 해도 사정이 크게 달랐을 것 같지는 않다. 쉴라는 그런 게릴라전에 도통해 있었다. 연필은 자꾸만 바닥으로 떨어졌다. 결국 나는 씨름을 포기했다.

"아직은 산수 공부를 하고 싶지 않은 모양이구나. 좋아, 그냥 앉아 있어라. 하지만 여기 있는 친구들은 모두 최선을 다해서 자기 공부를 하고 있다는 사실 하나는 알아두렴. 이런 일로 옥신각신하고 싶지는 않아. 그냥 앉아 있고 싶으면 그렇게 해."

나는 방 한구석으로 쉴라를 끌고 갔다. 너무 흥분된 상태여서 안정이 필요한 아이나 관심을 끄느라고 말썽을 피운 아이를 따로 있게 하는 곳이었다. 나는 의자 하나를 당겨서 쉴라를 앉히고는 다른 아이들한테로 돌아갔다.

얼마 뒤에 의자 쪽을 흘깃 보면서 말했다. "쉴라, 같이 끼고 싶으면 언제든지 와도 좋아."

쉴라는 벽을 향해 돌아앉은 채 미동도 하지 않았다. 나는 그대로 두었다. 2, 3분 지나 다시 한 번 같은 말을 했다. 그리고 조금 있다 또 한 번 했다. 하지만 그 아이는 내가 원하는 행동을 절대 하지 않을 것처럼 보였다. 나는 구석에 놓여 있던 의자를 방 한가운데로 끌고 왔다. 의자에 앉혀놓는 건 괜찮지만 아무래도 아이를 외톨이로 두지 않는 게 나을 성싶었던 것이다. 그래서 쉴라가 의자에 앉으려면 우리 한가운데로 올 수밖에 없도록 의자를 끌어다 놓았다.

우리의 아침 일과는 평소와 다름없이 진행되었다. 쉴라는 어떤 활동에도 끼어들지 않았다. 작은 나무 의자에 앉아서 두 팔로 다리를 감싸 안은 채 무릎 위에다 턱을 괴고는 꼼짝도 하지 않았다. 화장실에 가느라고 한 번인가 의자에서 일어서기는 했지만, 다녀와서 곧바로 다시 그 괴상한 자세로 돌아갔다. 휴식 시간에는 차가운 시멘트 바닥에 앉아 있었다. 그렇게 돌부처 같은 아이는 처음이었다. 하지만 쉴라의 눈은 나의 일거수일투족을 한순간도 놓치지 않았다. 증오와 원한에 찬, 우수에 젖은 그 눈길이 잠시도 내 얼굴을 떠나지 않고 있었던 것이다.

점심시간이 되자, 안톤은 아이들을 데리고 별관에서 식당까지 대장

정에 오를 준비를 했다. 안톤은 쉴라도 일으켜 줄 사이에 세웠지만, 내가 가서 그 아이의 앙상한 손목을 잡고 줄 밖으로 끌어냈다. 우리는 아이들이 모두 교실을 빠져나가길 기다렸다. 나는 쉴라를 내려다보았고 쉴라는 나를 올려다보았다. 한순간이었지만 미움도 아니고 노여움도 아닌 감정이 그 아이의 눈빛을 스치고 지나갔다고 생각했다. 두려움이었을까?

"이리 오렴." 나는 쉴라를 탁자 쪽으로 끌고 가서 내 맞은편 의자에 앉혔다. "너하고 나하고 짚고 넘어갈 문제가 있다."

쉴라는 낡은 셔츠 밑에서 작은 어깨를 잔뜩 옹크리고 나를 쏘아보았다.

"이 교실에서 우리가 지켜야 할 규칙은 많지 않단다. 특별한 경우에는 규칙이 요구될 때도 있지만, 보통은 딱 두 가지야. 대체로 그렇다고 보면 돼. 하나는 누구도 다치게 해서는 안 된다는 거다. 너 자신을 포함해서 누구도 다치게 해서는 안 돼. 또 하나는 언제나 네가 하는 일에 최선을 다해야 한다는 거야. 너한테 그 점을 분명히 해두고 싶구나."

쉴라는 고개를 약간 숙였지만 나한테서 눈을 떼지는 않았다. 다리를 올리더니 다시 옹크린 자세로 돌아가려 했다.

"차차 알게 되겠지만, 네가 해야 할 일 중에는 말을 하는 것도 들어 있단다. 익숙하지 않기 때문에 처음에는 어렵다는 거 나도 잘 알아. 하지만 여기서는 말을 하는 게 네 의무야. 무슨 일이든 처음이 가장 힘들기 때문에 때로는 울 수도 있어. 여기선 얼마든지 울어도 돼. 하지만 말은 해야 해. 차차 말을 할 테지만, 빠를수록 좋아." 나는 조금도 물러서지 않는 쉴라의 눈길을 마주 응시했다. "내 말 알아듣겠니?"

아이의 얼굴이 노여움으로 시뻘겋게 변했다. 그 분노가 폭발하면

걷잡을 수 없는 사태가 벌어질 것 같아서 내심 두려웠지만 그런 내색은 하지 않았다. 쉴라는 눈치가 빠른 아이였다.

나는 아이들에게 요구할 건 언제나 분명히 해두는 편이다. 동료들 중에는 아이들의 연약한 자아가 감내하기 힘들 거라며 내 직설적인 태도를 우려하는 사람들도 있다. 하지만 내 생각은 조금 다르다. 적응하지 못하는 아이들이 모두 짓밟히고 애처로운 자아를 가진 건 사실이지만, 그렇다고 연약한 건 절대 아니다. 오히려 정반대다. 모진 시련을 겪고 나서도 그 아이들이 여지껏 살아남았다는 것 자체가 그 아이들이 지닌 내적인 힘을 웅변해준다. 그러나 그 아이들은 하나같이 혼란스런 삶을 살아왔고, 그 일그러진 본성 때문에 남들의 삶까지 혼란스럽게 만들었다. 그런 아이들에게 내 요구를 종잡지 못하게 만들어 혼란을 배가시키는 건 교사로서의 책분이 아니라는 게 내 생각이다. 나는 분명한 틀을 세우는 게 모든 아이들에게 유익하고 건설적인 방안이라는 결론에 이르렀다. 그래야 우리 관계에서 불필요한 안개를 제거할 수 있는 것이다. 물론 그 아이들은 다른 사람의 도움 없이는 자신의 한계를 넘어설 수 없는 게 사실이다. 자신의 문제를 스스로 해결할 수 있었다면 애당초 우리 반에 오지도 않았을 테니까. 그리고 나서 때가 무르익었다고 판단되면, 즉 아이들이 스스로 해결할 준비를 갖추었다고 판단되면, 나는 권한을 하나 둘 아이들에게 넘겨갔다. 하지만 처음에는 내가 아이들에게 요구하는 것이 무엇인지 꼭 분명히 밝히곤 했다.

쉴라가 내 말을 곱씹는 동안 우리는 싸늘한 침묵 속에 앉아 있었다. 내게는 그 아이의 매서운 눈초리를 견뎌낼 재간이 없었지만, 그렇다고 그걸 견뎌야 할 필요성도 느끼지 못했다. 잠시 후 나는 의자에서 일어나 채점할 산수 시험지를 모아둔 바구니 쪽으로 갔다.

"그렇게는 안 될걸요."

나는 시험지를 들추면서 채점용 연필을 찾고 있었다. 유능한 교사가 되는 비결은 바로 타이밍을 잘 맞추는 데 있다.

"그렇게는 안 될걸요. 절대로 그렇게 못해요." 쉴라가 두 번째로 이렇게 외치고 나서야 나는 아이의 얼굴을 바라보았다.

"그렇게는 안 된다니까요."

나는 웃었다. "그래. 하지만 넌 말하게 될 거다. 여기서 네가 해야 하는 일이니까."

"난 선생님이 싫어요."

"좋아하지 않아도 돼."

"미워요."

나는 가만히 있었다. 차라리 대꾸를 하지 않는 게 최선인 경우가 바로 이런 때였다. 나는 다시 누가 가져갔을지 머리를 굴려가면서 계속 채점용 연필을 찾았다.

"선생님은 나한테 아무것도 하게 할 수 없어요. 말하게 할 수 없을 거예요."

"그럴지도 모르지." 나는 종이를 바구니에 집어넣고 쉴라에게 걸어갔다. "우리 점심이나 먹으러 갈까?"

내가 손을 내밀었다. 쉴라의 얼굴에 가득했던 노여움이 약간 수그러들면서 알 듯 말 듯한 표정으로 바뀌었다. 쉴라는 더 이상 고집을 피우지 않고 의자에서 일어나 나한테로 왔지만 의도적으로 거리를 두려고 했다.

03

나는 쉴라를 식당에 데려다주고, 그 아이의 서류를 보기 위해 사무실로 갔다. 다른 사람들이 이 골치 아픈 아이를 어떻게 다루었는지 알고 싶었던 것이다. 내가 보기에 쉴라는 맥스나 수잔나처럼 도저히 설명할 길 없는 중증장애를 겪고 있는 건 분명히 아니었다. 오히려 그 아이는 우리 반에 온 대부분의 아이들보다도 스스로의 행동을 놀라우리만큼 잘 제어하고 있었다. 적개심으로 가득 찬 그 눈 뒤에는 감수성이 예민하고 영특해 보이는 어린 소녀가 도사리고 있었다. 그렇지 않고서야 그처럼 의식적으로 주변 세계를 조절할 수 있을 리 만무했다. 나는 지금까지 어떤 우여곡절이 있었는지 알고 싶었다.

서류는 이런 일로 나한테 온 아이의 것치고는 이상하리만큼 얇았다. 우리 반 아이들의 서류는 대체로 엄청나게 두꺼웠고 그 안에는 의사, 심리치료사, 판사, 사회복지사를 비롯해 10여 명이 넘는 전문가들이 쏟아놓은 장황한 소견들이 담겨 있었다. 그런 서류들을 읽을 때마다, 나는 그 기록을 작성한 사람들이 하루에 몇 시간씩 아이와 함께 생활하는 사람은 아닐 거라고 짐작하곤 했다. 그 글들에는 구구절절 학식이 묻어나는 단어들이 동원되곤 했지만, 절망에 싸인 교사나 겁에 질린 학부모에게는 별 도움이 되지 못했다. 하기야 누군들 도움이 되는 글을 쓸 수 있겠는가. 사실 아이들 하나하나가 너무나 다른 데다 일반인들로서는 도저히 헤아릴 길 없는 환경에서 자란 아이들이라, 어제의 경험은 내일의 계획을 위한 밑그림에 지나지 않았다. 맥스나 윌리엄, 피터만을 전문으로 연구하는 교과과정이나 교과서가 있을 리 만무했다.

그러나 쉴라의 서류는 너무 얄팍했다. 가정환경, 검사 결과, 특수교육국에서 작성한 표준 자료가 담긴 몇 장의 종이가 전부였다. 나는 사회복지사가 작성한 가정환경 조사서를 훑어보았다. 우리 반에 있는 다른 아이들의 경우와 대동소이하게 이번에도 곳곳에 소름 끼치는 대목이 등장했다. 교사로서 어지간히 경력이 쌓였는데도, 중산층 가정에서 자란 나로서는 도저히 이해할 수 없는 내용들이 즐비했다. 쉴라는 이주노동자 단지에서 아버지와 함께 살았다. 단칸방인 데다 난방시설도 없고 물도 안 나오고 전기도 안 들어오는 집이었다. 생모는 2년 전 어린 남동생을 데리고 집을 나갔다. 기록에는 생모가 캘리포니아에 산다고 되어 있었지만, 정확한 소재는 알 수 없다는 이야기도 덧붙어 있었다. 그녀는 열네 살 때 서른 살 먹은 쉴라 아버지의 강압에 못 이겨 결혼을 했다. 그리고 결혼한 지 두 달 만에 쉴라를 낳았다. 나는 기가 막히고 어처구니가 없어 고개를 설레설레 저었다. 생모는 이제 겨우 스무 살일 테니 이제 겨우 아이 티를 벗은 데 지나지 않을 것이다.

아버지는 쉴라가 어렸을 때 폭행죄로 형무소에 들어간 전력이 있었다. 2년 반 전에 출소하고 나서도 알코올 중독과 약물 중독으로 주립병원에 입원했다. 그동안 쉴라는 주로 외가 쪽의 친척, 친지 집을 전전하다가 결국은 도로변에 버려지는 신세가 되었다. 발견 당시 쉴라는 차선을 나누는 철책에 달라붙어 있었다고 한다. 네 살 때 아동센터에 들어간 적이 있는데, 온몸이 염증과 이미 아문 복합 골절로 만신창이었다는 이야기도 있었다. 그 모두가 학대로 인한 것이었다. 나중에는 아버지 품으로 돌아갔고, 아동보호 요원이 쉴라에게 배정되었다.

서류에 첨부된 법원 판결문에는 이 아이를 생가에 맡기는 게 최선의 방책이라는 소견이 적혀 있었다. 당국이 지정한 의사는 서류 하단에다 아이가 영양실조로 몸집이 아주 작다는 사실을 제외하고는, 부러진 뼈와 염증도 잘 아물었고 건강한 백인 여자아이라고 휘갈겨놓았다. 그리고 두 종의 소견서 밑에는 당국의 위촉을 받은 정신과 의사가 적은 "아동기의 만성 부적응증"이라는 단 한 줄의 문장이 붙어 있었다. 귀신 같은 그 남자의 결론에 나도 모르게 웃음이 나왔다. 얼마나 쓸모 있는 표현인가. 쉴라 같은 어린 시기를 보내야 했다면 만성 부적응이야말로 가장 정상적인 반응이 아닐까. 그런 쓰레기 같은 삶에 적응했다면, 오히려 그게 정신병자임을 입증하는 셈이리라.

검사 결과는 더욱 가관이었다. 종합검사의 개별 항목 밑에는 어김없이 "거부"라는 촘촘한 글씨가 곤혹스럽게 박혀 있었다. 검사지 하단에는 검사 불능이라고 적혀 있고, 그 말은 밑줄을 두 번이나 그어 강조돼 있었다.

특수교육국의 설문지에는 인적 사항만 기재되어 있었다. 아버지가 작성한 것이었지만, 중요한 시기마다 그는 형무소에 수감되어 있었다.

쉴라는 이렇다 할 신체상의 이상 없이 동네 병원에서 태어났다. 초기의 성장 과정에 대해서는 아무 언급이 없었다. 그리고 얼마 안 되는 기간 동안 우리 반에 오기 전까지 학교를 세 곳이나 옮겨 다닌 전력이 있었다. 전학 사유는 하나같이 아이의 통제할 수 없는 행동 때문이었다. 기록에 따르면 쉴라는 집에서는 정상아처럼 먹고 잤다고 한다. 그러나 밤마다 이불에 오줌을 샀고 손가락을 빨았다. 이주노동자 단지에서 함께 어울려 노는 또래 친구나 친하게 지내는 어른들은 없는 듯했다. 아버지는 그 아이가 외톨이고 자기한테까지 적대적이며 불손하게 군다고 적었다. 집에서는 두서없는 말을 곧잘 하는데 그나마도 화가 났을 때만 한다고 했다. 쉴라는 우는 법이 없다. 나는 그 구절을 다시 한 번 읽었다. 우는 법이 없다고? 여섯 살 난 아이가 울지 않는다는 사실이 나로서는 전혀 납득이 가지 않았다. 아마 아버지는 잘 울지 않는다는 사실을 강조하고 싶었을 거야. 실수가 아닌 다음에야 그럴 리는 없는 일이지.

나는 계속 읽어나갔다. 쉴라의 아버지는 딸을 버르장머리 없는 아이라고 여기고 있었으며 자주 혼을 내는 편이었다. 주로 엉덩이를 때리거나 권리를 박탈하는 게 처벌 내용이었다. 나는 그 아이의 생활에서 도대체 박탈당할 만한 권리가 무엇이 남아 있는지 궁금했다. 문제의 방화 사건 말고도 쉴라는 집단 거주지에 불을 지르고 버스 터미널 화장실에 똥을 처발랐다가 혼구멍이 난 적이 있었다. 여섯 살 반이 될 때까지 쉴라는 경찰서를 세 번이나 드나들었다.

나는 두서없는 정보가 담긴 서류를 우두커니 쳐다보았다. 순순히 애정을 받아줄 아이가 아닐 성싶었다. 의도적으로 미운 짓을 골라서 하는 아이였기 때문이다. 가르치기에도 무척 힘겨운 아이일 게 틀림없었다. 그러나 도저히 손 쓰지 못할 아이는 아니었다. 겉으로는 난공불락처럼 보여도 쉴라는 차라리 수잔나 조이나 프레디보다는 접근이 용이할 것 같았다. 그 아이의 빗나간 행동이 정신지체나 신경손상, 혹은 아직 정확하게 밝혀지지 않은 뇌 이상에서 온 것이라는 증거가 없었기 때문이다. 내가 파악한 정보에 비추어볼 때 쉴라의 신체 활동은 정상이었다. 그래서 내가 감당해야 할 싸움이 더 힘겨워질지도 모를 일이었다. 모든 게 우리 손에 달려 있는 셈이었기 때문이다. 우리에게는 쉴라를 바르게 이끌지 못했을 경우에 책임을 떠넘길 수 있는 자폐증이나 뇌 손상 같은 그럴싸한 방패막이가 없었다. 전적으로 우리 책임이었다. 적개심으로 가득 찬 그 눈 너머에는 인생은 결코 즐겁지 않다는 사실을 달관한 어린 꼬마 소녀가 있었다. 더 이상 거부당하지 않는 최선의 방법은 가급적 반감을 사는 행동을 일삼는 것이다. 그러니 쉴라가 보이는 애정결핍 증상은 본인에게는 너무나 당연한 것이었다. 이치는 그렇게 간단했다.

내가 서류를 훑어보는 사이에 안톤이 나타났다. 그는 내 옆으로 의자를 당겨 앉더니 내가 읽고 난 서류를 자기도 읽어나갔다. 처음에는 서먹서먹한 사이였던 안톤과 나는 이제 찰떡궁합이었다. 그는 아이들을 다루는 데 일가견이 있었다. 안톤은 여기 오기 전까지 줄곧 농장에서 일했고, 아직도 아내와 두 아들을 데리고 이주노동자 단지에 살고 있었기 때문에 우리 반 아이들이 자란 세계를 나보다 훨씬 잘 이해했다. 내가 훈련과 경험, 지식을 갖고 있었다면 안톤은 육감과 지혜를 지니고 있었다. 그 아이들의 삶에는 내가 넘지 못할 벽이 있었다. 자라난 환경 때문에 나는 포근한 집과 폭력, 굶주림, 바퀴벌레로부터의 자유를 당연지사로 여겼으니 그럴 수밖에 없었다. 나는 그렇지 않은 세계가 있다는 걸 단 한 번도 의심해본 적이 없었다. 성인이 되고 나서야 나와 다르게 살아가는 사람들이 있고, 나와는 다른 그들의 생활 방식도 그들에겐 정상이라는 사실을 체득했다. 하지만 그 사실을 받아들였을 따름이지 납득한 것은 아니었다. 나는 그런 현실을 직접 겪지 못한 사람이라면 내가 아닌 누구라도 그 사정을 이해하지 못했을 거라고 생각한다. 특별한 이해심을 가졌다고 주장하는 사람은 자신에게 거짓말을 하거나 착각에 빠진 허풍선이가 틀림없다. 그러나 안톤은 내 결함을 메꿔주었고, 우리 두 사람은 훌륭한 보완 관계를 이루었다. 안톤은 일일이 시키지 않아도 언제 어떻게 누구를 도와야 할지 알아서 척척 움직였다. 안톤의 또 한 가지 장점은 내가 모르는 스페인어를 한다는 사실이었다. 길러모의 영어 표현이 한계에 이를 때마다 나는 안톤의 스페인어 덕을 톡톡히 보았다. 그런 안톤이 내 옆에 앉아서 쉴라의 기록을 조용히 읽고 있었다.

"점심 때 얌전히 있던가요?"

안톤은 서류에서 눈을 떼지 않으면서 고개를 끄덕거렸다.

"좋았어요. 생전 음식을 못 본 사람처럼 먹어댔어요. 설마 그랬을 리야 없겠지만요. 먹는 태도는 그다지 좋지 않았지만, 어쨌든 다른 아이들 사이에 있었고 말썽도 피우지 않았어요."

"그 아이 아버지를 아나요?"

"아뇨. 우리가 사는 곳 맞은편이거든요. 거긴 백인들만 살아요. 마약 중독자 소굴이죠. 우린 거기는 가지 않아요."

휘트니가 와서 카운터에 기댔다. 빼어난 미모는 아니었지만 귀여운 소녀였다. 호리호리하고 키가 컸으며 갈색 눈에 치렁치렁한 연한 금발을 지니고 있었다. 학교에서는 우등생이었고 남부럽지 않은 집안에서 태어났는데도 수줍음을 무척 많이 타는 여학생이었다. 가을에 처음 이곳에 왔을 때만 해도 휘트니는 입도 뻥긋하지 않고 자기 맡은 일만 했다. 나와 눈을 마주치는 것조차 부끄러워했고, 일이 잘못되기라도 하면 말은 못하고 겁먹은 표정만 지을 뿐이었다. 유일하게 말을 할 때라곤 자기가 저지른 실수를 책망하면서 자책감에 젖거나 일을 엉망으로 만든 걸 사과할 때뿐이었다. 불행하게도 처음에는 실수의 연속이었다. 휘트니는 교과서에 언급된 실수란 실수는 모조리 저지르는 것 같았다. 한번은 막 색을 푼 초록색 페인트를 체육관 바닥에 쏟은 일이 있었다. 또 박람회장의 남자 화장실에 들어간 프레디를 깜빡 잊고 두고 온 적도 있었다. 어느 날 오후는 수업이 끝난 뒤 교실 문을 닫지 않는 바람에 보아뱀 베니가 탈출하여 1학년을 맡고 있는 앤더슨 선생의 교실에 침입하기도 했다. 내 입장에서 보면 휘트니는 또 한 명의 학생이나 다를 바 없었다. 처음 한두 달 동안 절박하리만큼 일손이 달리지만 않았어도 나는 휘트니를 그만두게 했을 것이다. 처음 몇 주 동안 똑같은 설명을 몇 번이고 되풀이해야 했고, 늘 사고 뒷수습에 매달려야 했다. 그때마다 걱정하지 말라고 위로했지만 사실 그건 내 본심이 아니었다. 휘트니의 눈에서도 눈물이 마를 날이 없었다.

하지만 안톤처럼 휘트니도 내 기대를 저버리지 않았다. 그 애는 아이들을 극진히 보살폈다. 휘트니는 바보스러울 정도로 우리에게 헌신적이었다. 나는 그 애가 우리 교실에 좀 더 오래 머물러 있으려고 이따금 수업을 빼먹는 일도 있다는 걸 알았다. 어떤 때는 점심시간이나 방과 후에도 나를 거들러 오기도 했다. 자기가 가지고 놀던 장난감을 집에서 가져와서 아이들에게 주기도 했다. 교육 잡지에서 읽은 참신한 생각을 나한테 알려줄 때도 있었다. 자기의 능력을 인정받고 싶다는 간절한 소망이 늘 얼굴에 나타나 있었다. 휘트니는 우리 교실 밖에서 자기가 어떻게 사는지에 대해서는 통 말을 하지 않았다. 넉넉하고 이름난 집안에서 태어났지만 휘트니도 어떤 점에서는 우리 반 아이들 못지않게 불행하지 않았나 하는 것이 내 짐작이다. 그래서 나는 휘트니의 어설픔과 부족한 자질을 너그럽게 보아넘기려고 애썼으며, 그 아이의 느낌을 식구처럼 소중히 받아들였다. 휘트니도 우리 식구였기 때문이다.

"새로 맡으신 여자애는 왔나요?" 휘트니가 카운터 너머로 몸을 숙여 내가 읽고 있던 서류에 머리를 떨구면서 물었다.

"그래."

나는 그날 아침에 있었던 일을 간단히 설명했다. 바로 그때 비명 소리가 들렸다.

우리 아이 중 하나라는 걸 직감으로 알 수 있었다. 정상아들은 악을 쓰더라도 여간해서는 절박감이 느껴지는 높은 진동음을 내는 법이 없다. 나는 안톤을 쳐다보면서 무슨 일이냐고 눈으로 물었고, 휘트니는 웬일인지 알아보려고 문밖을 내다보던 차였다.

타일러가 훌쩍거리면서 비틀비틀 걸어 들어왔다. 그 아이는 문밖을 가리키면서 뭐라고 말했지만, 그 말은 흐느낌 소리에 묻혀 잘 들리지 않았다. 그러더니 갑자기 등을 돌려 뛰어갔다.

우리 셋은 일제히 타일러의 뒤를 쫓아 별관으로 이어진 문 쪽으로 달려갔다. 보통 점심시간에는 식사 시중을 드는 직원들이 아이들을 돌보도록 되어 있었다. 추운 겨울철에는 아이들이 식사를 끝내고 방 안에서 노는 동안에도 직원들이 복도를 오가면서 질서를 유지했다. 우리 아이들은 절대 한시도 방치하면 안 된다고 누누이 강조했건만, 직원들은 우리 교실에 들어오길 애써 피하면서, 한쪽 귀만 쫑긋 세운 채 별관 문밖에서 서성거리며 무슨 사고가 생기지 않나 살피곤 했다. 우리 아이들은 제일 나중에 식사를 했으므로 직원들이 실제로 감독해야 하는 시간은 20분에 불과했다. 그래도 그들은 입이 튀어나와 아이들과 함께 교실 안에 있기를 한사코 거부했다. 내가 없는 동안에도 알아서 행동할 수 있게 나 나름으로는 아이들에게 열심히 자립심을 주입시켜온 터라, 나는 직원들의 행동에 크게 신경 쓰지는 않았다. 점심시간은 아이들의 자립심을 확인할 수 있는 좋은 기회였다. 뿐만 아니라 안톤과 나에게는 30분간의 휴식이 절실히 필요했다. 그러다보니 간혹 말썽이 생기는 수가 있었다.

타일러는 훌쩍거리고 달려가면서 눈에 대해서, 새로 온 여자애에 대해서 뭐라 뭐라 주절댔다. 드디어 우리는 난장판이 된 교실 안으로 뛰어들었다.

쉴라는 어항 옆에 놓인 의자 위에 도전적인 자세로 서 있었다. 보아하니 금붕어를 한 마리씩 꺼내서 연필로 눈알을 후벼낸 모양이었다. 눈알을 잃은 예닐곱 마리의 물고기가 의자 주위의 바닥에서 필사적으로 퍼덕거리고 있었다. 쉴라는 오른손에 한 마리를 여전히 움켜쥐고 왼손으로는 연필을 든 채 위협적인 자세를 취했다. 직원 하나가 그 아이 옆에서 호들갑을 떨었지만 겁에 질려서 감히 쉴라의 무기를 뺏을 엄두도 내지 못하고 있었다. 사라는 울부짖었고 맥스는 두 팔을 사납게 흔들면서 꽥꽥거리며 온 방을 뛰어다녔다.

"그거 놔!" 나는 아주 엄하게 소리를 질렀다.

하지만 쉴라는 나를 노려보더니 여보란 듯이 연필을 흔들었다. 여차하면 공격도 불사할 기세였다. 궁지에 몰린 짐승처럼 눈에서는 사나운 광채가 일었다. 물고기는 절망스럽게 퍼덕거렸고 바닥에는 도려내어진 눈알이 떨어지면서 남긴 작은 핏자국들이 나 있었다. 방 안을 허둥지둥 돌아다니던 맥스의 발이 물고기 한 마리를 깔아뭉갰다.

돌연 귀를 찢는 듯한 비명이 허공을 갈랐다. 우리 뒤쪽으로 수잔나가 들어오고 있었던 것이다. 그 아이는 피 같은 붉은 액체에 병적인 두려움을 가지고 있었기에, 자기가 피를 보았다고 생각할 때는 헛것을 보았어도 악악거리며 막무가내로 내달렸다. 이제 물고기의 처참한 모습을 본 수잔나는 발광을 했다. 안톤이 수잔나한테 달려가는 틈을 이용하여 나는 기습적으로 쉴라의 무장 해제에 나섰지만, 상대의 방어는 내 예상만큼 허술하지 않았다. 얼마나 강하게 내던졌는지 쉴라의 연필은 순간적으로 내 팔뚝에 꽂혀 흔들거리다가 바닥에 떨어졌다. 정신이 없어서인지 통증도 느껴지지 않았다. 프레디까지 나서서 맥스처럼 방 안을 맴돌았다. 타일러는 흐느꼈고 길러모는 탁자 밑으로 숨었다. 윌리엄은 방 한구석에 서서 울고 있었다. 휘트니는 소리를 지르며 방 안을 도는 맥스와 프레디를 잡으려고 쫓아다녔다. 아비규환이었다.

"토리! 피터가 발작을 해요!" 윌리엄이 비명을 질렀다.

고개를 돌리는 순간 바닥에 쓰러지는 피터의 모습이 눈에 들어왔다. 쉴라를 휘트니에게 맡기고 얼른 달려가 피터가 깔고 넘어진 의자를 치웠다.

쉴라는 딱 소리가 날 만큼 휘트니의 정강이를 세차게 걷어차고 달아났는데, 그 아이가 문밖으로 나간 건 그야말로 순식간의 일이었다. 나는 몸부림치는 피터 옆에 다가앉으면서 가슴이 답답해지는 걸 느꼈다. 이 모든 일들이 단 몇 분 사이에 벌어졌다. 모두들 그토록 지키려고 애써온 자제심을 잃고 말았다. 피터를 제외하고는 모든 아이들이 울고 있었다. 사라, 타일러, 윌리엄은 벽에 붙어서 서로 부둥켜안은 채 흐느꼈고, 길러모는 숨어 있던 탁자 밑에서 오열을 터뜨렸다. 그 아이는 두 손으로 머리를 감싼 채 스페인어로 엄마를 불러댔다. 수잔나는 안톤의 팔에서 미친 듯이 발버둥을 치고 있었다. 맥스와 프레디는 여전히 온 방을 누비면서, 집기와 아이들에 부딪쳐 넘어졌다가는 다시 일어서서 고함을 지르며 뛰어다녔다. 피터는 의식을 잃은 채 내 팔에 쓰러져 있었다. 주위를 둘러보았다. 휘트니는 쉴라를 찾으러 나가고 없었다. 직원들도 사라진 지 벌써 한참 전이었다. 우리는 무너져 내리고 있었다. 몇 달 동안 우리가 공들여 쌓아온 탑이 하루아침에 와르르 무너지는 소리가 들렸다.

콜린스 교장과 비서가 문가에 나타났다. 평소 같으면 나는 이렇게 흐트러진 교실을 절대로 보여주지 않았겠지만, 사태가 걷잡을 수 없이 악화된 상태라 도움의 손길이 필요했다. 나 혼자서는 역부족임을 인정하지 않을 수 없었다. 몇 해를 교장 밑에서 일해오면서 나는 그런대로 아이들을 잘 관리해온 편이었다. 우리는 한 번도 심각한 사고를 일으키지 않았다. 그런데 마침내 교장이 늘 예견하던 대로 사고가 터지고만 것이다. 울화가 치밀었다. 우리를 별관에 고립시킨 조치가 현명했다고 다행스러워하는 교장의 속마음이 훤히 보이는 듯했다.

비서가 피터를 집에 보내려고 양호실로 데려갔다. 한바탕 발작을 일으키고 나면 숙면이 필요하기 때문이다. 콜린스 교장은 나를 도와 맥스와 프레디를 붙들어서 의자에 앉혔다. 나는 불쌍한 길러모를 탁자 밑에서 끌어내 꼭 안아주었다. 앞을 못 보는 그 아이에게는 이 아수라장이 얼마나 끔찍하게 들렸을까…… 안톤은 아직도 수잔나 조이를 달래기에 여념이 없었다. 어느 정도 소란이 가라앉자 타일러와 사라는 우리가 아침 토론을 벌이던 곳으로 가 앉았더니 서로를 달랬다. 윌리엄은 그 자리에 얼어붙은 듯이 서서 덜덜 떨며 울음을 그치지 않았다. 콜린스 교장이 그 애를 달래려고 노력했지만, 차마 그 아이를 껴안을 엄두는 나지 않는 듯했다. 우리는 죽은 금붕어를 밟고 미끄러지면서 다녔다. 금붕어 비늘이 양탄자에 덕지덕지 묻었다. 우리 발이 물고기를 밟을 때마다 둔탁한 파열음이 났다. 마침내 나는 아이들을 한자리에 모을 수 있었고 울음소리도 잦아들었다. 휘트니와 쉴라는 아직 안 보였지만, 그 순간에는 거기에 신경 쓸 겨를이 없었다.

콜린스 교장도 양식 있는 사람인지라 어떻게 된 일이냐고 나를 추궁하지는 않았다. 그의 표정을 잘 읽을 수는 없었지만 아무튼 내가 부탁하는 대로 선뜻 움직여주었다. 아이들이 모두 진정되자 나는 문 앞에서 고맙다는 말을 하고 메리를 보내주실 수 있냐고 물었다. 메리는 작년에 나와 함께 일했던 정식 보조교사로 일솜씨가 뛰어났다. 한 명을 아직 못 찾았는데 오후가 되면 더 큰 일이라고 이유를 덧붙이고, 어른 교사가 한 명 더 있으면 아이들을 하나하나 달래가면서 사태를 진정시킬 수 있을 것 같다고 말했다.

메리가 도착하자 아이들은 자기들이 좋아하는 이야기책을 골랐고, 나는 쉴라를 찾으러 나갔다. 교실에서 뛰쳐나간 쉴라는 틀림없이 본관으로 이어진 문들과 복도의 복잡한 구조에 당황했을 것이다. 게다가 휘트니가 재빨리 바깥 문들을 잠갔기 때문에 쉴라는 체육관 안에 갇힐 수밖에 없었다. 운도 따랐던 셈이다. 휘트니는 동굴처럼 휑뎅그렁한 체육관 입구에 서 있었고, 쉴라는 거기서 멀찍이 떨어진 곳에 있었다.

문 앞을 지키고 서 있는 휘트니의 뺨을 타고 눈물이 줄줄 흘러내렸다. 그 모습을 보니 가슴이 쓰렸다. 열네 살 먹은 소녀에게는 너무 버거운 일이었다. 잘못은 애당초 그 일을 맡긴 내게 있었지만, 사실 나로서도 그때까지 꾸려온 게 기적 같았다. 그 많은 장애아들을 어른 둘만으로 감당하기는 아무래도 벅찬 일이었다. 그동안은 운이 좋아서 탈이 없었지만, 기어이 올 것이 오고 만 것이다.

나는 체육관으로 들어가서 휘트니의 어깨를 두드려준 다음 쉴라에게 다가갔다. 그 아이의 전신에서 절대로 잡히지 않겠다는 확고한 의지가 뿜어져 나왔다. 눈초리는 맹수처럼 사나웠고, 얼굴에는 살기가 번득였다. 내가 조금씩 다가설 때마다 쉴라는 반대 방향으로 움직였다. 다정하고 부드럽게 말을 걸려고 애썼지만, 나 자신이 워낙 격앙되어 있다보니 저절로 목소리가 떨렸다. 나는 서서히 거리를 좁혀갔지만 그 사실에 큰 기대를 걸 수는 없었다. 그 거대한 체육관 안에서 쉴라는 얼마든지 도망다닐 수 있었다.

나는 잠시 호흡을 가다듬고 주위를 둘러보았다. 묘안이 없었다. 쉴라를 잡아야 하는데, 그 아이의 눈은 가늘 수 없는 두려움으로 가득했다. 상황이 이미 자기 머리로 감당할 수 있는 수준을 넘어서자, 아이는 이제 동물이 가지는 본능만 가지고 움직이고 있었다. 내 보기에는 교실에서 물고기를 해쳤을 때보다 지금이 오히려 쉴라 본인에게나 다른 사람에게나 더 위험한 순간 같았다.

어떻게 해야 좋을지 참으로 난감했다. 머리가 지끈거렸다. 연필이 박혔던 팔뚝이 쿡쿡 쑤셔댔다. 소매에 피가 번져 있는 게 보였다. 여럿이서 접근하면 아이는 더욱더 두려움을 느끼고 흥분할 게 뻔했다. 가두는 것 역시 마찬가지였다. 아이가 긴장을 풀고 자신을 추스릴 여유를 가지게 해야 했다. 이 상태로는 너무나 위험하다. 체구도 작고 나이도 어린 아이였지만, 나는 다년간의 경험을 통해서 이런 상태가 나쁜

만 아니라 본인에게도 무척 위험하다는 걸 알고 있었다.

나는 휘트니에게 교실로 돌아가서 메리와 함께 사태를 빨리 수습해 달라는 말을 안톤에게 전해달라고 부탁했다. 휘트니가 나가자 나는 체육관 출입구를 닫은 다음, 체육관을 두 부분으로 나누는 분리벽까지 당겨서 닫았다. 거기에 잠그는 문이 하나 더 있다는 사실이 떠올랐기 때문이다. 쉴라를 다시 놓칠 수는 없었다. 이렇게 해서 쉴라와 내가 출입구 맞은편의 절반되는 공간에 함께 있게 되자, 나는 위험을 무릅쓰고 쉴라 가까이 다가가 앉았다.

우리는 서로를 마주 보았다. 쉴라의 눈빛에는 말 못할 두려움이 어려 있었다. 그 아이는 떨고 있었다.

"난 널 해치지 않을 거다, 쉴라. 해치지 않아. 네가 겁먹지 않을 때까지 기다렸다가 함께 교실로 돌아가도록 하자. 난 화나지 않았어. 널 해치지 않을 거야."

몇 분이 흘렀다. 나는 약간 더 앞으로 움직였다. 쉴라가 나를 노려보았다. 아이의 온몸은 덜덜 떨렸고 가녀린 어깨는 흔들렸다. 하지만 아이는 여전히 그 자리에 버티고 있었다.

조금 전까지만 해도 나는 화가 잔뜩 나 있었다. 정말 무지무지하게 화가 났다. 우리가 아끼던 금붕어가 눈알이 빠진 채 바닥에 뒹굴고 있던 그 모습은 나를 격분시키기에 충분했다. 나는 동물 학대 행위를 절대 못 참는 성미였다. 그러나 아이를 지켜보고 있자니 분노가 사그라들고 불쌍한 생각이 뭉클뭉클 솟았다. 쉴라는 용감한 아이였던 것이다. 두렵고 힘들고 불편해도 그 아이는 굴복하지 않았다. 주변 세계를 믿지 못했기 때문에 쉴라는 자기가 아는 유일한 방법으로 거기에 맞서려 했다. 우리가 서로에 대해 도대체 뭘 알고 있는가. 그 아이 입장에서는 내가 자기를 해치지 않으리란 보장이 없었다. 나를 신뢰할 이유를 갖지 못했으니 쉴라가 나를 신뢰하지 않는 건 당연한 일이었다. 그 자그만 몸으로 자기보다 훨씬 크고 강하고 힘센 우리 모두에게 맞서서 한 치도 물러서지 않은 데다가, 말 한 마디 눈물 한 방울 흘리지 않는 그 용기가 참으로 가상했다.

나는 조금 더 접근했다. 최소한 반 시간을 기다리고 나서였다. 이제 나는 3미터 거리로 접근했고, 쉴라는 내 접근을 슬슬 의심의 눈초리로 보기 시작했다. 나는 움직임을 멈추었다. 그동안 나는 부드러운 어조로 나는 너를 해치지 않는다, 함께 교실에 가면 모든 게 다 괜찮아진다고 몇 번이나 강조하면서 쉴라를 안심시켰다. 다른 이야기도 했다. 우리 반 아이들이 즐겨 하는 놀이, 우리가 재미있게 한 공부, 쉴라가 우리와 할 수 있는 일들을 이야기해주기도 했다.

시간은 계속 흘렀다. 꼼짝 않고 앉아 있으려니 몸이 저려왔다. 자세를 바꾸지 않은 채로 계속 버티고 서 있던 쉴라의 다리도 흔들렸다. 그것은 인내를 시험하는 자리였다. 그 3미터 거리에 영겁의 시간이 펼쳐져 있었다.

우리는 기다렸다. 쉴라의 눈에서 흥분이 조금씩 잦아들고 피로한 기색이 감돌았다. 시간이 얼마나 흘렀는지 궁금했지만 팔을 움직여 시계를 보기도 겁났다. 우리는 하염없이 기다렸다.

쉴라의 바지 앞이 검게 물들더니 발치에 오줌이 흥건히 괴었다. 처음으로 그 아이는 내게서 시선을 거두고 그것을 내려다보더니, 아랫입술을 꼭 깨물었다. 고개를 든 쉴라의 얼굴에는 잘못을 저지른 데 대한 두려움이 역력했다.

"누구든지 실수를 하게 마련이야. 넌 화장실에 갈 수 없었고, 그건 내 잘못이기도 해." 나는 이렇게 말하면서 교실을 쑥대밭으로 만든 아이가 그깟 오줌 좀 쌌다고 걱정을 하는 데 내심 놀랐다. "치우면 되지 않니. 이런 일이 생겼을 때 쓰려고 선생님이 교실에 걸레를 갖다 두었단다."

쉴라는 다시 고개를 숙였다가 나를 쳐다보았다. 나는 가만히 있었다. 상황을 제대로 파악하려는 듯 쉴라가 조심스레 한 걸음 물러났다.

"나 때릴 거죠?" 잠긴 목소리였다.

"아니. 선생님은 아이들 안 때려."

아이가 이마를 찌푸렸다.

"선생님이 도울 테니까 치우자. 우리끼리만 알고 아무도 모르게 하는 거야. 이건 어디까지나 사고였으니까."

"일부러 그런 게 아니에요."

"알아."

"나 때릴 거죠?"

나는 맥이 빠졌다. "아니야, 쉴라. 난 아이들을 안 때려요. 안 때린다고 했지 않니."

쉴라가 자기 바지를 쳐다보았다. "우리 아빠는 이런 걸 보면 죽어라고 패는데."

대화가 오가는 사이에도 나는 이 위태로운 관계가 깨질까봐 겁이 나서 그 자리에서 꼼짝하지 않았다.

"우리끼리 처리할 수 있으니까 걱정 안 해도 돼. 수업이 끝나려면 아직 멀었으니까 그때까진 마를 거다."

쉴라는 코를 쓱 문지르고는 흥건한 오줌을 보다가 다시 나를 보았다. 그 아이가 이곳에 오고 나서 처음으로 흔들리는 모습을 보인 것이다. 내가 천천히 자리에서 일어서자, 쉴라는 한 걸음 뒤로 물러섰다. 나는 팔을 내밀었다.

"이리 오렴. 가서 걸레를 가져와야지. 걱정 안 해도 된다니까."

나를 바라보던 쉴라가 이윽고 조심조심 내 앞으로 왔다. 내 손은 잡지 않으려고 했지만, 내 옆에 붙어서 교실까지 따라왔다.

교실은 정상으로 돌아와 있었다. 안톤과 아이들은 노래를 부르고 있었다. 휘트니는 수잔나를 안았고, 메리는 맥스를 흔들어주며 달래고 있었다. 죽은 물고기도 모두 치운 상태였다. 아이들의 머리가 일제히 우리한테로 쏠렸지만 나는 아이들의 관심을 다른 곳으로 돌리라고 안톤에게 눈짓을 보냈다. 쉴라는 내가 준 걸레와 양동이를 들고 나와 같이 체육관으로 돌아가 말없이 바닥을 훔쳤다. 그러고는 다시 나를 따라 교실로 돌아왔다.

그날 오후는 예상 밖으로 조용히 지나갔다. 아이들도 약한 자제심이 또다시 무너지는 게 겁이 나는지 모두들 차분히 있었다. 쉴라는 오전 내내 앉아 있던 의자로 돌아가서 다리를 감싸 안은 채 엄지손가락을 빨았다. 그 아이는 오후에도 꼬박 그렇게 앉아서 보냈다. 그렇지만 잠시도 우리에게서 눈을 떼지 않았다. 쉴라의 표정만 봐서는 무슨 생각을 하는지 도무지 알 수가 없었다. 나는 아이들 하나하나를 꼬옥 안아주고 말을 걸면서 상처받은 감정을 달래려고 노력했다. 그리고 마지막으로 쉴라에게 갔다.

나는 쉴라가 앉아 있는 의자 옆의 바닥에 앉아서 그 아이를 올려다보았다. 쉴라는 여전히 손가락을 입에 문 채 심각한 표정으로 나를 쳐다보았다. 그날 있었던 사건의 여파가 얼굴에 나타나 있었다. 나는 아이를 안아주거나 건드리지 않았다. 안톤은 수업을 마무리하는 중이었고, 아무도 우리를 쳐다보지 않았다. 반발을 살까 두려워 드러내놓고 친밀감을 보이지는 않았지만, 그래도 내가 관심이 있다는 걸 그 아이한테 알리고 싶었다.

"오늘 오후에 힘들었지?"

쉴라가 말없이 나를 쳐다보았다. 아이의 몸에서 풍기는 냄새가 코를 찔렀다.

"내일은 나아질 거야. 첫날은 누구한테나 힘든 법이거든."

나는 쉴라의 눈을 보면서 이 아이가 무슨 생각을 하는지 알아내려고 애썼다. 적어도 그 순간에는 노골적인 적개심은 없는 듯했다. 하지만 그 이상은 알아낼 수가 없었다.

"바지는 다 말랐니?"

쉴라가 오므렸던 다리를 펴고 일어서서 바지를 살폈다. 이제는 웬만큼 말라서 젖은 부분이 더러운 얼룩과 거의 구별되지 않을 정도였다. 쉴라는 가볍게 고개를 끄덕였다.

"그 정도면 괜찮겠지?"

다시 알 듯 말 듯 고개를 살짝 끄덕였다.

"괜찮을 거야. 누구나 실수를 할 때가 있는 법이란다. 그리고 이건 네 잘못이 아니었어. 넌 화장실에 갈 기회가 없었거든."

이런 일은 우리 반에서 워낙 비일비재하게 일어나는 일이라 교실에 옷이 준비되어 있었다. 하지만 너무 다정하게 굴면 오히려 아이의 경계심을 부추길 것 같아 옷이 있다는 소리는 하지 않았다. 그런 정도의 사건은 여기서는 얼마든지 받아들여진다는 사실을 알리는 것으로 만족하기로 했다.

쉴라가 입에 문 엄지손가락을 돌리면서 안톤을 보느라고 돌아섰다.

나는 수업이 끝날 때까지 그 아이 옆에 머물러 있었다.

아이들이 돌아간 뒤 안톤과 나는 묵묵히 교실을 치웠다. 둘 다 오늘 있었던 사건에 대해서 입을 열지 않았다. 다른 이야기도 별로 하지 않았다. 분명히 그리 유쾌한 날은 아니었다. 나는 퇴근을 하고 집에 돌아와서 연필에 찔린 상처를 씻고 일회용 반창고를 붙였다. 그러고는 침대에 누워 흐느꼈다.

04

나는 교실에서 끊임없이 전쟁을 치러야 했다는 사실을 이야기해둬야겠다. 아이들과도 싸워야 했고, 나 자신과도 싸워야 했다. 이 어린아이들과 날마다 부딪치는 과정에서 나는 자신의 감정을 억제해야 했다. 안 그랬다가는 실망과 충격과 환멸이 너무 커서 도저히 일을 할 수 없었기 때문이다. 나의 하루는 불쑥불쑥 찾아드는 두려움을 몰래 잠재우는 일의 연속이었다. 이 방법은 그런대로 효과가 있었지만 심심할 만하면 내 방어벽을 뒤흔드는 아이가 나타났다. 그런 날에는 내가 그렇게도 잠재우려고 애썼던 불안과 좌절과 걱정이 한꺼번에 덮쳐들었다.

그렇지만 나는 본디 천성이 몽상가였다. 아이들이 아무리 이해할 수 없는 행동을 하더라도, 내가 아무리 약해 보여도, 그리고 실망과 의구심에서 허우적거리는 순간에도, 그래도 뭔가 바뀔 거라는 좀처럼 실현되기 어려운 꿈이 어김없이 찾아들곤 했다. 몽상가였기에 내 꿈은

좀체 시들지 않았다.

이번에도 예외가 아니었다. 나는 금방 눈물을 그치고 잠이 들었다. 얼마 후 나는 참치 샌드위치를 먹으면서 〈스타트렉〉을 보았다. 그전까지 나는 텔레비전을 거의 보지 않았기 때문에 몇 년 전 황금 시간대에 방영되던 〈스타트렉〉을 한 번도 본 적이 없었다. 그러나 그 무렵은 매일 서녁 6시면 그 프로를 재방송했다. 아직 적응이 잘 안 되고, 이런저런 고민이 많던 학기 초부터 나는 저녁을 먹으면서 〈스타트렉〉을 보는 것이 습관처럼 되었다. 텔레비전은 내 일과를 작업 시간과 휴식 시간으로 나누는 역할을 했다. 그 시간 동안은 학교에서 부딪쳤던 문제들과 고민거리에서 벗어나 기운을 되찾을 수 있었다. 나는 얼음처럼 냉정한 스포크 선장을 보면서 평정을 되찾아갔다.

그래서 채드가 귀가한 7시 무렵에는 나도 기운을 회복했다. 채드는 1년 반 전부터 내가 사귀어온 사람이다. 처음에는 남들 하는 식으로 연애를 했다. 저녁을 먹고 영화 보러 가고 춤추러 가고 부담 없는 대화를 나누었다. 하지만 그런 식의 연애는 우리에게 맞지 않았다. 그래서 우리는 좀 더 포근하고 편안한 교제를 택했다. 채드는 시내의 합동변호사 사무실에서 근무했는데, 주로 형무소에 끌려온 부랑자나 범법자의 법정 변호인으로 일했다. 자연히 승소 확률이 낮을 수밖에 없었다. 저녁마다 우리는 얼굴을 맞대고 아이들과 범죄자들의 딱한 처지를 두고 가슴 아파했다. 결혼 이야기도 한두 번 나왔지만 흐지부지되고 말았다. 우리는 어울리기를 원하면서도 한편으로는 독립을 원했다. 지금 이대로가 좋았다.

초콜릿 아이스크림을 사온 채드에게 나는 쉴라 이야기를 꺼냈다. 그러면서 임자를 단단히 만난 셈이다. 그런 야만적인 아이를 과연 교화시킬 수 있을지 정말 자신이 없다고 말했다. 빨리 주립병원에 빈자리가 생겼으면 좋겠다는 말도 빼놓지 않았다.

채드는 따뜻하게 웃으면서 전에 가르치던 선생님에게 전화를 하는 것이 어떻겠냐고 제안했다. 맛있는 아이스크림을 배불리 먹고 나니 포만감도 들고 왠지 생각이 낙천적으로 바뀌었다. 나는 전화번호부를 뒤져 바슬리 선생에게 전화를 걸었다.

내 소개를 하고 용건을 밝히자 바슬리 선생은 깜짝 놀랐다.

"세상에, 그 아이가 영원히 매장되는 줄로 알았는데."

나는 주립병원에 빈자리가 없었다고 설명한 뒤, 예전에 쉴라를 어떻게 지도했느냐고 물었다. 그녀는 나직하게 혀를 찼다. 그 묘한 소리는 패배를 자인하는 것 같은 느낌으로 와 닿았다.

"그렇게 지독한 아이는 처음이었어요. 얼마나 파괴적인지, 세상에, 잠깐만 한눈을 팔면 그새 때려부수는 겁니다. 자기 것, 다른 아이 것, 게시판, 미술 전시품, 닥치는 대로요. 한번은 다른 아이들 외투를 모조리 여자 화장실 변기에 쑤셔박았지 뭐예요. 지하실 바닥에 물난리가 났었죠." 그녀는 한숨을 쉬었다. "그 애를 막으려고 안 해본 짓이 없었습니다. 그 앤 자기가 공부할 문제지를 눈 깜짝할 사이에 찢어버리곤 했지요. 오죽했으면 문제지를 못 찢게 하려고 제가 라미네이팅을 입혔겠어요. 그랬더니 어떻게 했는 줄 아세요? 그걸 냉방장치에 쑤셔넣는 바람에 에어컨이 막힌 거예요. 우린 34도가 넘는 찜통더위에 에어컨 없이 사흘을 지내야 했답니다."

바슬리 선생의 입에서는 줄줄이 사건들이 터져나왔다. 석 달 동안 자기가 겪었던 고통을 이제까지 단 한 번도 호소할 기회를 갖지 못했던 사람의 하소연처럼 그녀의 말은 따발총처럼 빨랐다. 하지만 얼마 안 가 눈에 띄게 목소리에서 기운이 빠져나가기 시작했다. 그녀는 죽도록 고생하긴 했지만 쉴라를 사랑했던 것이다. 나를 끌어당겼던 그 수수께끼 같은 힘이었다. 쉴라는 누구보다도 상처받기 쉬운 아이였지만 누구보다도 용감했다. 바슬리 선생은 정말 쉴라가 잘되기를 바랐다고 했다. 하지만 도대체 먹혀들지가 않았다. 쉴라는 말하기조차 거부했다. 만지는 것도, 도움을 받는 것도, 사랑을 받는 것도 거부했다. 처음엔 바슬리 선생도 다정하게 대하려고 노력했다. 미운 짓만 골라가며 하는 그 아이에게 애정을 쏟으려 했고, 특별활동에 끌어들이는 등 각별한 관심을 기울였다. 심리학자까지 동원하여 쉴라가 바람직한 행동을 할 때마다 상을 하는 행동 수정 프로그램도 짰다. 하지만 쉴라는 보상받는 행동은 죽어도 하지 않는 데서 희열을 느끼는 것처럼 보였다. 바슬리 선생은 쉴라가 프로그램을 엉망으로 만들기 위해 의도적으로 빗나간 행동을 한다는 인상을 받았다. 전에는 잘만 하던 행동도 그것이 프로그램에 포함되었다 싶으면 하루아침에 그만두었다.

작전을 바꾼 바슬리 선생은 그 아이의 빗나간 행동을 처벌로 통제하려 했다. 그래서 남들이 누리는 권리를 박탈했고, 한구석에 가만히 세워두기도 했으며, 급기야는 교장실로 보내 체벌을 가하는 조치도 불사했다. 그래도 쉴라는 여전히 교실에 공포 분위기를 조성하고, 다른 아이들을 공격했으며, 멋대로 부수고 공부하길 거부했다. 결국 바슬리 선생이 손을 들고 말았다. 그 아이에게 너무 많은 시간을 빼앗겨 다른 아이들이 피해를 보았던 것이다. 그래서 쉴라를 혼자 내버려두니까 모처럼 약간이나마 교실이 평온해지더라고 한다. 간섭만 받지 않으면 쉴라는 하루 종일 교실을 어슬렁거리거나 잡지를 뒤적이면서 시간을 보냈다. 하지만 누가 건드리면 길길이 날뛰면서 손에 잡히는 족족 닥치는 대로 부수었다. 아예 내버려두면 남들이 자기를 무시하는 만큼 쉴라도 남들을 무시했으므로 같이 지낼 만했다. 그렇지만 입은 여전히 봉한 상태였고 공부와도 담을 쌓았으며 수업에는 전혀 참여하지 않았다. 그러다가 11월의 사건이 터졌고 학부모들이 들고 일어나는 바람에 쉴라는 학교를 떠나야 했다.

바슬리 선생의 목소리는 서글펐고 비관에 차 있었다. 그녀는 쉴라를 제대로 지도하지 못한 것을 미안하게 여겼다. 쉴라가 과연 글을 읽고 셈을 할 줄 아는지 아는 사람은 아무도 없었다. 그 아이의 학습능력이나 감정에 대해서도 전혀 알려진 바가 없었다. 바슬리 선생의 표현에 따르면 쉴라는 이제까지 만나본 아이 중에서 가장 가르치기 힘든 아이였다. 쉴라를 다루기에는 그녀의 인내심과 자질, 시간이 부족했다는 것이다. 그녀는 내게 행운을 빈다고 말하고 나서, 어서 주립병원에 빈자리가 생기기를 바란다는 말을 덧붙여 행운의 의미를 보충 설명했다. 그러고는 전화를 끊었다.

나는 다시 우울해졌다. 여태까지 모두들 할 만큼 해왔고, 내가 새롭게 시도할 만한 방도는 딱히 없어보였기 때문이다. 우리 반의 인원을 감안할 때 그 아이 개인에게 관심을 쏟을 수 있는 시간은 바슬리 선생보다도 내가 훨씬 더 부족했다. 채드와 이야기를 나누면서 내가 얻은 결론은 내가 할 수 있는 일은 없고 두고 보는 수밖에 없다는 것이었다.

다음 날 아침 안톤과 나는 아이들이 등교하기 전에 수업안을 짜려고 마주 앉았다. 어제 같은 일이 다시 일어나게 할 수는 없었다. 다른 아이들이 다시 그런 경험을 하는 건 위험했다. 교실에서 벌어지는 약간의 소동이 반드시 나쁜 것만은 아니다. 사고가 생겼을 때 서로 돕는 방법을 배우는 유익한 기회가 될 수도 있기 때문이다. 그러나 교실을 며칠씩 아수라장으로 만들 수는 없었다.

수업이 시작되기 15분 전에 사회복지사가 쉴라를 끌고 왔다. 그녀는 쉴라의 집까지 연결되는 버스는 고등학교 스쿨버스밖에 없으니, 앞으로 쉴라는 30분 일찍 등교하고 수업이 끝난 뒤에 두 시간을 더 기다려야 버스를 탈 수 있을 거라고 말했다. 나는 기가 막혔다. 첫째, 쉴라는 어느 모로 보나 고등학생들과 한 버스에 탈 수 있는 상황이 아니었다. 그런 아이를 반길 버스는 내 상식으로는 없었다. 둘째, 방과 후 두 시간 동안 나더러 그 아이와 무엇을 하란 말인가? 생각만 해도 소름이 끼쳤다.

사회복지사는 태평스럽게 웃었다. 교육청에서는 기존 버스를 이용할 수 있을 경우엔 특별통학비를 지급하지 않기 때문에 다른 대안이 없다는 것이었다. 그녀는 시골로 나가는 다른 버스들도 느지막이 엇비슷한 시간에 오니까 쉴라는 어차피 방과 후 학교에 남아 있을 수밖에 없다고 하면서, 다른 아이들도 어차피 학교에서 기다려야 할 테니 쉴라도 같이 기다리면 되지 않느냐고 속 편하게 말했다. 그녀는 쉴라의 앙상한 손목을 내게 넘기고 사라졌다.

쉴라를 내려다보는 순간, 어제의 불안이 한꺼번에 밀어닥쳤다. 쉴라도 잔뜩 경계심 어린 눈으로 나를 쳐다보았다. 하지만 어제보다는 적대감이 감춰진 편이었다. 내가 살짝 웃었다.

"안녕, 쉴라. 다시 만나서 반갑다."

다른 아이들이 도착하기까지 얼마 안 되는 틈을 이용해서 쉴라에게 분명하게 이야기해두는 편이 좋겠다는 생각이 들었다. 나는 쉴라를 탁자로 데려가서 의자 하나를 빼주었다. 쉴라는 순순히 따라와 의자에 앉았다.

"들어봐." 내가 그 아이 옆에 앉으며 말문을 열었다. "어제 같은 일이 다시는 생기지 않도록 오늘 여기서 우리가 무슨 일을 할 건지 알아두자. 어제 일은 선생님한테 별로 재미없었어. 너도 그랬을 거라고 생각하지만."

쉴라는 내 말을 못 알아듣겠다는 듯이 떨떠름하게 이마를 찡그렸다.

"전에 다니던 학교에서는 어떻게 했는지 모르지만, 선생님은 네가여기서 할 일을 알아두었으면 해. 어제 우리가 너한테 약간 겁을 주었는지 모르겠어. 넌 우리를 전혀 몰랐고 우리가 너한테 어떤 기대를 걸고 있는지도 몰랐잖아. 너한테 지금 그 이야기를 하려는 거야."

쉴라가 다시 무릎을 당겨 팔로 감싼 채 몸을 잔뜩 웅크렸다. 어제와 똑같은 바지에 티셔츠를 입고 있었다. 둘 다 빨지 않아 고약한 냄새가 났다.

"난 너를 해치지 않을 거야. 여기서는 아이들을 때리지 않는단다. 안톤도 휘트니도 어느 누구도. 우리한테 겁먹지 않아도 돼."

그 아이는 또 엄지손가락을 입에 물었다. 내가 무서운 것 같았다. 그렇게 가냘퍼 보이는 아이가 어제 그런 짓을 했다는 사실이 믿겨지지 않았다. 적어도 그 순간에는 허세가 보이지 않았다. 그러나 나를 응시하는 눈빛은 위축되지 않았다.

"내 무릎 위에 앉아서 선생님이 말하는 걸 들을래?"

아이는 보일 듯 말 듯 고개를 흔들었다.

"좋아, 수업 계획을 들려줄게. 난 모두들 공부를 할 때는 너도 같이하길 바래. 넌 그저 우리랑 같이 앉아 있으면 돼. 네가 익숙해질 때까지는 안톤이나 휘트니, 아니면 내가 자세히 설명을 해줄 테니까."

나는 그날의 시간표를 설명했다. 하고 싶지 않으면 같이 안 해도 되지만, 그래도 우리 옆에 있긴 해야 한다고 말했다. 그것만큼은 철칙이라고 강조했다. 자발적으로 함께 하지 않으면 우리 중에서 누가 도와줄 수도 있다고 했다.

"그리고 일이 걷잡을 수 없게 되면, 난 널 저기 구석의 생각의자로 보낼 거다." 나는 이야기를 마무리하며 모서리에 있는 의자를 가리켰다. "네가 마음을 가라앉혔다고 생각될 때까지 저기 가서 앉아 있는 거야. 그냥 있으면 돼. 알겠니?"

대답이 도통 없었기에 쉴라가 알아들었는지는 알 수 없었다. 그때쯤 아이들이 하나 둘 도착했다. 나는 일어나서 쉴라의 등을 두드려주고 아이들을 맞이하러 갔다. 내 손이 닿았을 때 쉴라가 몸을 뺀 건 아니지만, 그렇다고 내 손길을 반긴 것도 아니었다.

아침 토론이 시작되었는데도 쉴라는 여전히 의자에 앉아 있었다. 내가 내 옆의 바닥을 가리키며 말했다.

"쉴라, 토론을 해야 하니까 이리 오렴."

그 아이는 움직이지 않았다. 내가 한 번 더 말했다. 쉴라는 의자에 가만히 웅크린 채로 있었다. 나는 마음이 편치 않았다. 쉴라는 엄지손가락을 입에 넣은 채 눈을 동그랗게 뜨고 나를 바라보았다. 안톤이 프레디를 자리에 앉히고 있었다.

"안톤, 쉴라 좀 데려오시겠어요?"

안톤이 다가가자 쉴라는 어디서 기운이 났는지 순식간에 의자를 박차고 튀어나갔다. 문으로 맹렬히 돌진했지만 빗장이 걸려 말을 듣지 않자 문에다 몸을 쿵 하고 부딪쳤다.

"토리, 저 애를 막아주세요."

피터가 불안스럽게 말했다. 다른 아이들은 안톤이 쉴라를 잡으려고 쫓아다니는 모습을 구경하고 있었다. 또다시 쉴라는 덫에 걸린 짐승처럼 악에 받친 눈초리로 잡히지 않으려고 미친 듯이 도망갔지만 방이 워낙 비좁아서 피할 데가 없었다. 책을 던져서 안톤을 막아내려고 했지만, 얼마 안 가 안톤은 탁자 맞은편으로 쉴라를 몰아넣었다. 한동안 실랑이를 벌이던 안톤이 별안간 탁자를 벽 쪽으로 밀었고, 오도가도 못하는 쉴라의 팔을 쉽게 붙들 수 있었다.

그러자 쉴라가 비명을 질렀다. 우리 모두 기겁을 했다. 수잔나가 울기 시작했지만 다른 아이들은 안톤이 쉴라와 몸싸움을 벌이며 걸어오는 모습을 긴장된 얼굴로 지켜보고만 있었다. 나는 말없이 앉을 자리를 가리켰다. 안톤이 그 아이의 팔을 내게 주자 나는 반강제로 앉혔다. 쉴라는 눈물 한 방울 흘리지 않으면서 계속 악을 써댔다. 하지만 별다른 저항 없이 자리에 앉았다.

"좋아, 누가 주제를 꺼낼래?" 나는 일부러 환한 목소리로 말했다.

"저요, 앞으로도 계속 이러는 건가요?" 윌리엄이 쉴라의 악다구니에 자기 말소리가 묻힐까봐 불안해하면서 입을 열었다. 윌리엄의 까만 눈은 두려움에 차 있었다. "저 앤 앞으로도 계속 저럴 건가요?"

다른 아이들도 걱정스러운 듯이 내 얼굴만 바라보았다. 나는 내 입장이 얼마나 위선으로 차 있는지 새삼 깨달았다. 왜냐하면 솔직히 말해서 나도 그 아이들처럼 두려웠기 때문이다. 우리는 이미 넉 달 동안 생활해왔기 때문에 서로의 차이점과 문제점을 잘 알고 있었다. 하지만 쉴라는 새로운 얼굴이었다. 낯선 이방인은 우리가 어렵게 엮어낸 질서를 시험대에 올려놓기 마련이었기에, 설령 쉴라가 우리한테 얌전히 협조한다 하더라도, 우리한테는 그 아이가 벅찬 존재일 수밖에 없었다. 그런데 쉴라는 한 술 더 떠서 우리의 밑바탕을 뿌리째 흔들어놓고 있으니 더더욱 받아들이기 어려웠던 것이다.

결국 그날의 주제는 쉴라가 되었다. 나는 쉴라가 적응하는 과정에 있으며 우리처럼 예전에 어려운 시절을 보냈기 때문에, 모두들 인내심을 가지고 그 아이를 이해해야 한다는 걸 잘 설명해보려고 노력했다.

우리가 자기 이야기를 하는 동안에는 쉴라도 우리를 아주 도외시하지는 않았다. 이때쯤에는 쉴라의 악다구니도 잦아들어, 대화 도중에 침묵이 길게 흐르거나 우리 중에서 누가 자기를 쳐다보는 것을 알아차렸을 때 간간이 외마디 비명을 터뜨리는 정도로 바뀌었다. 나는 아이들이 자유롭게 질문을 던지고 자신들의 공포와 불안을 마음껏 쏟아내게 만들었다. 나는 최대한 성실하게 답변하려고 노력했는데, 피터를 제외하고는 모두들 대놓고 쉴라를 안 좋게 말하지는 않았다. 피터는 달랐다. 어제도 냄새가 난다고 불평하더니 오늘도 이런 아이와 같이 못 있겠다고 투덜거렸다. 피터는 이 아이가 모든 걸 망쳐놓는다고 흥분했다. 나는 피터의 말을 굳이 막지 않았다. 내가 못하게 막아도 피터는 나중에라도 쉴라한테 기어이 그 말을 하고 말 아이였다. 그건 피터가 가진 문제 중 하나였지만, 그래도 내 앞에서 말하는 편이 나았다.

그래서 우리는 쉴라가 적응하는 동안 교실에 문제가 생긴다면 어떻게 할 것인가를 놓고 토론을 벌였다. 타일러는 시끄럽지 않게 그 아이를 구석으로 보내자고 제안했다. 사라는 쉴라가 소동을 피울 때마다 휴식 시간을 갖자고 했다. 가장 이해심이 많은 길러모는 쉴라가 소리를 지르는 동안 그 아이가 외로움을 타지 않게 돌아가면서 그 옆에 앉는 게 어떻겠느냐고 말했다. 그 말에는 길러모 자신의 외로움이 반영

되어 있었다.

결국 우리는 쉴라가 고함을 지르거나 소란을 피워서 안톤이나 내가 수업을 중단해야 할 지경이 되면, 나머지 아이들은 열심히 자기 공부를 하고 좀 더 의젓한 친구들은 맥스, 프레디, 수잔나에게 신경을 쓰기로 하자는 결론을 냈다. 나는 모두가 협조하면 주말에는 별식을 먹을 수 있을 거라고 말했다. 궁리 끝에 우리는 아이스크림을 금요일의 별식으로 정했다. 아이들의 착상은 무궁무진했다.

"선생님이 쉴라 때문에 바쁘고 프레디가 울기 시작하면, 내가 프레디한테 이야기책을 읽어줄래요." 타일러가 제안했다.

"우리끼리 노래를 부르는 것도 좋잖아요." 길러모가 나섰다.

"수잔나 조이가 도망가다가 다치지 않게 내가 손을 꼭 잡고 있을 게요."

나는 빙긋 웃었다.

"모두들 좋은 생각을 가졌구나. 선생님은 틀림없이 잘될 거라고 믿어. 너희들은 금요일에 어떤 아이스크림을 먹고 싶은지나 생각해두렴."

쉴라를 내려다보았다. 그 아이는 아직도 으르렁거리고 있었고, 내가 쉴라의 바지 어깨끈을 여전히 붙잡고 있었던 건 사실이지만, 그래도 어쨌든 꽤 얌전히 앉아 있는 편이었다.

"아이스크림 좋아하니?"

아이가 실눈을 떴다.

"좋아할 것 같은데. 아이스크림 좋아해?"

쉴라는 신중하게 고개를 끄덕였다.

우리가 산수 공부를 하는 동안, 쉴라는 군소리 없이 의자 있는 곳으로 갔다. 그리고는 의자에 올라가서 다리를 오므리고 앉더니 이 아이 저 아이한테로 옮겨다니는 나를 미심쩍은 눈길로 바라보았다. 오전 나절은 순탄하게 흘러갔다.

　어제처럼 점심을 먹게 할 수는 없었다. 그 끔찍한 일이 되풀이되는 것을 막아보자는 뜻도 있었지만, 식당 직원들이 그런 막돼먹은 아이를 감독할 수는 없다고 너도나도 발뺌을 하는 바람에, 하는 수 없이 내가 아이들 옆에서 점심을 먹기로 했다.

　나는 쉴라를 내 옆에 앉혔다. 쉴라는 안톤과 나 사이에 앉게 되자 내 쪽으로 약간 몸을 움직였다. 음식을 거의 우겨넣다시피 입에 넣고 쩝쩝 씹으면서 쉴라는 번개처럼 빠르게 식사를 끝냈다. 식탁 예절은 형편없었지만 그래도 포크는 사용할 줄 아니 그나마 다행이었다.

　식사가 끝나고 다른 아이들이 밖에서 노는 동안, 나는 쉴라를 데리고 방으로 돌아가 탁자에 앉아서 채점을 했고, 쉴라는 자기 의자로 가서 여전히 엄지손가락을 입에 문 채 나를 바라보고 있었다.

　오후 내내 그 아이는 시키는 대로 잘 따랐지만, 선택권이 주어지면 어김없이 똑같은 의자로 돌아가서 그곳에 쪼그리고 앉았다. 쉴라는 어제보다 많이 가라앉아서 거의 침울해 보일 정도였지만, 그냥 내버려두었다. 왠지 모르지만 나를 몹시 무서워하는 것 같았다. 하지만 자꾸 캐물으면 아이가 더 불안해할까봐 그냥 잠자코 있었다. 다른 아이들은 아무런 일도 안 생기니까 실망하는 것 같았고, 피터는 종례가 끝난 뒤 나한테 와서 쉴라가 말썽을 피우지 않아도 예정대로 아이스크림을 먹는 거냐고 물었다. 나는 싱긋 웃으며 금요일까지 아무 문제 없이 지내면 틀림없이 아이스크림을 먹을 거라며 피터를 안심시켰다.

아이들이 귀가하자 쉴라와 안톤과 나만 남게 되었다. 방과 후의 두 시간은 다음 날 수업을 준비하는 시간이었지만, 적어도 처음 며칠 동안은 쉴라와 가까워지는 데 그 시간을 사용하는 게 좋을 듯했다. 쉴라는 아직도 의자 위에 앉아 있었다. 다른 아이들이 겉옷을 입고 집에 갈 준비를 할 때도 꼼짝 않고 그 자리를 지켰다.

나는 탁자로 가서 그 애 맞은편에 앉았다. 쉴라가 경계심을 풀지 않으면서 나를 쳐다보았다.

"오늘 넌 참 잘했어. 정말 좋았어."

쉴라는 고개를 돌렸다.

쉴라를 자세히 살펴보았다. 때가 많고 머리카락은 뒤엉켜 있었지만 잘생긴 아이였다. 팔다리가 곧고 날씬했다. 아이를 무릎에 앉혀서 아이의 눈에 비치는 고통이 조금이라도 덜어지도록 꼭 껴안아주고 싶은 마음이 간절했다. 그러나 탁자 하나를 마주한 우리 둘의 거리는 우주만큼이나 멀었다. 내가 가까이 있으니까 쉴라는 나와 눈을 마주치지 않으려고 했다.

"내가 널 겁나게 했니, 쉴라?" 내가 부드럽게 물었다. "그랬다면 그건 내 본의가 아니었어. 새 학교에 와서 난생처음 보는 사람들하고 지내려니 오죽 힘들었을까. 선생님은 네 심정 이해해. 나도 처음에는 겁이 났거든."

쉴라는 나한테 표정을 보이지 않으려고 손을 들어 옆얼굴을 가렸다.

"버스가 올 때까지 이야기책이라도 읽어줄까?"

쉴라는 고개를 저었다.

"그래. 그럼 선생님은 다른 탁자로 가서 내일 수업 준비를 해야겠다. 마음이 바뀌면 언제든지 말해. 내가 읽어줄게. 아니면 장난감이든 뭐든 마음에 드는 걸 갖고 놀든지."

나는 일어섰다. 내가 일을 시작하니까 그 아이는 손을 슬그머니 내리더니 일하는 내 모습을 뜯어보았다. 몇 번인가 고개를 들고 봐도 그때마다 아이는 무표정한 얼굴로 나만 뚫어지게 바라보고 있었다.

05

다음 날 나는 쉴라가 수업에 참여할 때가 왔다고 판단했다. 버스는 우리 학교에서 약간 떨어진 고등학교에 쉴라를 내려주었으므로 안톤이 거기 가서 아이를 데려왔다. 교실에 들어선 쉴라는 겉옷을 벗고 곧장 의자로 갔다. 나는 쉴라한테 가서 오늘은 공부를 하게 될 거라고 설명했다. 그날의 시간표를 보여주고 나서 어제처럼 모든 일을 함께 해야 한다고 강조한 뒤, 산수 시간에는 문제를 몇 개 풀어야 한다는 사실도 덧붙였다. 그리고 매주 수요일 오후에는 요리를 하는데, 오늘 초콜릿 바나나를 만들 때 우리를 거들어달라는 말도 빠뜨리지 않았다. 오늘 쉴라가 반드시 해야 할 일은 산수와 요리였다.

내가 이야기하는 동안 쉴라는 계속 어제와 같은 미심쩍은 눈길로 나를 쳐다보았다. 내가 알겠느냐고 물었지만 반응은 없었다.

아침 토론 시간에는 내가 약간 언짢은 표정을 지으면서 참석을 요구하자 마지못해 우리한테로 왔다. 그 아이는 토론 시간 내내 내 발치에 가만히 앉아 있었다. 하지만 산수 시간은 순조롭지 않았다. 나는 간단한 셈 공부를 염두에 두고 있었다. 내가 블록들을 꺼낸 다음 쉴라를 불렀지만, 그 아이는 아침 토론 시간에 앉아 있던 자리에서 움직일 생각을 하지 않았다.

"쉴라, 어서 이리 와야지. 어서." 내가 의자를 가리켰다. 그 아이가 가장 좋아하는 의자였다.

쉴라는 움직이지 않았다. 내가 다가설 때 아이가 달아나지 못하도록 안톤이 슬슬 그쪽으로 움직이기 시작했다. 단박에 우리 계획을 눈치 챈 쉴라는 공포에 빠졌다. 붙잡히는 걸 무엇보다도 두려워하는 아이였다. 쉴라는 미친 듯이 소리를 지르면서 아이들을 밀치고 아이들이 하던 공부를 흐트러뜨리며 달아났다. 그러나 가까운 거리에 있던 안톤에게 순식간에 붙들렸고, 내가 가까이 가자 안톤은 그 애를 내게 인계했다.

"얘, 우린 너한테 아무 짓도 안 해. 그걸 모르겠니?" 나는 몸부림을 치면서 두려움과 악에 받쳐 가쁜 숨을 몰아쉬는 아이를 단단히 붙잡아 앉혔다. "진정해요, 꼬맹아."

"야, 전부 모였네. 이제 전부 다 모였다." 피터가 좋아하며 말했다.

아이들은 조그만 머리를 숙이고 열심히 자기 공부를 했다. 타일러만이 수잔나와 맥스가 어떤지 보려고 고개를 들었다.

쉴라는 얼굴이 벌게지도록 다시 비명을 질렀지만 울지는 않았다. 아이를 무릎에 앉힌 나는 수를 헤아리는 데 쓰는 블록을 바닥에 쏟아 놓은 다음, 쉴라가 진정되길 기다리면서 블록들을 가지런히 놓았다.

"자, 이제 선생님 앞에서 블록을 세는 거야."

아이는 더 크게 악을 썼다.

"자, 셋을 놓으렴."

아이는 내 품에서 빠져나가려고 버둥거렸다.

"선생님이 도와줄게."

나는 버둥거리는 손을 잡고 억지로 블록 쪽으로 가져갔다.

"하나, 둘, 셋. 그래. 이제 네가 해봐."

별안간 쉴라가 블록 하나를 집어서 휙 내던졌다. 다시 번개처럼 집어서 던진 두 번째 블록이 타일러의 이마에 정통으로 맞았다. 타일러는 울음을 터뜨렸다.

나는 쉴라의 팔을 꽉 붙들고 일어서서 구석으로 끌고 갔다.

"여기선 그런 짓 하는 게 아니야. 아무도 다치게 해서는 안 돼. 마음이 가라앉을 때까지 의자에 앉아 있다가 돌아와서 공부를 계속 하자." 나는 안톤에게 신호를 보냈다. "의자에 앉아 있게 좀 도와주세요."

나는 다른 아이들한테로 돌아가서 타일러의 이마를 문질러주고, 다들 동요하지 않고 공부에 열중하다니 장하다고 칭찬했다. 또 게시판을 가리키며 금요일까지 얼마 남지 않았음을 상기시킨 다음, 프레디 옆에 앉아서 블록 쌓기를 도왔다. 방 구석 쪽에서는 난리가 펼쳐지고 있었다. 쉴라는 악을 쓰면서 발로 벽을 차기도 하고 의자에서 펄쩍펄쩍 뛰기도 했다. 그래도 안톤은 아무 말 없이 아이를 꽉 붙들고 있었다.

산수 시간 내내 쉴라의 소동은 가라앉지 않았다. 자유 시간이 시작되고 반 시간 가량이 더 지나고서야 아이한테서도 좀 지친 구석이 나타났다. 내가 그리로 갔다.

"나하고 산수 공부할 준비가 되었니?"

내가 묻자 쉴라는 나를 빤히 올려다보더니 냅다 분노에 찬 비명을 질렀다. 안톤은 이제 그 아이의 몸에서 손을 떼고 의자만 붙들고 있었다. 나는 안톤에게 가서 다른 아이들을 보살펴달라는 눈짓을 보냈다.

"준비가 되었으면 언제든지 와도 좋아. 그러기 전에는 의자에 있어라."

그러고는 나도 돌아서서 와버렸다.

막상 혼자 놔두니까 약간 놀랐는지 쉴라는 고함지르는 걸 그쳤다. 제지할 사람이 없어졌다고 판단한 쉴라가 자리에서 일어섰다.

"산수 공부할 준비가 되었니?"

내가 피터의 블록 쌓기를 거들면서 멀찍이서 물어보자, 금세 아이의 안색이 변했다.

"안 해! 안 해! 안 해!"

"그럼 앉아 있거라."

쉴라는 다시 교실이 떠나가라 소리를 질렀고, 돌변한 분위기에 아이들도 다들 멈칫했다. 하지만 그 아이는 의자 옆에서 떠나지는 않았다.

"앉으라고 했다, 쉴라. 산수 공부 준비가 끝나기 전에는 일어서면 안 돼."

귀청이 찢어지는 듯한 비명이 한없이 이어지는 듯해 머리가 다 지끈거렸다. 그러더니 돌연 잠잠해져서 웬일인가 하고 바라보니 아이는 나를 노려보고 있었다. 그런 노골적인 적개심은 내 노력에 대해서 지니고 있던 일말의 자신감을 여지없이 무너뜨리기에 충분했다.

"의자에 앉거라, 쉴라."

쉴라는 앉았다. 나를 지켜보려고 의자를 돌리기는 했지만 앉기는 앉았다. 그리고는 다시 악을 쓰기 시작했다. 나는 깊은 안도의 한숨을 내쉬었다.

피터가 나를 쳐다보았다. "이번에는 우리가 의젓하게 군 대가로 두 배로 점수를 받아야 한다고 생각해요. 저 앤 정말 모른 척하기가 힘들 다구요."

나는 씩 웃었다. "그래, 피터, 네 말이 맞다. 두 배로 점수를 주마."

쉴라는 놀이 시간 내내 악을 쓰고 비명을 질렀다. 소동은 무려 한 시간 반 가까이 계속되었다. 발을 구르고 들썩거리며 의자를 흔들고 옷을 쥐어뜯고 주먹을 휘둘렀지만 의자에서 떠나지는 않았다.

간식 시간이 되자 교실 구석에서는 목이 쉬어서 캑캑 잠긴 소리밖에 들려오지 않았다. 하지만 분노는 여전히 수그러들 줄 몰라 듣기 거북한 소리는 계속되었다. 안톤이 다른 아이들을 운동장으로 데리고 나가 노는 동안 나는 교실 안에 있었다. 쉴라는 더욱 흥분하여 괴성을 지르고 의자를 쿵쿵 찧어댔다. 하지만 지쳐 보였다. 휴식 시간이 끝나갈 때쯤 해서 드디어 구석이 잠잠해졌다. 나는 지끈지끈 골치가 쑤셨다.

나는 쉴라에게 그 구석에서 벗어날 수 있는 조건을 거듭 말하지는 않았다. 그 정도는 이해할 만큼 똑똑한 아이라 믿었고 관심을 기울이는 듯한 인상을 주고 싶지 않았던 것이다. 밖에서 놀던 아이들이 꽁꽁 언 손을 호호 불면서 들어왔다. 아이들은 볼이 발갛게 되어 눈밭에서 여우와 거위 놀이를 하며 번번이 안톤을 붙잡던 이야기를 하면서 재잘거렸다. 읽기 시간은 별 탈 없이 지나갔다. 우리는 교실 구석의 의자에 앉은 존재를 의식하지 않고 우리 일에 열중할 수 있었다.

읽기 시간이 끝나갈 무렵이었다. 맥스를 지도하고 있는데, 내 어깨에 깃털처럼 가벼운 손길이 느껴졌다. 돌아보니 쉴라가 서 있었다. 그 아이의 안색은 불안으로 상기되어 있었고, 눈에 여러 번 나타났던 그 조심스러움으로 얼굴은 움츠러들어 있었다.

"산수 공부를 하겠니?"

아이는 입술을 잘근잘근 깨물더니 천천히 고개를 끄덕였다.

"좋아. 맥스는 사라가 도와줄래? 넌 가서 네가 집어던진 블록을 가져오렴. 개수대 옆 찬장 근처에 있는 것까지 집어와."

네가 올 줄 알고 있었다는 듯이 말은 그렇게 천연덕스럽게 했지만, 바짝 오그라든 내 가슴만으로도 내 위선을 폭로하기에 충분했다. 쉴라는 조심스럽게 나를 바라보더니 순순히 내 말에 따랐다.

나는 쉴라와 마룻바닥에 나란히 앉아서 블록을 쏟았다.

"블록 셋."

아이가 조심스럽게 블록 셋을 골랐다.

"블록 둘."

다시 두 개의 블록이 내 앞에 나란히 놓였다. "잘하는구나. 숫자는 다 아니?"

아이가 불안스럽게 나를 올려다보았다.

"조금 더 어렵게 내야겠는데. 스물일곱."

몇 초 만에 블록 스물일곱 개가 모였다.

"더하기도 할 수 있니?"

아이는 가만히 있었다.

"2 더하기 2는 얼마지?"

지체 없이 블록 네 개가 모였다. 나는 잠시 쉴라를 살폈다.

"3 더하기 5는?"

아이는 여덟 개의 블록을 놓았다.

쉴라가 답을 알고 있는 건지, 그때그때마다 블록을 머릿속에 그리면서 푸는 건지는 알 수 없었다. 하지만 쉴라는 분명히 덧셈의 원리를 이해하고 있었다. 나는 종이와 연필을 가져오고 싶었지만 종이를 찢어발기던 모습이 떠올라 망설여졌다. 간신히 엮어낸 위태로운 우리 관계를 망쳐놓고 싶지 않았던 것이다. 그래도 문제를 어떻게 푸는지 알아보고 싶은 마음에 이번에는 좀 더 까다로운 뺄셈으로 바꾸었다.

"3에서 1을 빼면."

쉴라가 블록 두 개를 놓았다. 내 얼굴에는 저절로 웃음이 떠올랐다. 굳이 블록을 더하고 빼지 않더라도 이 정도 쉬운 문제는 훤히 알고 있다는 걸 확인할 수 있었다.

"6에서 4를 빼면."

다시 블록 두 개가 놓였다.

"정말 똑똑한데. 이번에는 진짜 어려운 문제야. 아마 풀기 힘들걸. 12 빼기 7은?"

그 아이의 눈가에 아주 엷은 웃음이 떠올랐지만 입술까지 가 닿지는 못했다. 쉴라는 나를 쳐다보지도 않고 다섯 개의 블록을 차곡차곡 쌓았다. 엉큼한 녀석. 지난 몇 해 동안 어디에서 무엇을 했건 쉴라는 어깨너머로 배워온 것이다. 그 아이의 능력은 그 나이 또래의 보통 아이들보다 높았다. 블록을 늘어놓을 때 조금도 망설이는 빛이 없었다. 반항심 많고 꾀죄죄한 이 아이가 영특한 머리를 가졌을지 모른다는 생각이 들자 내 심장은 두근거렸다.

몇 문제를 더 풀게 한 다음에 내가 이제 그만 하자고 하자 쉴라는 블록들을 치웠다. 다음은 읽기 시간이었다. 아침에 나는 읽기는 같이 하지 않아도 된다고 말했다. 다른 아이들을 불러모으기 위해 내가 일어서자 쉴라도 따라 일어섰다. 그 아이는 블록 상자를 든 채 내 뒤를 졸졸 따라오고 있었다.

나는 쉴라에게 돌아섰다. "아가씨, 블록은 치워도 돼요. 들고 다니지 않아도 된단다."

쉴라에게도 다 생각이 있었다. 잠시 후에 보니 그 아이는 자기가 좋아하는 의자에 앉아서 탁자 위에 블록을 펼쳐놓고는, 그것들을 이리저리 바쁘게 움직였는데 무얼 하는 건지는 알 수 없었다.

쉴라는 점심을 먹고 난 뒤에도 또 그 의자로 돌아갔다. 그러나 요리 시간이 되었을 때는 막대를 꽂은 바나나로 그 아이를 쉽게 끌어낼 수 있었다.

수요일마다 우리는 먹을 걸 만들었다. 내가 요리 시간을 만든 데는 여러 가지 이유가 있었다. 장애 정도가 덜한 아이들에게는 그 시간이 산수와 읽기를 연습할 수 있는 기회가 되었고, 또 누구에게나 어울림과 나눔, 대화와 서로 돕는 마음을 북돋워주는 기회가 되었다. 그리고 뭐니뭐니해도 요리는 재미있었다. 한 달에 한 번 우리는 아이들이 선택한 요리를 다시 만들었는데 이번에는 초콜릿 바나나였다. 막대기에 꽂은 바나나를 초콜릿에 적셨다가 고물을 입혀 얼리면 완성되는 요리였다. 쉴라한테는 처음 맞이하는 시간이라서 가능하면 단순한 요리가 좋았는데 그 점에서는 초콜릿 바나나가 안성맞춤이었다. 거의 모든 아이들이 스스로 만들 수 있는 요리였으니까 말이다. 수잔나도 혼자서 만들 수 있었기 때문에 신경 써서 보살펴야 할 아이는 맥스와 프레디뿐이었다. 사방에 초콜릿이 묻고 고물의 태반이 바나나에 묻기도 전에 아이들 입으로 들어가긴 했지만 정말 즐거운 시간이었다.

쉴라는 주저하면서도 바나나를 꼭 쥐고는 아이들이 조잘거리는 것을 옆에서 지켜보았다. 그러나 저항감은 없어 보였다. 다들 요리를 끝내고 나자 휘트니가 쉴라를 초콜릿 있는 곳으로 데려갔다. 쉴라는 금방 요리에 몰입하여 네 가지의 서로 다른 고물을 끈적끈적한 바나나에 입히는 작업에 들어갔다. 나는 멀찌감치에서 지켜보았다. 그 아이는 입을 열지는 않았지만, 바나나를 고물에 묻힌 다음 초콜릿에 다시 적시고 거기에 다시 고물을 묻히는 새로운 방법을 선보였다. 쉴라가 새로운 시도를 하는 동안 다른 아이들은 모두들 신기한 얼굴로 지켜보았다. 호기심에 눌려 수런거리던 소리도 잦아들었다. 쉴라가 커다랗고 끈적끈적한 덩어리를 마지막으로 고물에 묻힌 다음 조심스럽게 들어올렸다. 나와 눈이 마주친 쉴라의 입가에 환한 웃음이 번지면서 아랫니 빠진 자리가 드러났다.

수업이 끝나고 나면 우리는 그날을 마무리짓는 시간을 가졌다. 이 행사는 아침나절의 토론처럼 우리를 하나로 묶는 역할을 했으며 헤어짐을 준비하는 역할도 했다. 그중 하나로 코볼드 상자라는 활동이 있었다. 나는 아이들에게 자주 이야기를 들려주곤 했는데, 코볼드 이야기는 올해 초에 내가 만든 이야기였다. 코볼드는 요정과 비슷한 것으로 사람들 집에 살면서 사람들이 잠자는 동안에 지켜준다고 했더니, 피터가 그럼 우리 교실에도 밤에 뱀, 도마뱀, 성질 고약한 토끼와 그 밖의 것들을 지켜주는 코볼드가 있는 것 아니냐고 물었다. 그러자 다른 아이들도 우리 교실의 코볼드를 두고서 이런저런 상상들을 쏟아냈다. 하루는 내가 커다란 나무 상자를 가지고 가서, 아이들에게 코볼드는 자기가 하고 싶은 말을 여기에 남겨둔다고 하면서, 코볼드는 우리가 공부하는 모습을 지켜보고 있고, 우리 친구들이 착하고 속 깊은 행동을 할 때마다 흐뭇해한다고 말해주었다. 그리고 그럴 때마다 코볼드는 상자 안에 칭찬의 말을 남겨둔다는 말도 덧붙였다. 그리고는 마무리 시간에 나는 상자에서 종이를 꺼내 읽었다. 며칠 뒤 나는 너무 많은 친구들이 착한 행동을 해서 코볼드가 손이 아파 더 이상 글씨를 못 쓰게 되었으니, 도와줄 사람이 필요하다고 말했다. 나는 아이들에게 누가 착한 행동을 하는지 눈여겨보았다가 종이에 적어서 상자에 넣으라고 했다. 글씨를 못 쓰는 사람은 선생님한테 오면 대신 써주겠노라고 약속했다. 이렇게 해서 가장 인기 높고 효과 만점인 놀이가 생겨났다. 아이들이 서로의 착한 행동을 적어놓은 종이는 보통 하루 서른 장 정도나 되었다. 덕분에 아이들은 남이 하는 올바른 행동을 유심히 관찰하게 되었고, 상자 속에서 자기 이름을 발견하고 싶은 욕심에 앞다투어 착한 행동을 하려고 나섰다. 그중에는 평이한 내용도 있었지만, 때로는 나도 미처 모르고 넘어갔던 작지만 의미 있는 선행을 칭찬하는 예리한 지적도 있었다. 가령 사라는 다른 애와 말다툼을 하더라도 그 애가 즐겨 쓰던 상소리를 하지 않았다고 칭찬받았고, 프레디는 콧물을 옷소매에 문지르지 않고 휴지로 닦았다고 칭찬받았다. 칭찬을 적은 종이를 각자가 적어도 한 장 이상씩 넣게 만든 것 외에 달리 내가 한 일은 없었다. 나는 상자에 수북이 쌓인 종이들을 꺼낼 때마다 정말 뿌듯했다. 아이들이 관찰한 내용을 가슴 졸이면서 읽을 때의 짜릿한 전율은 어떤 것과도 비길 수 없었다. 그리고 솔직히 말해서 나도 내 이름이 적혀 있으면 은근히 즐거웠다.

수요일의 마무리 행사가 더욱 의미 있었던 것은 내 글씨가 아닌 다른 아이의 필체로 적힌 쉴라라는 이름이 처음으로 등장했기 때문이다. 따로 떨어져 앉아 있던 쉴라는 아이들이 박수를 치니까 고개를 숙였고, 내가 종이를 건네주자 선선히 받았다.

　학교가 파한 뒤 안톤이 아이들을 버스 있는 곳으로 데리고 가자, 나는 채점도 하고 최근까지 작성해온 두 아이의 행동발달 기록을 정리할 참으로 책상 앞에 앉았다. 쉴라는 얼굴에 묻은 바나나 찌꺼기를 씻어내려고 화장실로 갔다. 그 아이는 한동안 화장실에서 나오지 않았고, 나는 일에 열중했다. 변기의 물 내려가는 소리가 나고 쉴라가 나왔다. 나는 그래프를 그리고 있던 중이라 잘못하면 선이 빗나갈까봐 고개도 들지 않았다. 쉴라가 책상으로 걸어오더니 나를 한동안 관찰했다. 그러더니 더욱 가까이 다가와 책상 위에 팔꿈치를 얹고 앞으로 몸을 숙였다. 우리 사이의 거리는 불과 10센티 정도밖에 되지 않았다. 나는 얼굴을 들어 그 아이를 보았다. 쉴라는 유심히 내 얼굴을 살피고 있었다.

　"다른 아이들은 왜 화장실 변기를 안 쓰나요?"

　"뭐?" 나는 의자 깊숙이 앉으며 반문했다.

　"왜 다 컸는데도 바지에 싸고 화장실에 안 가느냐 말이에요."

　"아직 배우지를 못했거든."

　"왜요? 큰 아이들이잖아요. 나보다 큰데."

　"아직 못 배웠을 뿐이란다. 하지만 잘될 거야. 모두들 애쓰고 있으니까."

　쉴라는 내가 그리고 있던 그래프를 내려다보았다. "아직 모른다는 건 이상해요. 내가 그랬다간 우리 아빠한테 맞을 텐데."

　"사람은 누구나 다른 법이고 여기선 아무도 안 때린단다."

　아이는 잠시 생각에 잠긴 채 손가락으로 책상에 작은 동그라미를 그렸다. "여긴 미친 아이들 반이죠?"

　"그렇지 않아, 쉴라."

"우리 아빠가 그랬어요. 아빠 내가 미쳤기 때문에 미친 아이들 반에 집어넣는 거라고 했어요. 여기가 바로 미친 아이들 반이랬어요."

"말도 안 되는 소리."

쉴라가 잠깐 얼굴을 찡그렸다. "난 괜찮아요. 전에 다니던 학교랑 다를 게 없으니까. 나한텐 다른 데랑 같으니까, 미친 반이라도 상관없어요."

나는 기가 막혀서 말이 나오지 않았다. 너무나 분명한 사실을 부정할 수도 없었다. 내가 가르치는 아이와 이런 식의 대화를 나누는 날이 오리라곤 꿈에도 생각하지 않았다. 대개의 아이들은 그런 사실을 깨달을 만큼 생각의 가닥이 잡혀 있지 않거나 그런 말을 할 만큼 무모하지 않다.

쉴라가 머리를 긁더니 나를 빤히 쳐다보았다.

"선생님도 미쳤어요?"

나는 웃었다. "아니면 좋겠는데."

"왜 이런 걸 하세요?"

"뭐? 여기서 일하는 거? 난 아이들을 좋아하고 가르치는 것도 재미있거든."

"어떻게 미친 아이들하고 같이 지내요?"

"좋으니까. 미쳤다는 건 나쁜 게 아니야. 그저 다를 뿐이지."

쉴라는 웃지 않고 고개를 저으면서 몸을 일으켰다.

"내 생각엔 선생님도 미친 사람이에요."

06

"쉴라, 이리 오렴." 나는 내 옆의 의자를 가리켰다. "네가 할 게 좀 있어."

쉴라는 맞은편의 자기가 좋아하는 의자에 앉아 있었다. 아침은 순조로운 편이었다. 지난 이틀처럼 이날도 나는 수업이 시작되기 전에 그 아이에게 오늘 할 일을 설명해주었다. 쉴라는 나를 힘들게 만들지 않았다. 아침 토론에 참여하는 성의를 보였으며 산수도 함께 공부했다. 아직 말은 하지 않았지만 교실에서 지내기가 한결 편해진 듯 보였다. 쉴라는 의자에 앉은 채로 나를 쳐다보고만 있었다.

"이리 오라니까. 너랑 할 일이 있어."

내가 손짓을 하자, 쉴라는 마지 못한 듯 일어섰다. 나는 교내 심리학자한테서 피보디 그림어휘력 검사지(Peabody Picture Vocabulary Test)를 구해다놓았다. 대단한 검사라고 생각하지는 않았지만, 아무튼 그 검사는 아이에게 말을 시키지 않고도 빠른 시간 안에 언어 지능지수를 대충 파악할 수 있는 장점이 있었다. 어제 숫자를 척척 알아맞추는 것을 본 나는 이 아이가 어떤 수준에 와 있는지 알고 싶은 강한 욕망을 느꼈다. 쉴라처럼 심한 부적응아는 학업성취도가 낮은 것이 통례였다. 대부분의 중증장애아들에게는 학습 의욕이 남아 있지 않았다. 그래서 쉴라가 정상적인 산수 실력을 보여주는 것을 보고 나는 부쩍 호기심이 일었다. 어쩌면 그 아이의 지능지수가 평균 이상일지도 모른다는 생각에 가슴이 뛰었다. 어느새 나는 쉴라가 우리 교실에 있는 데 익숙해지고 있었고, 주립병원에는 보내지 않는 게 좋겠다는 생각까지 하고 있었다. 지금 그 아이한테 필요한 것은 병원이 아니었다.

"나하고 같이 할 게 있단다." 결국 내가 일어나서 아이를 탁자로 데려와야 했다. "자, 앉거라. 이제 선생님이 그림들을 보여주고 단어를 하나 말할 거다. 그럼 넌 그 단어와 가장 어울리는 그림을 짚는 거야. 알겠니?"

아이가 끄덕였다. 나는 그림 네 장을 보여주고 '채찍'을 고르게 했다. 처음부터 하필 이런 그림을 고르게 하다니, 말해놓고 나니 후회막급이었다. 하지만 쉴라는 네 개의 그림을 뜯어보더니, 내 얼굴을 슬쩍 보고 나서 조심스럽게 하나를 가리켰다.

"잘했다." 나는 웃어주었다. "바로 맞췄어. 이번에는 '그물'을 골라봐."

내가 단어를 말하면 쉴라는 그림을 가리켰다. 처음에는 그림 네 가지를 모두 꼼꼼히 살피느라 시간이 걸렸지만 갈수록 거침이 없어졌다. 그렇게 예닐곱 번을 하니까 아이 얼굴에 엷은 웃음이 번졌다. 쉴라가 고개를 들더니, "이건 쉬워요"라고 다른 아이들이 못 듣게 소곤거리듯 말했다.

'보온병'은 맞추지 못했지만 결손가정에서 자라난 아이가 그런 단어를 들어보았을 리 만무했다. 하지만 다음 것은 맞추었다. 여덟 문제 중에서 여섯 개를 틀리면 검사를 중단하는데 쉴라는 전혀 그런 수준이 아니었다. 우리는 검사를 계속했다. 단어들이 갈수록 어려워지면서 그림을 짚어내는 시간이 조금씩 길어졌다. 간혹 가다 한두 개 틀리기도 했다. 그럴 때면 아이의 눈에는 불안스런 기색이 떠올랐다. 쉴라는 내가 지적하기 전에 자기가 틀렸다는 걸 이미 알고 있었다.

시간이 흐르면서 나는 입을 다물었다. 그 아이가 보통 이상의 지능을 가졌다는 예감을 지울 수 없었다. 어쩌면 내 상상을 초월하는 수준일지도 몰랐다. 우리는 새로운 검사로 넘어갔다. 우리 아이들 수준이라는 게 고만고만했기 때문에 내가 한 번도 시도해본 적이 없는 검사 문항들이었다. 그것은 '조명'이라든가 '동심원' 같은 단어들이었다. 쉴라는 심심찮게 틀린 답을 내놓았지만, 여덟 개 중에서 여섯 개까지 틀린 적은 한 번도 없었다. 우리 사이에는 긴장이 감돌았다. 쉴라는 실수하지 않으려고 전심전력을 기울이고 있었고, 나는 쉴라의 무서운 집중력에 감동받았다. 우리는 이제 청소년이나 알 법한 단어들로 접어들고 있었다. 그것들은 여섯 살 난 정상아동으로서도 도저히 알 수 없는 것들이었다. 그래도 쉴라는 두 주먹을 꽉 쥐고 입술을 잘근잘근 깨물면서 전력을 기울였다.

"너 보통 실력이 아니구나."

그 아이가 그토록 심각하고 진지하게 검사를 받으리라곤, 그토록 집요하게 매달릴 것이라곤 상상조차 못했던 나였다. 쉴라가 그렇게 어려운 단어들을 안다는 사실이 도무지 실감나지 않았다.

쉴라가 나를 올려다보았다. 눈을 둥그렇게 떴고, 가냘픈 목덜미는 긴장으로 팽팽해져 있었다.

"자꾸만 틀리잖아요."

"괜찮아. 그건 너한테 무리야. 그런 건 너보다 한참 큰 언니 오빠들이나 아는 단어거든. 난 네가 다 알기를 바란 게 아니란다. 네가 어느 정도 수준인지 알고 싶었을 뿐이야. 틀려도 상관없어. 난 네가 노력한다는 사실만으로도 기뻐."

쉴라는 울상을 지었다. "이건 너무 어려운 단어들이에요." 아이는 눈을 내리깔고 꽉 쥔 자기 주먹을 쳐다보았다. "처음에는 쉬웠지만 이건 너무 어려워요. 하나도 모르겠어요."

기어들어가는 듯한 목소리, 금방이라도 울음을 터뜨릴 듯한 표정, 낡은 옷 속에 움츠린 가녀린 어깨가 내 가슴을 찢어놓는 듯했다. 산전수전 다 겪은 아이인데도 그런 순수함이 남아 있었던 것이다. 그것은 아주 평범한 아이의 모습이었다.

나는 팔을 뻗었다. "이리 오렴."

쉴라가 고개를 들자 나는 몸을 당겨 쉴라를 무릎에 앉혔다. 아이는 긴장을 풀지 않았고, 몸에서는 오줌내가 물씬 풍겼다.

"난 네가 최선을 다하고 있다는 걸 알아. 중요한 건 바로 최선을 다하는 거란다. 사실 난 네가 맞고 틀리는 덴 별 관심이 없어. 이건 진짜 어려운 단어들이거든. 너보다 잘하는 아이는 우리 반에 없단다."

나는 아이를 꼭 껴안고 얼굴을 덮은 머리를 뒤로 넘겨주었다. 쉴라가 긴장을 풀기를 기다리면서, 나는 머릿속으로 틀린 답을 빼면서 점수를 계산해보았다. 쉴라의 점수는 최고치에 육박하고 있었다. 물론 한 검사에서 서너 문항을 틀린 적도 있었다. 그런데도 쉴라의 점수는 내가 이제까지 검사해본 어떤 아이보다도 높았다.

"이런 단어들을 어디서 알았니?" 나는 궁금해서 견딜 수가 없었다.

쉴라가 어깨를 으쓱했다. "저도 몰라요."

"큰 아이들이나 알 만한 단어들도 섞여 있었는데. 어디서 그런 단어들을 들었는지 궁금하구나."

"저번 선생님은 제가 잡지를 보도록 내버려뒀어요. 거기서 배운 단어들도 있어요."

나는 쉴라를 내려다보았다. 그 아이의 몸은 아직 굳어 있었고 어린 새처럼 가벼웠다.

"읽을 줄도 아니, 쉴라?"

아이가 끄덕였다.

"그건 어디서 배웠는데?"

"몰라요. 전부터 알았어요."

놀라움을 금할 길이 없었다. 참으로 맹랑한 아이였다. 애당초 내가 흥분한 것은 똑똑한 아이를 하나 건지게 되었다는 생각 때문이었다. 우리 교실에 다니는 아이들은 배우는 속도가 굼떴고, 어디에 장애가 있는지, 문제의 뿌리가 무엇인지 알아내기가 어려웠다. 사라와 피터처럼 지능이 평균치인 아이들은 보았어도, 평균을 상회하는 아이는 거의 본 적이 없었다. 처음에는 그런 생각을 하면서 들떴다. 하지만 쉴라는 그저 평균치를 웃도는 수준이 아니었다. 그 아이는 쉽게 배우고 익히는 편리한 수준을 훨씬 뛰어넘어, 극소수의 영재들만이 도달할 수 있는 그런 세계에 들어가 있었다. 그 사실이 오히려 내 일을 피곤하게 만들까봐 은근히 걱정이 되기도 했다.

PPVT 검사에는 쉴라의 점수를 측정할 수 있는 척도가 없었다. 그 또래 집단의 척도는 최고가 99점이었는데, 그것을 아이큐로 환산하면 170이었다. 그런데 쉴라의 점수는 102점이었다. 나는 망연자실하면서 검사지를 쳐다보았다. 우리에게는 그런 영특함을 파악할 수 있는 개념이 없었던 것이다. 통계로 치면 그런 점수는 1만 명 중에 하나 나올까 말까 한 수준이었다. 동질성을 강조하는 우리 사회에서 그것은 비정상이며 이단에 가까운 점수였다. 정서장애뿐 아니라 탁월한 지능 때문에도 그런 아이는 외톨이가 되기 십상이었다.

쉴라가 앉아 있는 곳을 바라보았다. 놀이 시간이어서 쉴라는 자기가 좋아하는 의자로 돌아가 있었다. 쉴라는 평상시처럼 엄지손가락을 입에 물고 팔다리로 몸을 감싼 채 오그리고 앉아, 개수대 귀퉁이에서 인형 놀이를 하는 타일러와 사라를 지켜보고 있었다. 뭉치고 엉킨 그 긴 머리 안에, 잠시도 방심하지 않는 그 눈 뒤에 도사리고 있는 저 아이는 과연 누구란 말인가? 나는 궁금했다. 전보다 더 그 아이에게 관심이 쏠리지 않을 수 없었다. 상황이 더더욱 복잡해졌기 때문이다.

점심을 먹고 나서 나는 안톤에게 검사 결과를 알렸다. 그는 믿을 수 없다는 듯이 고개를 설레설레 저었다.

"거 참 귀신이 곡할 노릇이네." 그가 중얼거렸다. "그런 단어들을 어디서 들었을까? 통밥으로 알아맞췄겠죠, 설마. 이주노동자 단지에 사는 아이들은 생전 그런 단어들을 접할 기회가 없어요."

나도 믿을 수 없었다. 그래서 교내 심리학자인 앨런에게 전화를 걸었다. 그는 사무실에 없었지만, 나는 검사를 의뢰하고 싶은 아이가 있다는 메모를 비서에게 남겼다.

검사 결과 중 특히 납득이 가지 않는 사실이 하나 있었다. 쉴라가 말하는 걸 들으면 들을수록 그 아이가 대단히 특이한 사투리를 쓰고 있는 걸 확실히 알 수 있었다. 말의 특징을 정확히 파악할 수 있을 만큼 충분한 대화를 나눈 건 아니었지만, 하여간 문법은 분명히 이상했다. 이주노동자 단지에 사는 아이들은 대부분 스페인어권 출신이어서 영어 단어 구사력은 평균을 밑돌았지만, 문법 실력은 그런대로들 갖추고 있었다. 그들에게는 단어의 빈곤함을 제외하면 이렇다 할 언어 변이 현상은 보이지 않았다. 게다가 쉴라의 부모는 스페인계가 아니었고, 아이큐검사 결과 그 아이의 어휘력에는 전혀 문제가 없었다. 나는 그 아이가 왜 그렇게 이상하게 말하는지 이해할 수가 없었다. 쉴라의 사투리는 전에 내가 함께 생활한 적이 있는 클리블랜드 빈민가의 흑인 아이들이 쓰는 말씨와 비슷했다. 하지만 쉴라는 흑인이 아니었고, 아이오와 주의 농촌 마을과 클리블랜드 빈민가는 멀어도 한참 멀었다. 어쩌면 그것은 집안 특유의 말씨인지도 몰랐다. 너무나 특이한 현상이었으므로 나는 한번 원인을 캐보고 싶다는 욕망이 일었다.

그날도 아무 탈 없이 지나갔다. 나는 여전히 쉴라에게 무리한 주문을 하지 않았다. 다른 아이들한테 피해를 주지 않는 범위에서 우리에게 적응할 수 있는 시간을 넉넉히 주고 싶었던 것이다. 처음 며칠 소란을 피운 뒤로는 쉴라도 조용히 지내며 마음대로 우리 옆에서 돌아다녔다. 가끔씩 수업에 참여하기는 했지만 그러자면 늘 감언이설로 유혹해야 했다. 쉴라는 다른 아이들은 물론 휘트니에게도 말을 걸지 않았다. 안톤과 나한테도 우리가 따로 떨어져 있지 않는 한 말을 하려 들지 않았다. 그렇지만 쉴라는 얌전했고, 아직도 경계심을 풀지는 않았지만, 틈만 나면 의자에 앉아서 관심 있게 우리를 지켜보았다.

쉴라하고 풀어야 할 또 하나의 숙제는 위생 문제였다. 그 아이는 날이면 날마다 똑같은 멜빵바지에 사내아이들이 입는 티셔츠를 입고 학교에 왔다. 첫날 입고 온 이후로 한 번도 빨지 않은 게 분명한 그 옷에서는 지린내가 진동하고 있었다. 밤사이 오줌에 젖은 옷을 빨지도 않고 그대로 입고 오는 모양이었다. 자연히 쉴라 옆에 오래 있기가 정말 너무 힘들었다. 맥스, 프레디, 수잔나도 간혹 실수를 하곤 했기 때문에 안톤과 나는 지린내에 웬만큼 적응이 되어 있는 편이었지만, 쉴라의 냄새는 훨씬 지독했다. 더욱이 얼굴과 팔에 켜켜이 쌓여가는 때도 무시할 수 없었다. 어제 요리하다가 묻은 초콜릿을 씻고 온 쉴라의 팔뚝에는 씻은 부분과 씻지 않은 부분을 가르는 경계선이 뚜렷하게 그어져 있었다. 그 경계선은 그 아이가 얼마나 오랫동안 세수와 담을 쌓고 지냈는지를 여실히 보여주었다. 경계선은 오늘도 뚜렷이 남아 있었다. 등을 절반쯤 덮은 쉴라의 긴 머리채는 떡처럼 엉겨 있었다. 이나 진드기가 없는지는 이미 첫날 살펴보았다. 이 때문에 곤욕을 치른 경험이 벌써 두 번이나 있었기에 다시는 그런 과오를 되풀이하고 싶지 않았던 것이다. 한번은 내 몸에 이가 옮아 정말 부아가 치밀었다. 쉴라 몸에 이는 없는 것 같았지만 입가가 짓물러 있었다. 그것이 다른 아이들에게 전염되지 않기를 바라는 수밖에 없었다.

일주일에 한 번씩 날을 잡아 오후에 양호교사가 왔다. 아이들은 대부분 짓무르거나 쥐벼룩한테 물린 자국 같은 가난의 흔적을 가지고 있었다. 나는 양호교사한테서 연고와 샴푸를 받아 내 손으로 아이들을 바르고 씻겨주었다. 일주일에 한 번 찾아오는 양호교사 한 사람이 그런 일을 일일이 처리하는 건 역부족이라는 생각에서였다.

나는 수업이 끝나고 아이들이 모두 하교할 때까지 기다려 쉴라의 위생 문제를 처리하기로 했다. 다른 아이들이 하교 준비를 하는 동안 쉴라는 의자에 그대로 앉아 있었다. 내가 찬장에 가서 빗과 브러시를 가지고 왔을 때도 쉴라는 여전히 그 자리에 있었다. 지난밤 나는 가게에서 머리핀 한 통을 사두었다.

"쉴라, 이리 오렴. 너한테 줄 게 있다."

쉴라가 일어서서 나에게 왔다. 긴장과 호기심으로 아이의 이마가 찡그러졌다. 내가 선물을 내밀자 쉴라는 선물을 받아쥔 채 물끄러미 나를 쳐다보았다. 내가 풀어보라고 재촉하자 순순히 내 말에 따랐다. 그리고는 봉투에서 나온 머리핀과 내 얼굴을 번갈아 쳐다보았다. 쉴라의 얼굴에는 당혹스러워하는 빛이 역력했다.

"너한테 주는 거야. 머리를 단정히 빗고 머리핀을 꽂으면 좋지 않겠니. 나처럼 말이야." 내 머리를 가리키면서 말했다.

머리핀을 만지작거리던 쉴라가 이마를 찡그린 채 나를 응시했다.

"왜 그러세요?"

"뭘?"

"왜 잘해주시냐구요?"

나는 별소리를 다 한다 싶어 그 아이를 쳐다보았다. "널 좋아하니까."

"왜요? 난 미친 아이인데. 물고기도 죽였잖아요. 그런데 왜 친절하게 굴어요?"

나는 곤혹스러움을 슬쩍 웃는 걸로 때웠다. "그래도 좋은 걸 어떡하니. 다른 이유는 없어. 머리가 단정하면 너도 기분이 좋을 테고 말이야."

쉴라는 다시 한참 동안 머리핀을 만지작거렸다.

"난 이런 걸 받아본 적이 한 번도 없어요. 나한테 친절하게 군 사람도 없었어요."

나는 난처해서 우두커니 그 아이를 바라보며 서 있었다. 물론 내게도 이런 경험은 없었다.

"이런 사람도 있고 저런 사람도 있는 법이거든." 겨우 그 말밖에는 던질 수 없었다.

나는 정성스럽게 쉴라의 머리를 빗겨주었다. 아이가 혹시 마음의 상처라도 받을까봐 겁이 났기 때문에 예상보다 시간이 오래 걸렸다. 우리 사이에 형성된 아슬아슬한 신뢰 관계는 한순간의 실수로도 얼마든지 허물어질 수 있었다. 그만큼 우리는 전혀 다른 세계에 살고 있었다. 쉴라는 내게 머리를 맡긴 채 머리핀만 꼭 쥐고 있었다. 다행히 그 아이의 머리는 보드랍고 가느다란 직모여서 생각보다 심하게 뭉쳐 있지는 않았다. 잘 빗으니까 치렁치렁한 머리채가 어깨 밑까지 내려왔다. 나는 앞머리도 빗겨주었다. 너무 길어서 눈이 덮였다. 쉴라는 야무지고 균형 잡힌 체격을 가지고 있었다. 비누와 물만 있으면 크게 돋보일 용모였다.

"됐다. 이제 머리핀을 다오. 선생님이 꽂아줄게."

하지만 쉴라는 머리핀을 쥔 손을 가슴에 꼭 묻었다.

"어서, 머리에 꽂자니까."

아이가 도리질을 했다.

"꽂고 싶지 않니?"

"아빠가 뺏어갈 거예요."

"안 그러실 거야. 선생님이 주셨다고 하면 되잖니."

"내가 훔친 줄 알 거예요. 남한테 이런 걸 받아본 적이 없거든요."

쉴라는 여전히 머리핀을 꼭 쥐고 놓지 않았다.

"정 그러면 학교에 두렴. 나중에 아빠를 만나서 내가 준 거라고 말씀드리면 되니까. 어때?"

"다시 내 머리를 빗겨줄 건가요?"

나는 끄덕였다. "내일 아침에 다시 빗겨줄게."

잠시 머리핀을 바라보던 쉴라가 마지못해 그것을 내게 내밀었다. "자요. 대신 맡아주세요."

머리핀을 받는 순간 내 가슴이 다 쿵쿵거렸다. 되돌려주기가 얼마나 아쉬웠을까. 그때 안톤이 교실에 와서 쉴라가 고등학교 스쿨버스를 타러 갈 시간이 되었다고 말했다. 나는 그렇게 시간이 많이 흘렀다는 사실에 놀랐다. 아직 씻지 못한 쉴라의 몸에서는 악취가 풍겼다.

"쉴라, 집에서 씻을 수 있겠니?"

아이가 도리질을 했다. "욕조가 없어요."

"세면대도 없어?"

"없어요. 아빠가 주유소에서 양동이로 물을 길어와요." 쉴라는 눈을 내리깔며 잠시 말을 끊었다. "그건 먹을 물이라서 내가 더럽히면 아빠한테서 벼락이 떨어져요."

"다른 옷은 없니?"

쉴라는 고개를 저었다.

"그렇구나. 내일 그 문제에 대해서 한번 생각해보자, 응?"

쉴라는 고개를 끄덕이고는 얇은 점퍼를 가지러 옷걸이로 갔다. 내 입에서 한숨이 절로 나왔다. 속으로 할 일이 태산 같구나란 생각을 했다. 정말 갈 길이 멀었다.

"안녕, 쉴라. 오늘 저녁 잘 보내고 우리 내일 또 보자."

안톤은 쉴라의 손을 잡고 삭풍이 몰아치는 1월의 어둠 속으로 나섰다. 막 문이 닫히려는데, 쉴라가 안톤의 팔 밑으로 빼꼼 고개를 내밀고 내게 살짝 웃으며 말했다. "선생님, 안녕."

07

다음 날 아침 나는 행동에 착수했다. 커다란 타월 석 장, 비누 하나, 샴푸와 베이비로션을 들고 학교에 온 나는 우선 교무실에 놓여 있는 교회 자선함을 뒤졌다. 내가 있던 학교는 부유층이 많이 사는 동네에 있었지만, 우리 반 학생들처럼 가난한 아이들 때문에 그 상자 안에는 옷이 남아돌 때가 없었다. 우리 교실에 별도의 자선함을 두고 있었지만 거기에 있는 건 주로 속옷이었다. 그나마 어린 쉴라가 입기에는 다들 너무나 컸다. 나는 교무실에서 간신히 바지 한 벌과 티셔츠를 찾아 내 교실로 돌아왔다.

쉴라가 도착했을 때, 나는 교실 구석에 있는 세면대에 물을 받던 중이었다. 샤워 시설이 없는 우리 형편으로는 세면대를 이용할 수밖에 없었지만, 교실 세면대가 웬만한 어린아이 하나가 충분히 들어갈 수 있을 만큼 크고 여유가 있어 다행이었다. 나를 본 쉴라가 재빨리 점퍼를 벗더니 쪼르르 달려왔다. 우리가 만난 이후로 그렇게 반색을 하며 내게 달려오기는 그때가 처음이었다. 쉴라는 바짝 다가서면서 내가 하는 일에 관심을 보였다.

"이제 내 머리에 핀을 꽂는 건가요?"

"그럼. 하지만 그 전에 온몸을 말끔히 씻어야 한단다. 괜찮겠지?"

"아파요?"

나는 웃었다. "아니. 안 아파."

쉴라는 내가 양동이에 담아둔 베이비로션을 꺼내 뚜껑을 열었다.

"이건 뭐예요? 먹는 건가요?"

나는 기겁을 했다. "아니, 그건 로션이야. 몸에 바르는 거란다."

순간 아이의 얼굴은 기쁨으로 일렁거렸다.

"냄새가 좋아요, 선생님. 맡아봐요. 냄새가 좋으니까 향긋하라고 바르는 거구나." 아이의 눈에 생기가 돌았다. "이젠 그 아이가 나더러 냄새난다고 하지 않겠다, 그쵸?"

나는 싱긋 웃었다. "그야 물론이지. 봐라, 네가 입을 옷도 준비했어. 네 옷은 이따 오후에 휘트니가 와서 세탁기에 돌릴 거다."

쉴라는 새 바지를 조심스럽게 들고 살펴보았다.

"아빠가 못 입게 할걸요. 우린 거저 주는 건 안 받거든요."

"그럴 수도 있겠네. 이 옷은 네 옷이 마를 때까지만 입으면 되겠다. 그렇지?"

나는 쉴라를 세면대 옆의 받침대 위에 올려서 신발과 양말을 벗겼다. 쉴라는 내가 옷 벗기는 것을 주의 깊게 바라보기만 할 뿐 자기가 거들지는 않았다. 나는 시간 때문에 조마조마했다. 아이들의 등교 시간이 반 시간도 채 남지 않았기 때문이다. 다른 아이들이야 세면대에서 자주 씻어 버릇했으니 낯설어하지 않겠지만, 문제는 쉴라가 창피하다고 느낄지 모른다는 데 있었다. 내가 넌지시 그 점을 걱정하자 쉴라는 괜찮다고 했다. 하지만 아무래도 다른 아이들이 오기 전에 목욕을 끝마치는 게 좋을 성싶었다.

쉴라는 갈비뼈가 다 드러날 정도로 여위어 있었다. 흉터도 많았다.

"여긴 어떻게 된 거니?" 내가 팔을 씻으면서 물었다. 팔 안쪽에 5센티 가량 되는 흉터가 나 있었다.

"전에 팔이 부러졌어요."

"어쩌다가?"

"놀다가 넘어졌어요. 의사가 깁스를 했어요."

"놀다가 넘어졌다구?"

쉴라는 흉터를 보면서 대수롭지 않다는 듯이 고개를 끄덕였다. "길가에서 넘어졌어요. 아빠는 내가 너무나 덤벙댄대요. 그런 적이 한두 번이 아니거든요."

꺼림칙한 질문 하나가 내 마음속에서 고개를 들었다. 언제부턴가 나도 쉴라에게 그런 질문을 던질 만큼 배짱이 생긴 것이다.

"아빠 때문에 생긴 흉터도 있니? 많이 맞았다든가 해서 말이야."

쉴라는 눈빛이 흐려지면서 나를 가만히 쳐다보았다. 하도 빤히 내 얼굴을 쳐다보는 바람에 나는 괜한 걸 물었다는 생각이 들었다. 그건 사사로운 질문이었고, 우리 사이가 그런 깊숙한 사정까지 건드릴 만큼 허물없는 사이는 아니었다.

"아빠는 그런 사람이 아니에요. 많이 맞은 적은 없어요. 아빤 날 사랑해요. 좋은 사람 되라고 약간 때리는 거예요. 아이들은 맞으면서 커야 되거든요. 그래도 아빤 날 사랑해요. 내가 너무 덤벙대서 이렇게 상처가 많은 거예요." 다분히 도전적인 말투였다.

나는 그러냐는 얼굴로 아이를 세면대 밖으로 들어내 수건으로 닦아주었다. 한동안 쉴라는 입을 다물고 있었다. 내 무릎 위에 올라앉아서 수건에 다리를 맡기고 있던 쉴라가 고개를 홱 돌려 나를 쳐다본 것은 다음 순간이었다.

"우리 엄마가 어떻게 했는 줄 아세요?"

"아니."

"보여줄게요." 쉴라는 다리 한쪽을 들어올리더니 흉터를 가리켰다. "엄만 나를 길가로 끌어내서 내버렸어요. 자동차 밖으로 밀어내는 바람에 내가 넘어졌고 그때 바퀴에 끼어서 여기 왼쪽 다리를 다친 거예요. 자요." 아이는 하얀 흉터를 가리켰다. "아빤 나를 사랑해요. 날 길거리에 내버리는 그런 짓은 안 해요. 어린애한테 그러면 안 되잖아요."

"안 되구말구."

"우리 엄만 날 사랑하지 않아요."

나는 말없이 아이의 머리를 빗기기 시작했다. 마음이 쓰려서 더는 듣고 싶지 않았다. 쉴라의 목소리는 너무나 차분하고 담담해서 듣고 있는 내가 오히려 민망할 지경이었다. 마치 누군가의 일기를 훔쳐보는 듯한 죄책감이 들었다. 담담함이 오히려 비애를 자아냈던 것이다.

"엄만 지미를 데리고 캘리포니아로 갔어요. 지금 거기서 살아요. 지미는 내 동생인데 네 살이에요. 엄마하고 갔을 때는 두 살이었지만. 그다음부터는 지미를 한 번도 못 봤어요." 쉴라는 잠시 생각에 잠긴 듯 말이 없었다. "난 지미가 보고 싶어요. 다시 만나고 싶어요. 그 앤 정말 착하거든요."

내 무릎에 앉은 쉴라가 다시 고개를 돌려 나를 보았다. "선생님도

99

지미를 좋아할 거예요. 그 앤 착해서 떼를 쓸 줄도 모르거든요. 착하니까 미친 아이들만 있는 우리 교실에 있어도 괜찮을 거예요. 지미는 나처럼 미치지 않았지만요. 선생님도 그 애를 좋아할 거예요. 엄마도 그랬으니까. 엄만 나보다 지미를 더 좋아해요. 그래서 날 버리고 지미를 데리고 간 거예요. 지미를 우리 반에 넣어주세요. 나처럼 못된 짓은 하지 않아요."

나는 쉴라를 끌어안았다. "내가 원하는 아이는 너지, 지미가 아니란다. 그 애도 나중에 다른 선생님한테 배우게 될 거야. 아이들이 무슨 행동을 하든지 선생님의 사랑은 변치 않아."

쉴라가 멍한 얼굴로 나를 바라보았다. "선생님은 이상한 여자예요. 우리처럼 선생님도 제정신이 아닌 것 같아요."

온 지 닷새째로 접어든 금요일에도 쉴라는 여전히 다른 아이들과는 이야기하지 않았지만, 어른들이 묻는 간단한 질문에는 꼬박꼬박 대답했다. 모두 아이스크림을 먹고 마무리 시간까지 마치고 난 우리는 아이들이 타고 갈 버스가 오기를 기다리고 있었다. 수업이 조금 일찍 끝났기 때문이다. 두꺼운 외투를 입고 줄지어 서 있는 아이들의 모습이 좀 답답해 보였다. 내가 노래를 하자고 제안했다. 맥스가 "행복하다고 느낄 때는 박수를 칩시다"라는 노래를 부르자고 큰 소리로 외쳤다. 그 노래는 맥스가 따라 부를 줄 아는, 몇 안 되는 노래 가운데 하나였다. 손뼉을 치고 발을 구르고 고개를 까닥거리는 간단한 동작만 할 줄 알면 된다. 저만큼 보니까 쉴라는 아이들 가장자리에 서서 노래는 부르지 않고 빤히 우리를 지켜보고 있었다. 율동이 끝났는데도 버스가 여전히 올 생각을 하지 않기에 나는 새로운 율동을 하자고 제안했다.

"행복하다고 느낄 때는 깡충깡충 뜁시다."

먼저 타일러가 나섰다. 그래서 우리는 타일러의 동작에 맞추어 노래를 불렀다. 나는 또 다른 동작을 내놓아보라고 말했다. 쉴라가 한쪽 구석에서 수줍어하면서 손을 들었다. 여태까지 다른 친구들한테 한 번도 말을 걸지 않았고 사사건건 비협조적으로 나왔던 아이가 가만히 손을 들고 서 있는 모습을 보니 심장이 멎을 것 같았다.

"쉴라, 좋은 생각이 떠올랐니?"

"도는 건 어떤데요?" 쉴라가 수줍어하며 말했다.

그래서 우리는 빙글빙글 돌면서 노래를 불렀다. 첫 주는 그렇게 성공리에 끝났다.

그 다음 주부터 쉴라는 교실에서 활발하게 지냈다. 처음에는 쭈뼛쭈뼛 말을 잘 못했지만, 얼마 안 가서 어색함은 사라졌다. 쉴라는 모든 문제에 자기 나름의 생각을 갖고 있었고, 기회가 주어지면 그것을 조리 있게 밝혔다. 나는 그렇게 또박또박 말을 잘하는 아이가 우리 반에 있다는 게 흐뭇했다. 이제 다른 아이들도 쉴라와 함께 어울리고 싶어 했고, 나도 쉴라가 입에 올리는 풍성한 화제에 귀가 솔깃해졌다.

쉴라는 두 번 다시 불을 지르는 말썽을 피우지 않았다. 우리 반 아이들 중에서 그런대로 조리 있게 말할 줄 아는 아이들은 자기들이 왜 이곳에 왔는지 알고 있었다. 우리는 아침 토론 시간마다 틈나는 대로 그런 이유들을 놓고 의견을 나누고 주 단위나 월 단위로 변화를 위한 목표를 정했다. 토론은 수업으로만 끝나지 않았다. 점심 식사나 미술이나 요리를 끝내고 운동장으로 나가 건물 한모퉁이에서 맞바람을 맞으며 한참 이야기에 열중하다보면, 몸은 오들오들 떨렸지만 누구도 교실 안으로 들어갈 생각을 하지 않았다. 혹은 교실 한구석의 동물 우리처럼 격리된 공간에서 베개를 베고 단둘이 대화를 나누기도 했다. 아이들 대부분이 그 이유들에 대해서 토론해야 할 절박한 필요성을 느끼는 듯했다.

대화는 나지막한 목소리로 자연스럽게 이루어졌다. 나는 몇 년간의 경험으로 자살이라든가 살아 있는 고양이 몸에 불을 지르는 행위 같은 것들에 대해서 마치 빨랫감을 일러줄 때나 야구 시합 점수를 물어볼 때처럼 천연덕스럽게 이야기할 수 있게 되었다. 그런 행동이 잘못되었다든가 그런 행동이 남에게 거부감을 준다는 사실을 아이들에게 새삼 강조할 필요는 없었다. 그건 본인들이 너무나 잘 알고 있었다. 애당초 우리 반에 온 이유가 그런 행동들 때문이었으니까. 나는 그런 행위를 좀 더 폭넓고 깊이 있게 파고들어, 그런 행동을 했을 때 어떤 느낌이 들었는지, 어떤 느낌이 들 거라고 예상했는지 따위처럼 얼핏 무의미해 보이는 사건 관련 세부 사항들을 꼼꼼하게 파헤치는 방향으로 아이들을 끌어갔다. 또 이야기 내용이 아리송할 때나 한두 마디 질문을 던질 뿐, 주로 들어주는 입장에서 음음 하면서 열심히 귀 기울이고 있다는 인상을 아이들에게 확실히 심어주려고 애썼다. 이야기가 오가는 동안 나는 일부러 특별히 신경을 쓰지 않고도 할 수 있는 자질구레한 일들을 했기 때문에, 아이들은 얼굴을 마주하지 않으면서 기탄없이 속마음을 털어놓을 수 있었다.

쉴라도 자기가 이곳에 온 까닭을 알고 있었다. 둘쨋날부터 그 아이는 우리 교실을 줄곧 '미친 반'이란 애칭으로 불렀다. 그러면서 자기도 못된 짓을 일삼는 미친 아이라는 것이다. 우리가 나누는 대화에도 종종 끼어들었지만 학대에 관한 이야기는 그 아이 입에서 한 번도 나오지 않았다. 다른 아이들하고 있을 때뿐 아니라, 나를 비롯하여 다른 어른들과 함께 있을 때도 그런 소리는 입 밖에 내지 않았다. 그렇다고 내가 그걸 토론 주제로 삼자고 제안할 수도 없는 노릇이었다. 우리는 안 건드리는 주제가 거의 없었지만, 그 문제만큼은 내가 먼저 건드려서는 안 된다는 중압감이 본능처럼 나를 내리눌렀다. 그래서 우리는 그 이야기를 하지 않았다. 그 11월의 추운 겨울 밤, 쉴라의 마음에 어떤 생각들이 떠올랐는지 나로서는 알 수 없었다.

쉴라의 입에서 나오는 문장은 참으로 희한했다. 말수가 많아지면서 그 아이가 하는 말과 다른 아이들이 하는 말 사이의 차이가 더욱 뚜렷해졌다. 보고서에는 쉴라의 아버지가 사투리를 쓴다는 말은 없었다. 그 사람은 이곳 토박이였으므로 우리하고 말투가 비슷할 수밖에 없었다. 가장 두드러진 차이점은 쉴라가 자주 ‘do’ 나 ‘be’ 를 문장 속에 끼워넣고 과거시제를 좀처럼 쓰지 않는다는 것이었다. ‘do’ 는 조동사로 쓰이면서 쉴라가 내뱉는 문장에서 툭하면 튀어나왔다. ‘am’ 과 ‘is’ 와 ‘are’ 는 무조건 ‘be’ 로 통일되었다. 쉴라에게 과거시제는 아예 존재하지 않거나 극히 드물게만 사용되었다. 그 아이는 마치 미래와 현재밖에 없는 듯이 말했다. 쉴라는 ‘should’ 나 ‘would’ 처럼 까다로운 조건시제를 능수능란하게 구사했고, 웬만한 여섯 살배기는 꿈도 못 꿀 복잡한 문장을 척척 결합할 줄 아는 아이였기에, 나로서는 도무지 이해가 가지 않았다. 나는 그 아이의 말을 테이프에 녹음하여 여러 차례 전문가에게 분석을 의뢰했다. 그리고 확실한 응답을 받을 때까지는 그 아이의 문장을 고쳐주거나 하지 않기로 마음먹었다.

교내 심리학자인 앨런이 쉴라에게 지능검사와 독해검사를 해주었다. 지능검사에서 쉴라는 발군의 실력을 보여 최고점을 얻었다. 앨런은 자기 방에서 나오면서 기가 막힌지 고개를 설레설레 저었다. 그는 이제까지 이렇게 높은 점수를 얻은 아이는 본 적이 없으며, 이런 아이가 우리 반에 있으리라고는 상상도 못했다고 말했다. 글을 한 번도 배운 적이 없는데도 쉴라의 문장 독해력은 초등학교 5학년 수준이었다. 앨런은 쉴라의 지능을 잴 수 있는 검사가 있는지 알아보겠다며 자기 방으로 돌아갔다.

매일 아침 수업이 시작되기 전에 쉴라와 나는 위생 상태를 점검했다. 나는 가게에서 양동이 하나를 사서 그 안에 빗, 브러시, 때밀이 수건, 타월, 비누, 로션, 칫솔 따위를 넣어두었다. 세수와 양치질은 쉴라 혼자서 할 수 있었기에 나는 머리만 빗겨주었다. 쉴라는 머리핀을 무척 아꼈다. 내가 하는 머리핀과 똑같은 걸 따로 사다 주었더니 그것을 보물단지처럼 애지중지했다. 아침마다 쉴라는 머리핀을 헤아리면서 오늘은 무엇을 꽂을지 즐거운 고민을 했다. 저녁에는 머리핀을 뽑아서 수건 사이에 조심스럽게 놓았다. 그리고는 다시 개수를 헤아리곤 했다. 문제는 옷이었다. 나는 깨끗한 속옷을 학교에 놔두고 쉴라에게 매일 갈아입도록 시켰다. 하지만 첫날 그 아이가 보였던 예민한 반응으로 보아 아무래도 이것이 매우 민감한 문제일 듯싶어 깊이 건드리지는 않았다. 그래도 속옷만큼은 꼭 갈아입게 시켰다. 월요일마다 휘트니가 쉴라의 바지와 셔츠를 근처 세탁소로 가지고 갔다. 다소 미진한 감이 없진 않았지만, 그래도 예전같이 쉴라의 몸에서 악취가 나는 일은 없었다. 말끔히 씻기고 입히고 나니 쉴라는 나무랄 데 없이 멋진 아이였다. 쉴라의 머리는 숱 많은 금발이었다. 초롱초롱한 눈과 환한 미소와 함께 드러나는 아랫니 3개가 빠진 자리를 보고 있노라면 우리 마음도 무척 즐거웠다.

다행히 기우로 그쳤지만, 내가 걱정했던 또 한 가지 문제는 쉴라가 버스 통학을 하면서 말썽을 피울지도 모른다는 것이었다. 통제 불능의 행동을 일삼는 쉴라가 감시의 손길이 닿지 않는 버스에서 난동을 부리면 어떻게 하나 내심 조마조마했던 게 사실이다. 하지만 그것은 근거 없는 불안이었다. 마흔 명이나 되는 고등학생들 사이에서는 쉴라도 어쩔 수 없이 위압감을 느꼈는지 모른다.

버스까지는 안톤 아니면 내가 데리고 갔다. 일단 버스에 오르면 쉴라는 뒤쪽에 가서 앉았다. 딱 한 번, 버스 통학이 어느 정도 몸에 익어갈 무렵이던 1월 말에 사고가 터지기는 했다. 그날 저녁 우리는 쉴라를 분명히 버스에 태웠다. 그런데 버스가 이주노동자 단지에 도착하여 고등학생들이 우르르 내리는데 쉴라의 모습이 보이지 않았다. 웬일인가 싶어 기사가 뒷자리를 살폈지만 버스는 텅 비어 있었다. 학교에서 단지까지 오는 동안 버스는 두 번밖에 정차하지 않았고 쉴라는 그때 내리지 않은 게 분명했기에, 버스 기사는 기겁을 하고 우리 집에 전화를 걸어 쉴라가 버스에 탔냐고 물었다. 나는 탔다고 대답했다. 내가 안절부절못하고 있는데 기사가 다시 전화를 걸어왔다. 알고보니 쉴라는 따뜻한 열기가 올라오는 뒤타이어 바로 위의 바닥에 누워서 잠이 깊이 들었던 것이다. 쉴라는 따뜻하고 기분 좋은 진동이 느껴지는 그 자리를 점찍고는 좌석 밑으로 들어가 단잠을 즐기곤 했던 모양이다. 그 뒤로 버스 기사는 쉴라가 잠에서 깨어나 제대로 내렸는지 살피는 일을 잊지 않았다. 고등학생들은 처음에는 쉴라의 존재를 무시했지만, 차츰히터 부근의 그 자리를 쉴라를 위해 남겨두었고, 베개로 쓰라고 책보나 스웨터를 빌려주었으며, 쉴라가 졸려서 정신을 못 차릴 때는 집까지 바래다주는 일도 있었다.

한 가지 해결되지 않은 문제가 있다면 쉴라의 아버지였다. 나는 그와 면담하려고 어지간히 애를 썼다. 그 집에는 전화가 없었기에 쉴라 편으로 한번 학교에 와주십사 하는 쪽지를 보냈다. 그런데 감감무소식이었다. 다시 쪽지를 보냈다. 이번에도 반응이 없었다. 그래서 한번 찾아뵙겠다는 내용의 쪽지를 또 보냈다. 방문하기로 한 날, 안톤과 함께 갔지만 집은 텅 비어 있었다. 보아하니 그는 나를 만나고 싶지 않은 듯했다. 나는 마지막으로 쉴라를 담당하는 사회복지사에게 연락했다. 둘이서 찾아갔더니 아버지 모습은 안 보이고 집에는 쉴라밖에 없었다.

나로서는 그를 몹시 만나고 싶었다. 무엇보다도 쉴라가 마음 놓고 옷을 입을 수 있는 여건을 만드는 게 급선무였다. 나는 사회복지사에게 슬쩍 그런 뜻을 비추었다. 가장 문제가 되는 건 쉴라의 겉옷이었다. 쉴라는 남자아이들이 입는 얇은 면 점퍼를 입고 있었다. 그것은 야구 선수가 입는 땀복과 비슷했다. 쉴라는 장갑도 없었고 모자도 없었으며 장화도 없었다. 그 엄동설한에 말이다. 고등학교 앞에서 버스를 내린 쉴라는 파랗게 질린 얼굴로 교실에 들어서곤 했다. 강추위가 몰아치는 날에는 내가 차를 몰고 그 아이를 데리러 가기도 했다. 기껏 옷을 두툼하게 입혀서 보내면 다음 날엔 어김없이 그 옷이 종이봉투에 넣어져 내 앞으로 되돌아왔고, 쉴라는 '구호품'을 받았다는 이유로 아버지에게 매를 맞았다고 했다. 사회복지사의 말에 따르면, 그 문제로 어지간히 설득도 했고 한번은 그의 실직 수당으로 옷을 사러 시내에 같이 나간 적도 있는 모양이었다. 그러나 그 남자는 번번이 옷을 되돌려보냈다. 사회복지사도 정말 고집불통이라며 혀를 내두르면서도 자기도 더 이상 밀어붙일 수가 없었다고 한다. 아버지가 죄 없는 쉴라한테 화풀이한다는 소문이 들렸기 때문이다. 나는 그 아이가 학대받았느냐고 물었다. 몸에 그런 흔적이 하나도 없으니 엄밀하게는 안 받은 셈이라는 게 그의 대답이었다. 사회복지사가 나간 뒤 나는 짜증을 내며 문을 쾅 닫았다. 그런 흔적이 하나도 없다고? 그럼 그 아이가 왜 우리 반에 들어왔는가 말이다. 그게 흔적이 아니라면 도대체 어떤 걸 흔적이라고 해야 하는가.

나는 정서장애와 가난이 앗아간 경험들을 그 아이에게 되찾아주려고 애썼다. 쉴라는 활발해졌다. 캐묻고 재잘거리다보면 하루 해가 저물었다. 처음 몇 주 동안 쉴라는 하루 종일 내 꽁무니만 졸졸 따라다녔다. 찰거머리 같았다. 뒤돌아서면 그 아이는 책이나 산수 도구 상자를 가슴에 꼭 안고, 어김없이 내 뒤에 서 있었다. 나와 눈이 마주치면 바보스러운 웃음을 짓곤 했다. 그 아이는 나와 함께 보내는 시간이 적어서 안달했다. 나는 다른 아이들에게도 똑같이 시간을 쪼개야 하는 입장이었는데도, 쉴라는 막무가내였다. 그 아이는 내가 일을 마칠 때까지 꾹 참고 내 뒤에서 기다렸다. 어떤 때는 쉴라가 용기를 내서 내 허리춤을 살며시 붙잡기도 했다. 조금이라도 나와 신체적 접촉을 갖고 싶은 욕망이 그렇게 표현되었던 것이다. 교사 휴게실에서 안톤은 쉴라를 뒤에 달고 다른 아이들을 보살피느라 방 안을 누비고 다니는 내 모습이 영락없는 기차라고 하면서 낄낄 웃었다.

내 온 정력을 쏟아 부었던 처음 몇 주 동안, 나는 방과 후 두 시간을 쉴라와 단둘이 보내는 데 썼다. 그건 한편으로는 다행스러운 일이기도 했지만 또 한편으로는 난감하기도 했다. 수업 준비를 할 수 있는 시간이 부족했기에, 채드는 마음이 편치 않았겠지만 나는 못 다한 일을 집으로 가져가서 밤에 마무리지을 수밖에 없었다. 또 안톤은 안톤대로 우리 둘이 꼭두새벽에 나오지 않는 한 이런저런 문제들을 놓고 상의할 시간이 없어졌다고 푸념했다. 하지만 쉴라에게는 그보다 더 좋은 환경이 없었다. 그 아이는 상대방이 자기한테 전념할 것을 요구하는 성격이었다.

여섯 해 동안 쉴라는 무관심 속에 버려지고 거부당한 아이였다. 자동차 밖으로 내쫓기고 보통 사람들의 생활 밖으로 내몰린 아이였다. 그런데 이제 누군가가 나타나서 자기를 붙들고 껴안아주면서 말을 걸고 있었다. 쉴라는 내가 나타낸 친밀감을 한 방울도 남김없이 빨아들였다. 방과 후 수업 준비를 할 수 있는 두 시간을 빼앗기는 게 아쉽긴 했지만, 덕분에 나는 하루 온종일 허리춤에 붙어 다니는 쉴라를 무시하고 다른 아이들을 보살피면서 느끼는 부담감을 덜 수 있었다. 어차피 쉴라는 방과 후 두 시간을 나와 같이 보낼 수 있었으니까.

나와 안톤처럼 다른 아이들도 쉴라의 얼굴에 화색이 도는 것을 보고 기뻐했다. 코볼드 상자에는 아이들이 끄적거린 쪽지가 수북이 쌓였다. 대부분의 아이들은 쉴라의 몸에서 더 이상 악취가 풍기지 않는 걸 다행스러워하면서 그 점을 잊지 않고 쪽지에 적어넣었다. 아이들은 쉴라가 친절해지려고 노력한다는 인상도 받고 있었다.

쉴라에게는 남들을 배려하고 남들에게 친절을 베푸는 요령을 배울 기회가 별로 없었던 게 분명했다. 워낙 살아남기에 급급했던 터라 그 와중에 이타심이 깃들 여지가 전혀 없었을 것이다. 그래서인지 원하는 건 뭐든지 싸움을 해서 얻어내는 버릇이 몸에 익어 있었다. 그 아이는 자기가 선택한 것을 남이 가지려 하면, 그것을 되찾으려고 주먹을 휘둘렀다. 다른 아이가 가지고 있는 장난감이 탐나면 그것을 우격다짐으로 빼앗아서 품 안에 넣었으며, 누군가가 그것을 빼앗으려 들면 길길이 날뛰었다. 여러 가지 면에서 그 아이는 피터보다도 더 거칠고 다른 사람들의 반감을 불러일으켰다. 하지만 그런 행동에서 느껴지는 건 악의가 아닌 동물 같은 공격성이었다.

여섯 해 동안 거친 세파를 혼자서 헤치며 살아온 아이가 이 세상에는 문제를 해결할 수 있는 또 다른 방식이 있다는 사실을 이해하기는 쉽지 않았다. 꾸짖어도 보고 타일러도 보고 조용한 자리로도 보냈지만, 쉴라의 행동은 별로 달라지는 것 같지 않았다. 하지만 코볼드 상자는 먹혀들었다.

매일 저녁 쉴라는 내가 쪽지를 읽으면서 거기에 이름이 올라간 아이들을 칭찬하는 동안 두 귀를 곤두세웠다. 그 시간이 끝나면 쉴라는 자기 이름이 적힌 쪽지가 몇 장인지 집요하게 헤아렸고, 기회가 있으면 다른 아이들이 받은 쪽지의 숫자도 세려고 들었다. 자기보다 남들이 많이 받았나 적게 받았나 비교하기 위해서였다. 나는 그런 행동을 막으려고 애썼다. 다른 아이들은 그런 식의 경쟁을 벌이지 않았고, 쪽지의 개수로 자신의 값어치를 평가할 수 있다고는 생각하지 않고 있던 터였다. 나는 다른 아이들이 쉴라의 사고방식에 물들까봐 걱정이 되었다. 하지만 쉴라는 물러서지 않았다. 자신감이 부족했기 때문에 잠시도 마음이 놓이지 않았던 것이다. 그래서 자기가 반에서 가장 우수하고 똑똑하고 가장 열심히 공부하며 선생님의 총애를 받는 아이라는 사실을 거듭거듭 증명하려고 들었다. 내가 좀처럼 그런 요구에 부응하지 않자, 그 아이는 코볼드 상자에 든 쪽지로 자신의 값어치를 확인하려 했다. 하지만 그것은 그리 쉽지 않았다. 쉴라는 책 읽는 솜씨를 유감없이 발휘했다. 책만 꺼내와서 읽으면 되니까 그건 너무 간단했다. 자기의 산수 실력도 뽐낼 수 있었다. 그것도 누워서 떡 먹기였다. 그렇지만 더 많은 쪽지를 받아내기 위해서 어떻게 남들에게 친절을 베풀어야 하고, 어떻게 남들을 배려해야 하는지에 대해서는 까막눈이었다.

어느 날 오후 수업이 끝난 뒤 과학 실험 도구들을 정리하는데 쉴라가 다가왔다.

"타일러는 왜 쪽지를 그렇게 많이 받아요?" 쉴라가 물었다. "그 앤 항상 다른 아이들보다 많이 받잖아요. 선생님이 많이 주나요?"

"아니란 걸 너도 잘 알 텐데. 쪽지는 모두가 쓰는 거란다."

"그런데 왜 걔만 많이 받아요?" 쉴라는 머리를 반짝 치켜들었다. "뭘 하길래요? 왜 모두 그 애를 좋아하죠?"

"글쎄," 나는 잠시 생각에 잠겼다. "한 가지 예를 들면 그 애는 공손하잖니. 타일러는 남한테 무슨 부탁을 할 때는 미안하지만이라는 말을 꼭 한단다. 고맙다는 말도 잘 빼놓지 않지. 그 말을 들으면 누구나 타일러가 좋아지고 타일러를 도와주고 싶은 생각이 저절로 들게 된단다. 기분이 좋아지거든."

쉴라는 얼굴을 찡그리며 두 눈을 내리깔았다. 한참을 그렇게 있더니 따지듯 내게 눈을 흘겼다.

"선생님은 왜 나한테 미안하다, 고맙다는 말을 쓰라고 하지 않아요? 난 선생님이 그런 걸 원하는 줄 모르잖아요. 타일러한테는 말하면서 왜 나한테는 말하지 않아요?"

나는 어이가 없었다. "내가 타일러한테 말한 게 아니야, 쉴라. 그건 사람들이 그냥 하는 거야. 누구든 공손한 사람을 좋아하는 법이거든."

"난 몰라요. 아무도 그런 말을 안 해요. 선생님이 그걸 좋아한다는 걸 난 몰라요."

곰곰이 생각해보니 쉴라의 말이 옳았다. 나는 한 번도 그런 말을 해준 적이 없다. 그건 누구나 아는 사실이라고, 특히 쉴라처럼 영리한 아이라면 당연히 아는 사실일 거라고 지레짐작했던 것이다. 하지만 그것은 내 속단이었다. 그러자 그런 성급한 판단을 내린 나 자신이 부끄러워졌다. 쉴라는 그런 말을 한 번도 들을 수 없는 환경에서 자랐을지도 모른다. 아니면 이제까지 한 번도 그런 말이 의미 있게 다가온 적이 없었거나.

"미안하다, 쉴라. 난 네가 아는 줄 알았어."

"몰라요. 선생님이 원하는 거라면 나도 할 수 있어요."

내가 고개를 끄덕였다. "그래야지. 그런 좋은 말을 쓰면 사람들 기분이 좋아진단다. 그게 중요해. 네가 그 말을 쓰면 사람들이 너를 더 좋아하게 되지."

"나를 좋은 아이라고 말할까요?"

"그렇게 보게 될 거야."

그렇게 해서 쉴라는 다른 아이들이 베푸는 친절과 자상함을 눈여겨보기 시작했다. 이해가 가지 않을 때는 질문도 던졌다. 쉴라가 둔감한 반응을 보였다는 생각이 드는 문제에 대해서는, 내가 일부러 조용한 시간을 골라 살짝 귀띔해주기도 했다.

08

불행하게도 어떤 낙원에도 뱀은 있게 마련이다. 처음 한 달 동안 우리가 감당하기 어려웠던 문제는 두 가지였다.

첫 번째 문제는 생각하기에 따라서 심각하지 않은 것일 수도 있었다. 쉴라는 모든 면에서 장족의 발전을 보였지만, 시험지로 하는 공부만은 완강하게 거부했다. 시험지만 놓았다 하면 북북 찢어버렸다. 어쩌다가 안톤이나 내가 험악한 표정을 지으면 그 자리에서는 시험지를 찢지 않고 공부하는 척했지만, 채점 바구니에 쉴라의 시험지가 놓인 적은 단 한 번도 없었다. 쉴라는 기회를 봐서 시험지를 갈기갈기 찢거나 시험지에 낙서를 해대거나 아니면 꼬깃꼬깃 구겨서 스팀 밑에 쑤셔 넣거나 토끼장에 먹이로 던져 넣었다.

그걸 못하게 하느라고 별별 짓을 다 해보았다. 시험지를 못 가져가게 탁자 위에 테이프로 붙여놓으면, 쉴라는 시험지가 찢어질 때까지 마구 휘갈겼다. 시험지를 비닐 속에 집어넣으니까 이번에는 크레용을 잡지 않으려고 했다. 한 번은 크레용을 먹어버린 적도 있었다. 연습장도 동원해보았지만, 연습장은 비쌌기 때문에 그게 한 번에 거덜나버리면 그렇게 속이 상할 수가 없었다. 우리는 에어컨이 없었으므로 바슬리 선생처럼 라미네이팅을 입혀보기도 했다. 비싼 돈과 시간을 들여서 겨우 라미네이팅을 입힌 시험지를 주면, 쉴라는 가만히 앉아서 아무것도 할 생각을 하지 않았다. 칠판에다 문제를 적어놓으면, 내가 안 보는 사이에 그걸 지워버렸다. 이 궁리 저 궁리 다 해보았지만 쉴라는 그때마다 번번이 모든 시도를 무산시켰다.

시험지 앞에서만 과민 반응을 보이는 게 아니었다. 시험지건 색칠하기건 그림 그리기건, 좌우지간 종이나 연필이 등장하는 건 뭐든 아예 거들떠보지도 않았다. 말로 대답하는 것은 거부하지 않아서 안톤이나 휘트니나 내가 대신 답을 적어준 적도 있었다. 하지만 본인은 절대로 손 하나 까딱하지 않았다.

당연히 그것은 우리 사이에 상당한 마찰을 낳았다. 나는 온갖 수를 써보았다. 교실 구석으로 보내면 그 아이는 끽소리 없이 돌부처처럼 하염없이 앉아 있었다. 이렇게 해서는 도저히 문제를 해결할 수 없다는 생각이 자꾸 들었다. 수업을 빼먹으면서 의자에 우두커니 앉아 있는 모습은 참으로 보기에 딱했다. 첫 주만 하더라도 의자에 앉히는 게 흥분을 가라앉히는 역할을 톡톡히 했지만, 이젠 사정이 달랐다. 그곳은 벌받는 자리가 아니었으므로 거기서 아이들이 울고 난리를 피우더라도 나는 모른 척했다. 그 아이들은 자제심을 잃었다가 되찾으려 노력하는 과정에 있는 것이다. 하지만 만약 어떤 아이가 그 자리에 가서 얌전히 앉아 있기만 한다면 그것은 벌이나 다름없었다. 얼마간은 그런 식으로 벌주는 것도 나쁘지 않았지만, 한 번에 너무 오래 끌어서는 곤란했다. 그래서 20분 동안이나 그 구석에 앉아 있고 나서도 여전히 시험지 풀기를 거부하는 걸 보면서 나는 포기하기로 마음먹었다. 쉴라를 수업에 적극적으로 끌어들이는 것이 중요했지, 그 아이하고 힘겨루기를 하는 게 내 목적은 아니었기 때문이다. 게다가 쉴라가 종이에 쓰는 것을 한사코 마다하는 데는 말 못할 또 다른 사정이 있을지도 모른다는 불안감도 작용했다. 이제 쉴라는 아주 화가 나지 않은 한 그렇게 노골적으로 거부반응을 보이는 일은 없었다. 교실을 누가 이끌고 가야 하는지에 대해서는 암묵적인 합의가 있었기에, 그 아이가 나를 시험하고 있다는 생각은 들지 않았다. 또 쉴라는 나를 즐겁게 하려고 곧잘 엉뚱한 짓까지도 벌이는 판이었기에, 나를 약 올리려고 고집을 피운다고 생각하기는 곤란했다.

하지만 솔직히 말해서 나는 약이 올랐다. 그것도 이만저만 약이 오른 게 아니었다. 넷째 주로 접어들면서부터는 그 문제로 끙끙 앓다가 수업이 끝나면, 교사 휴게실로 달려가 동료 교사들한테 하소연을 하기도 했다. 밤에는 채드가 내 넋두리를 들어주어야 했다. 참다못한 나는 어느 날 연습문제지 한 장을 수백 장의 종이에다 복사했다. 그리고 쉴라를 불러다 앉혔다. 그리고 몇 달이 걸리는 한이 있더라도 그 문제지를 반드시 풀게 하리라고 단단히 마음먹었다.

"오늘은 산수 문제를 푸는 거다, 쉴라. 많지도 않고 다들 쉬운 문제야."

쉴라가 불신에 찬 눈초리로 나를 바라보았다. "난 이거 안 할래요."

"오늘은 네 마음대로 안 돼." 나는 탁자 위에 놓인 시험지를 신경질적으로 누르며 말했다. "자, 시작하는 거다."

쉴라가 나를 노려보았다. 심상치 않은 사태가 벌어졌음을 깨달은 듯했다. 이제까지 단 한 번도 직접적이고 강압적인 요구를 나한테서 받아본 적이 없었기 때문인지, 내 본심을 읽어내기 어려운 모양이었다. 나는 나대로 치밀어 오르는 울분을 간신히 누르고 있었다. 심장이 두근거리고 속이 다 뒤틀리고 땡겼다. 내가 물러서고 말까 하는 생각도 한순간 들었지만 몇 주 동안 헛수고한 게 너무 약 올랐다.

"풀어봐." 나도 모르게 목소리가 올라가고 퉁명스러워지는 걸 느낄 수 있었다. 나는 연필을 집어서 그 아이의 손에 억지로 쥐어주었다. "풀라고 했지. 쉴라, 어서."

쉴라가 첫 시험지를 구겼다. 나는 구겨진 시험지를 탁자 위에 잘 펼치고 테이프로 붙였다. 이번엔 쉴라가 연필로 종이를 후볐다. 우리는 심한 몸싸움을 벌였다. 내가 새 종이를 가져오면 쉴라는 그것을 찢기에 바빴다. 산수 시간이 끝났을 때는 구겨진 종이들이 주위에 어지럽게 널려 있었다. 다른 아이들은 자유 시간이라 자리에서 일어났다. 쉴라는 불안하게 주위를 살폈다. 자유 시간은 그 아이가 가장 좋아하는 시간이었다. 쉴라는 자기가 아끼는 장난감을 벌써 타일러가 꺼내는 장면도 놓치지 않았다.

"이걸 다 풀어야 나갈 수 있어."

나는 새 시험지 위에 테이프를 붙이면서 못 박았다. 간신히 꿀꺽 분노는 삼켰지만 여진이 남은 상태라 맥박은 여전히 빠르게 뛰고 있었다.

쉴라도 점점 참을성을 잃어가고 있었다. 숨결이 거칠어지면서 씩씩거렸다. 다시 여섯 장의 종이가 날아갔다. 나는 내가 앉아 있던 의자를 밀어 쉴라의 의자를 탁자에 바짝 붙였다. 그런 다음 새 시험지에 테이프를 붙였다. 쉴라의 왼손과 오른손 모두 내 손 안에 잡혀 있었다.

"혼자 못하겠으면 내가 도와주마."

나도 고집스럽게 버텼다. 내 옷은 땀으로 흥건하게 젖어갔다.

드디어 쉴라가 소리를 지르기 시작했다. 날카로운 쇳소리에 고막이 터질 것 같았다. 다행히 쉴라도 나도 왼손잡이여서 내 마음먹은 대로 아이의 손을 움직일 수 있었다. 나는 1번의 답이 뭐냐고 물었다. 처음에는 대답을 안 했지만, 잠시 후 성난 목소리로 뱉어내듯 답이 튀어나왔다. 나는 아이의 손을 움직여 3이라고 종이에 썼다. 쉴라는 몸부림을 치면서 나한테서 빠져나오려고 결사적이었다. 심지어는 깨물려고도 했다. 다음은 2번 문제였다. 이번에도 나는 강제로 답을 적어넣었다.

몸부림치는 아이를 힘으로 누르면서 간신히 문제지를 전부 풀었다. 내가 손을 놓자마자 쉴라는 시험지를 테이프에서 뜯어내더니 미처 손쓸 겨를도 없이 그것을 갈기갈기 찢었다. 그리고는 찢은 종이를 내 얼굴에 던지고는 의자를 박차고 교실 맞은편으로 달려가 잡아먹을 듯이 나를 노려보았다.

"미워!"

쉴라는 있는 힘을 다해 악을 썼다. 다른 아이들은 간식을 먹고 잠시 쉬려다가 멈칫하면서 우리를 지켜보았다.

"미워! 미워! 미워!" 나에 대한 불만이 극에 달했는지, 쉴라는 토끼장 뒤편 구석에 서서 고함만 질러댔다.

안톤이 다른 아이들을 데리고 밖으로 나갔고, 나는 탁자 앞에 그대로 앉아 있었다. 그 아이가 난동을 피우면서 닥치는 대로 부수어대면 달려가서 붙잡을 작정이었다. 하지만 시간이 흐르자 쉴라도 진정이 되는지 비명을 그쳤다. 여전히 나와는 거리를 두고 원망에 찬 눈으로 노려보고 있긴 했지만 말이다. 입술은 실룩거렸고 눈물이 글썽거렸으며 턱도 바들바들 떨렸다. 서서히 내가 더없이 비열한 사람이란 느낌이 들었다. 그 아이의 눈에도 내 거친 행동에 실망했다는 빛이 역력했다. 그 모습을 바라보면서 나는 내가 일을 그르쳤음을 깨달았다. 방금 전까지 나는 악에 받쳐 있었다. 시험지를 풀게 해야 한다는 교사로서의 사명감 때문에 지혜롭지 못한 행동을 저지른 것이다. 그것은 내 불찰이었다. 그런 사소한 감정에 놀아난 나 자신이 너무나 한심스러웠다.

가만히 아이를 바라보고 있노라니 죄책감이 물밀듯 밀려왔다. 온몸에서 힘이 쭉 빠졌다. 우리 사이를 망쳐놓은 게 아닐까? 쉴라가 우리 반에 온 지난 3주 동안 우리는 참 잘해왔는데…… 하루아침에 물거품이 되고 만 것인가? 쉴라도 나를 응시했다. 우리는 한참 동안 말없이 그렇게 서로를 바라보았다.

쉴라가 느릿느릿 내게 다가왔다. 원망과 경계심이 잔뜩 담긴 그 커다란 눈망울로 나를 빤히 쳐다보면서 탁자 맞은편으로 다가온 쉴라는 눈을 내리깔고 탁자 위에 새겨진 도안을 따라 손가락을 움직이더니 고개를 들었다.

"선생님은 날 안 좋게 대했어요." 감정에 북받친 목소리였다.

"나도 그렇게 생각해." 다시 침묵이 흘렀다. "미안해, 쉴라. 그러는 게 아니었는데."

"선생님은 나한테 함부로 하지 말아야 했어요. 나도 선생님이 가르치는 아이잖아요."

"미안하다. 네가 시험지를 하도 안 풀어서 약이 올랐단다. 선생님은 너도 다른 아이들처럼 시험지를 풀었으면 했거든. 선생님한테는 시험지를 푸는 게 중요한데, 네가 한사코 안 풀겠다고 하니까 선생님이 화가 난 거야. 아깐 화가 났었어."

쉴라가 조심스레 내 표정을 살폈다. 아랫입술은 삐죽 나와 있었고 마음의 상처가 큰 듯했지만 나한테 가만히 다가섰다.

"아직도 날 좋아하세요?"

"그걸 말이라구 하니."

"하지만 나한테 화내고 소리 지르잖아요."

"사람은 누구나 화낼 때가 있단다. 좋아하는 사람한테도 신경질을 부릴 수 있어. 그렇다고 해서 그 사람을 좋아하지 않는 건 아니고 그냥 화가 난 것뿐이야. 시간이 지나면 화는 가라앉게 마련이고 좋아하는 감정은 바뀌지 않아. 선생님이 너를 좋아하는 마음은 여전하단다."

쉴라는 입술을 꼬옥 다물었다.

"사실은 선생님이 밉지 않아요."

"나도 알아. 너도 나처럼 화가 났던 거지."

"선생님이 나한테 소리를 질렀어요. 난 선생님이 그런 식으로 나한테 소리 지르는 거 싫거든요. 귀가 아파요."

"그래, 내가 나빴다. 미안해. 하지만 이미 엎질러진 물인 걸 어떡하니. 미안하구나. 이제부터 시험지 푸는 건 접어두기로 하자. 나중에 네 마음이 바뀌면 그때 하자꾸나."

"내 마음은 바뀌지 않을 거예요."

내 어깨에서 기운이 쑤욱 빠져나갔다. "그럼 안 하면 되지."

그러자 쉴라는 묘한 표정을 지었다. "시험지는 풀게 되어 있잖아요."

기운 없는 한숨이 저절로 나왔다. "꼭 그런 건 아니야. 그것보다 더 중요한 일이 있으니까. 아무튼 언젠가는 너도 생각이 달라질 거라고 믿는다. 그때 해도 늦지 않아."

시험지를 둘러싼 싸움이라고나 할까, 전쟁은 이렇게 해서 막을 내렸다.

왜 사람들은 사소한 일에 얽매이며, 그 사소한 일이 자기 뜻대로 이루어지지 않으면 당장 이 세상이 무너지기라도 할 것처럼 호들갑을 떠는 것일까. 일단 싸움에서 벗어나고 보니, 시험지를 풀게 하는 것이 나한테 왜 그토록 중요했는지 정말 이해가 가지 않았다. 하지만 처음 몇 주 동안은 도저히 거기에서 빠져나올 수가 없었다.

두 번째 문제는 훨씬 심각했고 해결의 실마리도 좀처럼 보이지 않았다. 쉴라의 마음속에 도사린 집요한 복수심은 타의 추종을 불허했다. 남이 자기를 방해하거나 이용한다 싶으면, 그 아이는 무섭게 보복했다. 쉴라는 상대방이 소중히 여기는 것이 무엇인지 누구보다도 기민하게 파악할 수 있는 머리를 가지고 보복에 악용했기에 더욱 두려운 존재일 수밖에 없었다. 가령 노는 시간에 사라가 자기한테 눈덩이를 던졌다 치면, 쉴라는 교실 안에 있는 사라의 그림들을 모조리 결딴냈다. 사라는 그림 그리길 좋아했으므로 이것은 큰 타격이 아닐 수 없었다. 어느 날 점심 먹으러 가면서 쉴라가 복도에서 시끄럽게 뛰어다녔다고 안톤이 신경질을 내자, 쉴라는 안톤이 그날 아침 아들한테서 빌려온 아기 쥐들을 목졸라 죽였다. 다른 사람의 허점을 한 치의 오차도 없이 냉정하게 파고드는 모습을 볼 때마다 나는 소름이 끼쳤다.

쉴라의 파괴 행각은 시험지를 찢거나 쥐를 죽이는 정도에 머무르지 않았다. 오랜 준비와 계산을 거쳐 나오는 쉴라의 복수는 고의성이 아닌 사건에 대해서도 예외 없이 가해졌다. 쉴라는 잠시도 눈을 뗄 수 없는 아이였다. 분명히 지켜보고 있었는데도 어느새 귀신처럼 우리 손아귀에서 빠져나가 있었다.

하루 중에서 점심시간이 가장 위험했다. 안톤도 그렇고 나도 그렇고 그 시간만큼은 쉴라를 감시해야 하는 부담에서 벗어나고 싶었다. 식당 직원들이 다시 쉴라를 감독하는 데 동의하긴 했지만 그들은 여전히 쉴라를 두려워하고 있었다.

어느 날 안톤과 내가 교사 휴게실에서 샌드위치를 먹고 있는데, 직원 하나가 고함을 지르며 우리한테로 뛰어왔다. 무슨 말인지 알아듣기는 힘들었지만 아무튼 쉴라의 이름이 계속 튀어나왔다. 첫날의 악몽 같은 사건을 떠올리면서 우리는 직원 뒤를 쫓아갔다.

알고보니 쉴라가 다른 교실에 뛰어든 것이었다. 불과 10분에서 15분밖에 안 되는 짧은 시간에 쉴라는 교실을 쑥대밭으로 만들어놓았다. 학생들 책상이 사방팔방으로 나동그라져 있었고, 물건도 어지럽게 널려 있었다. 떨어져 나간 블라인드와 모조리 뽑혀져 나와 어지럽게 널린 책들, 망가져버린 시청각도구 영사막…… 그 짧은 시간에 교실을 그토록 초토화시킬 수 있다는 사실이 도저히 믿기지 않았다.

내가 문을 홱 잡아당겼다.

"쉴라!"

아이가 험상궂은 얼굴로 돌아보았다. 한 손에는 막대기를 꼭 움켜쥐고 있었다.

"그거 놔!"

쉴라는 나를 빤히 쳐다보더니 막대를 내려놓았다. 나와 3주를 같이 생활했으니, 이제는 내 말이 장난이 아니란 걸 알았던 것이다. 그 아이의 행동을 막고 내게 걸어오게 만들 수만 있으면 조용히 문제를 해결할 수 있을 듯싶었다. 나는 쉴라를 놀라게 해서 그 아이가 도망이라도 가면, 오히려 일이 꼬인다는 걸 잘 알고 있었다. 보나마나 더 난동을 피우고 두려움에 휩싸여 내가 말을 해도 먹혀들지 않을 게 뻔했다. 쉴라의 눈빛은 이미 들짐승처럼 격앙되어 있었다. 언제 터질지 모르는 아슬아슬한 순간이었다.

하지만 막상 쑥대밭이 된 교실을 둘러보니 눈앞이 캄캄했다. 그 아이가 이런 짓을 했다는 사실과 함께 사태를 미연에 방지하지 못했다는 자책감에 나는 고개를 들 수 없었다. 교실 한쪽 구석에 넋을 잃고 서 있는다고 해서 파괴된 수백 달러어치의 물건이 원상복구되는 것은 아니었다. 더구나 내 교실도 아니고 다른 교사의 교실이었다. 나는 내 손으로 해결될 성질의 문제가 아니라는 걸 알았다.

겨우 쉴라를 구슬러 문 앞으로 불러냈을 때, 콜린스 교장과 교실 주인인 홈스 선생이 나타났다. 내가 쉴라의 손을 붙잡는 순간, 콜린스 교장의 호통이 시작되었다.

그가 성질을 부리는 것은 백번 이해가 가고도 남을 만한 일이었다. 하지만 나는 그런 방식이 문제 해결에 도움이 된다고는 생각하지 않았다. 콜린스 교장은 위반행위는 따끔하게 매로 다스려야 한다고 믿는 옛날식 교육의 신봉자였다. 그가 쉴라의 팔을 낚아챘다. 쉴라의 바지 어깨끈을 잡고 있던 나도 완강하게 버텼다.

말이 없는 가운데 교장과 내 눈에서는 불꽃이 튀었다. 쉴라는 우리 사이에서 어쩔 줄을 모르고 있었다.

쉴라를 교장에게 넘겨줄 수는 없었다. 여기서는 누구도 해치는 일이 없을 거라고 겨우 안심시켜놓았는데, 지금 와서 공든 탑을 무너뜨릴 수는 없는 노릇이었다. 쉴라는 이제까지 지겹도록 매만 맞고 살아온 아이였다. 너무나 많은 사람들이 그 아이와 한 약속을 어겼다. 나까지 그런 전철을 밟고 싶지는 않았다.

교장과 나는 여전히 침묵을 지켰지만, 나는 상황을 감당하기가 점점 어려워졌다. 손가락에 닿는 쉴라의 어깨도 잔뜩 굳어 있었다.

마침내 콜린스 교장이 입을 열었다. 그의 목소리는 부드득 이 가는 사람의 이빨 사이에서 스며 나오는 역겨운 숨소리처럼 들렸다. 그는 쉴라가 교장실로 가서 매를 맞아야 하며, 나도 증인으로 따라나서야 한다고 못 박았다.

어림없지, 나는 속으로 생각했다. 으르렁거리는 두 마리 개 사이에 놓인 뼈다귀 신세가 된 쉴라를 가운데 두고 나는 교장과 언쟁을 벌일 참이었다. 달리 수가 없었다. 나는 그의 견해에 동조할 수 없었다. 더구나 내가 교장 말에 동조한다고 쉴라가 생각하게 만들 수는 없었다.

식식거리며 교장과 나는 가시 돋힌 말을 주고받았지만, 한두 단어가 넘지 않는 짧은 말들이었다. 교장은 나에 대한 인내심을 점점 잃어가고 있었다.

"이거야 원. 헤이든 선생, 지금 당장 따라오지 않으면 오늘로 당신은 해고라는 걸 알아두시오. 난 인정사정없는 사람이오. 알겠소?"

나는 그를 노려보았다. 별의별 생각이 다 내 머리를 스치고 지나갔다. 나는 정식 교사로서 노조에 가입되어 있으니 교장에게는 나를 해고할 수 있는 권한이 없었다. 물론 그런 생각도 들었지만 피부에 와 닿지는 않았다. 내게 생생한 현실로 와 닿은 것은 공포였다. 파면당하면 내 앞날은 어떻게 될까? 이 지역에서 새로 교직을 얻을 수 있을까? 우리 반 아이들은 누가 맡을까? 내게는 욱 하는 성미를 못 이겨 윗사람들과 이미 여러 번 마찰을 빚은 과거가 있다. 또 한번 찍히는 거란 말인가? 무슨 이유로? 어차피 주립병원에 가기로 되어 있는 아이 하나 때문에? 얼굴 본 지 이제 겨우 3주밖에 지나지 않았고, 얼마 안 있으면 다른 곳으로 가게 되는 데다 누구에게도 도움이 되지 않는 이 아이 하나 때문에 일자리를 잃을 판이라니? 내가 실직하면 다들 나를 어떻게 생각할까? 그래도 채드는 날 좋아할까? 엄마한테는 뭐라고 설명하지? 사람들이 날 뭘로 볼까? 나는 그런 어처구니없는 두려움에 휩쓸려 쉴라의 바지끈을 놓고 말았다.

콜린스 교장이 쉴라의 손을 잡고 돌아서서 복도를 걸어갔다. 약간 거리를 두고 뒤따라가는 내 심정은 참담했다. 교장을 무조건 욕할 것이 아니라는 생각도 들었다. 3주 동안 이 아이 때문에 벌써 두 번이나 곤욕을 치른 셈이었다. 역시 주립병원에 보내는 것이 옳지 않을까. 나는 판단력을 잃었다. 나 혼자 힘으로는 도저히 감당하기 어려운 상황이었다.

나는 교장실 의자에 맥없이 주저앉았다. 쉴라는 담담했다. 나보다 훨씬 침착했다. 그 아이는 콜린스 교장 옆에서 만족스러운 얼굴로 서 있었다. 나를 쳐다보지도 않았고 입을 꼬옥 다물고 있었다. 교장은 방문을 닫더니 책상 서랍에서 긴 회초리를 꺼냈다. 자기 옆에서 교장이 회초리를 들었다 내렸다 하는데도 쉴라는 눈 하나 깜작하지 않았다.

나는 가슴이 아렸다. 왜 교장은 신석기시대에나 어울릴 이런 교육 방법을 선호하는 거지? 뭐 이런 인간이 다 있어? 걷잡을 수 없는 증오심이 내 안에서 북받쳐 올라왔다. 교장이라고 해서 교사 앞에서 이럴 수 있는 건가? 가만히 보고만 있는 난 또 뭔가? 아이들을 때리지 않는다고 골백번도 넘게 다짐했는데, 이제 이 아이는 나를 어떻게 생각할까? 불이익을 당할까봐 내 한 몸 건지자고 하루아침에 원칙을 포기한 내 처신은 또 얼마나 수치스러운가?

복잡한 생각에 골치가 지끈지끈 쑤시면서도 불현듯 나는 쉴라의 순수한 용기에 깊은 감동을 받았다. 그 아이는 나를 힐끔 쳐다보더니 다시 콜린스 교장에게로 시선을 돌렸다. 그 순간에 내가 본 쉴라는 여섯 살 난 평범한 여자아이의 얼굴이었다. 입술이 살짝 벌어지니까 이빨 빠진 자리가 애교스럽게 드러났다. 쉴라를 잘 모르는 사람은 무심코 넘어갔겠지만, 나는 그 아이의 커다란 눈망울 뒤에 숨겨진 두려움을 읽을 수 있었다. 쉴라가 아끼고 아끼는 오리 모양의 앙증맞은 흰색, 주황색 머리핀이 눈에 들어왔다. 언젠가 쉴라는 그 행운의 머리핀이 제일 마음에 든다고 말한 적이 있다. 너한테도 남아 있는 행운이 있는지 모르겠구나, 나는 속으로 생각했다. 새삼스러운 것은 아니었을 테지만 쉴라야말로 억세게 운 없는 아이였다. 오리 머리핀이 내 눈에는 역겹기만 했다.

쉴라는 여섯 살짜리라고는 상상이 안 갈 만큼 의연하게 버티고 서 있었다. 이런 데 불려 온 경험이 많은가, 순간적으로 그런 생각이 들 정도였다. 그러나 쉴라한테서는 어린아이의 순수함이 물씬 풍겼다. 오리 머리핀, 땋아 묶기가 곤란할 정도로 곧은 직모, 낡은 바지. 나는 울고 싶었다. 내가 눈물을 흘렸다면, 그것은 나한테 쉴라만한 용기가 없다는 것을 뼈저리게 느낀 때문이었을 것이다.

오장육부가 오그라들었다. 절대로 있어서는 안 될 일이 눈앞에서 벌어지고 있었다.

콜린스 교장은 참을 만큼 참았다고 잘라 말하면서 네가 무슨 짓을 했는지 아느냐고 몰아세웠지만 쉴라는 가만히 있었다. 정학당할지도 모른다고 교장이 다시 으름장을 놓았다. 그건 쉴라만이 아니라 나를 겨냥한 위협이기도 하다는 사실을 내가 모를 리 없었다. 우리는 둘 다 궁지에 몰려 있었다. 교장이 회초리로 세 대를 때리겠다고 하자, 쉴라는 입술을 지그시 깨물면서 눈 한 번 깜박이지 않고 교장을 응시했다.

"허리를 숙이고 발목을 잡아라."

쉴라는 움직이지 않고 노려보기만 했다.

"허리를 숙이고 발목을 잡으라고 했다, 쉴라."

쉴라는 여전히 움직이지 않았다.

"내 입에서 한 번 더 같은 말이 나오게 하면, 그때마다 매 한 대가 추가되는 줄 알아라. 어서 허리를 숙여."

"쉴라, 제발." 내가 끼어들었다. "제발 시키는 대로 해."

그래도 쉴라는 꼼짝하지 않은 채 나한테 잠깐 눈을 깜박거렸다.

콜린스 교장은 발끈해서 쉴라의 허리를 잡아채더니 회초리를 갈겼다. 쉴라는 한 방에 무릎을 꿇었지만 표정은 조금도 바뀌지 않았다. 콜린스 교장은 쉴라를 다시 일으켜 세웠다. 다시 회초리가 날아갔고 쉴라는 픽 쓰러졌다. 마지막 두 대는 쓰러지지 않고 서서 맞았다. 하지만 쉴라는 신음도 뱉지 않았고 눈물 한 방울 흘리지 않았다. 그러니까 교장은 더욱 분통이 치미는 모양이었다.

나는 망연자실 바라보고만 있었다. 그렇게 안심을 시켰는데, 결국 이런 꼬락서니를 보이다니. 그야말로 열과 성의를 다 바쳐 가르친 아이가 쉴라였다. 나는 아이들한테 내가 바친 정성을 의식하지 않으려고 애쓰는 편이다. 날마다 아이들과 부딪치면서 느끼는 공포와 절망감을 머리에서 지워내려고 노력하는 것과 마찬가지로, 나한테 아이들이 지닌 의미를 될 수 있으면 축소하려고 애썼다. 그걸 의식하기 시작하면, 아이들이나 내가 원하던 결과를 얻지 못했을 때 그만큼 실망이 커진다는 걸 잘 알고 있었기 때문이다. 이 분야에 몸담고 있는 사람들이 절망에 신음하는 모습을 수없이 보았는데, 그건 그들이 정성을 쏟아 부었다는 사실을 의식한 데서 초래된 결과였다. 그래서 나는 의도적으로 그 점을 의식하지 않으려고 노력했다. 더구나 나는 몽상가였다. 내 몽상 때문에 우리 모두가 값비싼 대가를 치러야 할지도 모르는 것이다.

콜린스 교장이 내 입회하에 체벌이 있었다는 사실을 기록한 서류에 서명할 것을 요구했다. 서명을 마친 나는 힘없이 쉴라의 손을 잡고 복도로 걸어나왔다.

이제 무엇을 해야 할지 막막했다. 머리가 핑핑 돌았다. 우리는 어느새 교실 앞에 와 있었다. 창문으로 안을 들여다보았다. 안톤은 오후 수업에 이미 들어가 있었고 휘트니 모습도 보였다. 웬만큼 평화를 되찾은 것처럼 보였다. 나는 쉴라를 내려다보았다.

"우리 이야기 좀 할까."

나는 문을 두드려 안톤이 나오기를 기다렸다. 문을 열고 나온 안톤에게 나는 감당하기 벅찬 일이 벌어졌고 몇 가지 정리할 게 있어서 잠시 쉴라와 단둘이 있고 싶다고 말한 다음, 우리가 없는 동안 휘트니하고 둘이서 꾸려나갈 수 있겠느냐고 물었다. 안톤은 웃으면서 고개를 끄덕였다. 결국 나는 고등교육을 받지 못한 이주노동자와 열네 살 먹은 소녀에게 여덟 명의 부적응아들을 맡겼다. 내가 생각해도 하도 어처구니없는 일이어서 웃음이 나오려고 했다. 하지만 웃을 상황은 아니었다.

아무리 머리를 굴려봐도 방해받지 않고 단둘이 있을 수 있는 곳은 서고밖에 없었다. 나는 쉴라를 그리로 데려갔다. 나는 불을 켠 뒤 문을 닫고 작은 의자 두 개를 당겨 의자에 앉았다. 우리는 한참을 말없이 서로 쳐다보기만 했다.

"왜 그런 짓을 했니?" 내 목소리에는 실망감이 진하게 배어 있었다.

"말하지 않을 거예요."

"휴, 쉴라, 그런 소린 하는 게 아니야. 너하고 장난칠 마음이 아니란
다. 그런 식으로 나오면 못써."

쉴라가 화가 났는지, 그 아이의 감정이 어떤지 나로서는 알 수 없었
다. 속으로는 내가 굴복하는 바람에 콜린스 교장에게 매를 맞게 한 것
이 무척 미안했지만, 그런 내색은 하지 않았다. 용서받고 싶다는 감정
은 나 개인의 문제였다.

우리는 말없이 서로를 응시했다. 영원처럼 긴 침묵이 흘렀다. 마침
내 나는 고개를 내저으며 피곤한 듯 한숨을 내쉬었다.

"하나부터 열까지 다 안 좋아서. 미안하다."

응답이 없었다. 쉴라는 나한테 말하려 하지 않았다. 빤히 나를 쳐다
보는 아이의 시선을 받자 나도 모르게 눈길을 돌려버렸다. 노는 시간
이 되었는지 서고 문밖에서는 왁자지껄 아이들 떠드는 소리가 들렸다.
너무 조용해서 아무도 이 안에 우리가 있는지 모르는 것 같았다.

나는 쉴라를 보았다. 그리고는 잠깐 눈을 돌렸다가 다시 쳐다보았
다. 그 아이는 여전히 나를 바라보고 있었다.

"야단났구나, 쉴라, 네가 나한테 바라는 게 뭐니?"

쉴라의 눈동자가 부풀어 올랐다. "나한테 화났죠?"

"솔직히 말해서 그런 편이지. 지금은 아무도 내 마음에 들지 않아."

"날 때릴 건가요?" 나는 기운이 쑥 빠졌다.

"안 그런다니까. 몇백 번도 더 말했지만 난 아이들을 때리지 않아
요."

"왜요?"

나는 어이가 없어서 그 아이를 멍하니 바라보았다. "왜요라니? 때리면 효과가 있니?"

"그럼요."

"그래? 그 말 정말이니? 교장 선생님한테 맞아서 효과가 있었니?"

"아빠는," 쉴라가 조용히 말했다. "나는 맞아야 정신을 차린대요. 아빠가 날 때리는 건 다 잘되라고 그러는 거예요. 아빤 엄마처럼 날 도로에 버리지 않을 거거든요."

측은한 마음이 들었다. 말썽을 일으킨 쉴라한테 몹시 화가 나 있던 터라 그런 감정은 전혀 뜻밖이었다. 하지만 쉴라의 입에서 나오는 말을 듣는 순간 나도 모르게 마음이 약해지고 있었다. 도대체 이 아이는 사람들한테 뭘 기대하는 걸까? 나는 쉴라에게 손을 내밀었다.

"이리 오렴, 쉴라, 선생님이 안아줄게."

쉴라는 선뜻 다가오더니 걸음마를 내딛는 아기처럼 내 무릎 위로 기어올랐다. 그리곤 두 팔로 내 허리를 꼬옥 끌어안았다. 나도 꼭 안아주었다. 아이도 불쌍했지만 나 자신도 불쌍하다는 생각이 들어서였다. 어찌 해야 좋을지 정말 알 수가 없었다. 아, 하느님, 전 괴롭습니다.

앞으로의 일이 더 문제였다. 무엇보다 쉴라는 두 번 다시 난동을 부리지 않아야 했다. 요는 그것을 어떻게 막느냐였다. 쓰러진 책상 더미와 망가진 블라인드를 이 어린 소녀와 비교할 수는 없지 않은가? 설령 그 아이가 백만 달러어치의 피해를 입혔다 해도 그 이유 하나만으로 한 생명을 마구 유린해도 좋은가? 만일 학교 당국이 그 아이를 주립병원에 보내거나 정학을 먹이면, 그 아이는 영영 돌아오지 않을 게 뻔했다. 경험에 비추어 그 정도는 충분히 예견할 수 있었다. 머지않아 학교

측은 아이를 주립병원에 보낼 텐데, 그럼 어떻게 될까? 여섯 살짜리 아이가 주립병원에서 나와 다시 정상 생활로 돌아갈 기회를 누릴 수 있을까? 그런 사례는 한 번도 들어본 적이 없었다. 그 아이는 우리 모두의 기억에서 영원히 사라질 가능성이 훨씬 더 컸고, 병원에 있다는 사실을 누구 하나 기억하지 못할 공산이 더 컸다. 똑똑하고 영리한 어린 소녀가 단 한 번도 사람답게 살아보지 못하고 인생의 낙오자가 되리라는 건 불 보듯 뻔한 일이었다. 지천으로 널린 그깟 책상들이 좀 망가졌기로 그게 무슨 큰일이란 말인가.

"어떻게 하면 좋겠니, 쉴라?" 나는 아이를 흔들어주면서 물었다.

"넌 자꾸만 해서는 안 될 일을 저지르고, 선생님은 널 막을 수가 없구나."

"다신 안 할게요."

"그랬으면 좋겠다만, 지키지 못할 약속은 아예 하지 말자꾸나. 일단 선생님은 네가 왜 그런 행동을 했는지 알고 싶어. 그래야 널 이해할 수 있으니까."

"나도 몰라요. 그 사람한테 무지무지 화가 나요. 점심을 먹는데 나한테 막 야단을 쳐요. 내 잘못도 아닌데. 수잔나가 한 건데 나보고 막 뭐래요. 그래서 화가 나요." 쉴라의 목소리가 흔들렸다. "그 사람들이 날 다른 데로 보내나요?"

"글쎄다."

"가기 싫어요." 목소리가 약간 갈라지는 것이 금방이라도 울음이 쏟아질 것만 같았다. "다신 그런 짓 안 할게요. 있구 싶어요. 이 학교에 그냥 다니고 싶어요. 다신 안 그럴게요. 약속해요."

쉴라는 나한테 얼굴을 파묻었다.

나는 쉴라의 머리칼을 쓰다듬었다. 오리 머리핀이 만져졌다.

"쉴라, 선생님은 한 번도 네가 우는 걸 못 봤어. 울고 싶을 때가 없니?"

"난 절대 안 울어요."

"왜?"

"아무도 날 그런 식으로 슬프게 할 수 없어요."

나는 아이를 내려다보았다. 쉴라의 말에는 무서울 정도로 냉정함이 깃들어 있었다.

"그게 무슨 소리니?"

"아무도 날 슬프게 못 해요. 울지 않으면 사람들은 내가 슬픈 줄 몰라요. 그러니까 날 슬프게 할 수 없어요. 아무도 날 울게 만들 수 없어요. 아빠한테 맞을 때도 그래요. 교장 선생님한테두요. 보셨잖아요. 몽둥이로 때려도 난 안 울어요. 선생님도 봤죠?"

"그래, 봤지. 그치만 정말 울고 싶지 않니? 슬프지 않았어?"

한참 동안 그 아이는 가만히 있었다. 그러더니 두 손으로 내 손을 잡았다.

"슬픈 적도 있어요." 쉴라가 고개를 들었지만 표정을 읽을 수는 없었다. "어떤 땐 쬐끔 울어요. 밤 같은 때요. 아빠가 아주 늦게까지 집에 안 오면 난 혼자라서 무서워져요. 그래서 조금 울기도 해요. 눈시울이 붉어져요. 그치만 잠깐이에요. 울어도 소용없고, 울면 동생하고 엄마 생각만 나요. 그럼 자꾸 보고 싶어요."

"가끔씩은 우는 게 좋은데."

"나한텐 안 그래요. 난 절대 안 울래요. 절대루요."

쉴라가 내 다리 위에서 빙글 돌아앉아 나와 얼굴을 마주 보았다. 나는 두 팔로 아이의 등을 감쌌다. 쉴라는 내 옷의 단추를 만지작거리며 이야기를 했다.

"선생님은 우는 적 있어요?"

쉴라가 물었다. 나는 고개를 끄덕거렸다.

"가끔은. 대개 기분이 안 좋을 때 울지. 안 울려고 해도 눈물이 나오거든. 그래도 울고 나면 기분이 한결 나아져. 우는 게 꼭 나쁘지만은 않아. 슬픔을 억누르지 않고 가만 놔두면 눈물에 씻겨 나가거든."

"난 달라요."

"쉴라, 홈스 선생님 교실에서 네가 저지른 짓을 어떻게 해야 용서받을 수 있을까?"

쉴라는 어깨를 으쓱하고는 내 단추를 끼우는 데 몰두하는 척했다.

"네 생각을 듣고 싶구나. 선생님은 널 때리지 않을 테고, 널 정학시키는 것도 좋은 방법은 아니라고 생각해. 하지만 우리도 뭔가 해야 돼. 네 생각을 말해보렴."

"남은 시간 동안 교실 구석에 조용히 앉혀두거나 일주일 동안 소꿉놀이를 못 하게 하는 건 어떨까요. 아니면 인형을 못 갖고 놀게 한다거나."

"난 너한테 벌을 주고 싶지 않아. 벌은 교장 선생님이 벌써 주셨지 않니. 교실에서 한 일에 대해서 어떻게 책임을 지면 좋을지 생각해보자는 거야."

잠시 침묵이 흘렀다.

"내가 치울 수도 있죠."

"그거 좋은 생각이다. 그리고 미안하다는 말은? 사과할 수 있겠니?"

쉴라는 단추를 잡아당겼다. "모르겠어요."

"미안하니?"

쉴라는 천천히 고개를 끄덕였다. "여기서 말썽을 피워서 죄송해요."

"사과하는 법을 배우는 건 좋은 거란다. 사과를 받으면 사람들이 널 좋게 생각하거든. 그럼 죄송합니다, 제가 치우겠어요 하고 말하는 연습을 우리 한번 같이 해볼까? 그래야 나중에 덜 쑥스럽지. 내가 홈스 선생님이라고 생각하고 어디 한번 해보자."

쉴라는 가슴에 얼굴을 깊이 파묻었다.

"그 전에 조금만 더 안아주세요. 엉덩이가 아파서 그래요. 조금 있다가요. 지금은 아무 생각도 하고 싶지 않아요."

나는 웃으면서 아이를 꼬옥 안아주었다. 서고의 흐릿한 조명 아래 우리는 그렇게 하염없이 앉아 있었다. 쉴라는 엉덩이 통증이 가라앉고 사과할 수 있는 용기가 생기기를 바라면서, 나는 세상이 달라지기를 바라면서.

09

그러나 상황을 해결하기가 그리 간단치만은 않았다. 나와 함께 홈스 선생의 교실로 찾아간 쉴라는 자기가 치우겠다면서 잘못했다고 빌었다. 내가 예상한 대로 쉴라의 어린아이다운 순진무구함과 작은 몸집, 예쁘장한 생김새가 홈스 선생의 모성애를 한껏 끌어냈다. 홈스 선생은 쉴라의 사과를 기꺼이 받아들였다.

반면에 콜린스 교장은 그리 호락호락하지 않았다. 그는 쉴라뿐만 아니라 우리 반에 대해서도 잔뜩 벼르고 있었던 모양이었다. 쉴라의 파괴 성향과 관련 없는 문제들까지도 그의 화를 돋우고 있었다. 우리 두 사람은 가치관이 너무 달랐고, 각자 자기 판단이 옳다는 고집을 꺾지 않았다. 쉴라 사건이 터지자 우리의 갈등은 전면전으로 치달아, 결국 에드 서머스 국장이 중재에 나서지 않을 수 없었다. 콜린스 교장은 걸핏하면 폭력을 휘두르고 안하무인이며 위험스럽고 파괴적인 쉴라

같은 아이를 학교에 둘 수 없다고 분명히 못 박았다. 다른 아이들은 물론이고 교사들과 직원들까지 그 아이의 행동을 두려워한다는 것이었다. 그 아이는 홈스 선생의 교실에서만 700달러어치 피해를 입혔다. 교장은 학교는 폭력으로부터 자신을 방어할 권리를 갖는다고 기세등등하게 나왔다. 누가 보아도 위험한 이런 아이를 공립학교에 다니게 한다는 건 말이 안 된다. 이 아이는 주립병원에 가기로 되어 있으니 그리 보내면 될 거 아니냐며 교장은 속사포처럼 퍼부어댔다.

나는 우리 반에 온 뒤로 쉴라가 장족의 발전을 했다는 사실을 설명하려고 노력했다. 그 아이가 불과 사흘 만에 마음의 빗장을 열었고, 교실에서 열심히 공부하고 있다고 덧붙였다. 쉴라의 지능지수, 버림받고 학대받아온 불행한 과거를 거론하면서 제발 여기 다니게 해달라고 에드에게 매달렸다. 이건 어쩌다 생긴 사고일 뿐이다, 앞으로는 잘 감독하겠다, 필요하다면 점심시간을 반납하고라도 그 아이를 관리할 테니 제발 한 번만 기회를 달라고 사정했다. 다시 기회를 달라고, 앞으로는 단 한순간도 방심하지 않겠다고 애걸했다.

그러나 분위기가 심상치 않았다. 에드는 학부모들이 가하는 거센 압력을 무시할 수 없는 입장이라고 내게 설명했다. 홈스 선생의 반 아이들에게서 소문이 번지면서 학부모들의 항의가 빗발친 모양이었다. 에드는 그 아이가 내 반에 오기 전에 이미 병원에 보내는 것이 좋겠다는 법원의 결정이 내려진 상태였다는 말도 빠뜨리지 않았다. 그의 견해에 따르면 우리 반은 잠시 머물렀다 가는 곳이었다. 따라서 교사가 너무 깊숙이 개입할 필요가 없다고 에드는 정중하지만 단호하게 말했다. 감정이 개입되면 판단력이 흐려진다는 것이다. 그는 서글프게 웃었다. 그 아이가 장족의 발전을 했다는 것은 축하할 만한 일이지만, 애당초 그 아이를 우리 반에 보낸 이유는 다른 데 있었다는 것이다. 쉴라는 병원에 빈자리가 날 때까지 내게 맡겨진 아이였다. 그 이상도 그 이하도 아니었다.

그의 말을 듣고 있으려니 목이 메이고 눈시울이 뜨거워졌지만, 그 사람들 앞에서 울고 싶지는 않았다. 약한 모습을 보이고 싶지도 않았다. 그렇지만 눈물이 앞을 가렸다. 내 이성은 내게 침착하라고 속삭이고 있었다. 이 사람들이 잔인해 보여도 그건 그들의 본의가 아니다. 아니, 잔인하다고 보아야 할 이유가 없는지도 모른다. 하지만 내게는 그들이 잔인하게만 보였다. 세상에, 당신들이 나한테 이럴 수 있나요? 저는 엄연히 교사입니다. 내 임무는 아이들을 가르치는 겁니다. 저는 형리가 아니에요. 에드 국장님은 저를 형리쯤으로 생각하고 애당초 저희 반을 만들었단 말인가요? 나는 분통이 터졌다. 겁에 질리고 상처받고 폭력에 시달린 여섯 살짜리 여자아이를 저한테 맡기면서, 여러분이 저한테 해준 게 도대체 뭡니까? 어린아이 하나를 괴물 취급하면서 얼마나 호들갑을 떨었습니까. 그래놓고는 이제 와서 저더러 걱정하지 말라니, 잠시 맡겨놓았을 뿐이라니, 그럼 여러분은 제가 그 아이를 몇 달이고 교실 한구석에 가만히 앉혀두었다가 병원에 빈자리가 생기면 그리로 보내주길 기대했단 말인가요? 그렇다면 제가 단단히 오해하고 있었군요. 전 제가 그 아이의 선생 노릇을 해야 하는 줄로 알았거든요.

에드가 의자를 앞으로 당겨 앉으며 팔꿈치를 탁자에 괸 채 가벼운 한숨을 내쉬었다. 그는 흥분하지 말라면서 나를 달래려고 애썼다. 그는 나를 울음으로 몰고 간 상황에 적잖이 당황하는 눈치였으며, 나는 잠시나마 그의 그런 모습을 보면서 기뻤다. 남들도 나처럼 깊은 슬픔을 느껴야 한다고 믿었기 때문이다. 그러나 기쁨은 잠시였고 우리는 다시 우울해졌다.

결국 울면서 방을 나선 나는 곧장 차를 몰고 퇴근해버렸다. 그날 저녁은 TV를 보는 것만으로는 슬픔과 괴로움을 가라앉힐 수 없을 것 같았다. 그날은 내 이상주의에 일격이 가해진 날이었다. 나는 700달러어치의 가치도 없는 사람이 있다는 사실을 알게 되었다.

그날도 채드는 변함없는 내 진정제였다. 그는 내가 터뜨리는 울분을 가만히 들으면서 믿기지 않는 일이라는 듯 고개를 흔들었다. 그는 너무 비관적으로만 생각하지 말고 오늘은 그만 자는 게 좋겠다고 권했다. 지금은 감정이 격앙되어서 그렇지, 혼자서 세상과 싸운다는 생각은 위험하다. 세상 일이란 게 결국 끝이 있게 마련 아니냐는 말도 덧붙였다. 나는 위로받을 기분이 아니었기에, 욕실로 들어가서 무려 45분 동안 샤워를 하면서 흐느꼈다. 내가 나타나자 거실에 앉아 있던 채드가 웃었다. 나도 웃었다. 마음이 가볍지는 않았지만 어느 정도 체념이 생겼다.

사태는 내가 예상했던 것처럼 최악으로 흐르지는 않았다. 모든 아동은 교육을 받을 권리가 있었고, 그 시점에서 나는 쉴라를 가르치는 유일무이한 교사였다. 에드는 콜린스 교장에게 타협안을 제시했는데, 그 내용은 점심시간에 우리 반 아이들만 전담하는 직원을 한 명 더 보충하는 대신, 쉴라는 내가 직접 감독하지 않는 한 여하한 경우에도 교실 밖으로 한 발짝도 못 나오게 한다는 것이었다. 그 문제는 일단 그렇게 매듭지어졌다.

쉴라의 앞날을 놓고 한바탕 소동을 치르는 와중에도 우리 학급은 순조롭게 굴러가고 있었다. 우리는 다시 하나가 되어 쉴라를 따뜻이 맞아들였다. 쉴라도 우리한테 잘 적응하여 우리 열두 식구는 오붓하게 지냈다. 우리 반에서는 그런 경우가 드물었으므로 나는 이 예상치 못했던 평화의 나날을 고맙게 여겼다.

쉴라의 공부는 급진전하고 있었다. 영민한 그 아이의 머리를 바쁘게 만들 교재를 찾아내느라 내가 애를 먹을 정도였다. 미련은 남아 있었지만, 결국 그 아이의 고집을 못 꺾고 연습지는 포기하는 셈 치기로 했다. 휘트니하고 안톤, 내가 쉴라한테 구두로 시험을 보고, 토론을 하면서 그 아이의 공부를 끌어갔다. 쉴라는 내가 책을 대기가 바쁠 만큼 닥치는 대로 읽었다. 쉴라가 독서에 취미를 붙인 건 나로서는 다행이었다. 하루 수업 중에 연습지 풀기가 상당한 시간을 차지하는데, 책이라도 안 읽는다면 쉴라는 빈둥거리고 있을 수밖에 없었기 때문이다.

쉴라는 사회성에서도 더디기는 하나 꾸준한 발전을 보였다. 쉴라와 사라는 어느새 가까워지더니 그 또래의 여자아이들이 그렇듯이 자기네만의 즐거움을 공유하기 시작했다. 나는 또 수잔나 조이에게 색깔을 가르치는 임무도 쉴라에게 맡겼다. 그것은 일석오조의 효과를 거두었다. 내게는 꼭 필요한 조수가 생겼고 쉴라는 무료함을 달랠 수 있었다. 또 쉴라는 책임감이 늘었을 뿐 아니라, 대인 관계에서 상대방의 미세한 감정을 읽는 요령을 배워나갔고 자신감도 크게 늘었다. 처음으로 베푸는 입장, 남에게 도움을 주는 입장에 서게 되었으니 그럴 만도 했다. 어떤 때는 방과 후에 열심히 수업 자료를 만들었고, 어떻게 하면 수잔나를 좀 더 잘 가르칠 수 있는지를 놓고 안톤이나 나와 장시간 진지한 토론을 벌이기도 했다. 쉴라의 그런 모습을 보고 있노라면, 남들 눈에도 내가 저렇게 보일까 하는 생각이 들면서 저절로 웃음이 나왔다. 하지만 그 아이의 순수한 열정을 생각할 때 면전에서 웃을 수는 없는 노릇이었다.

나를 하루 종일 졸졸 쫓아다니던 습벽에서도 조금씩 벗어나는 눈치를 보였다. 아직도 나를 유심히 지켜보면서 기회만 주어지면 내 옆에 앉으려고 했지만, 그래도 온종일 달라붙어야 안심하던 예전하고는 많이 달라졌다. 학교에 오기 전에 집에서 안 좋은 일이 있었거나 다른 아이들 때문에 속이 상했거나 심지어는 나한테 꾸지람을 들었거나 하면, 쉴라는 내 허리춤을 슬며시 잡고서 내가 수업을 진행하는 동안에도 잠시 쫓아다니곤 했다. 나는 그런 행동을 군이 막지 않았다. 쉴라에게는 선생님이 자기를 버리지 않을 거란 확신이 필요했다. 쉴라의 의존심과 독립심 사이를 잇는 가느다란 선은 여전히 언제 끊어질지 모르는 불안한 선이었지만, 다른 아이들도 으레 처음에는 강한 집착과 애착의 단계를 거친다는 걸 나는 그동안의 경험으로 알고 있었다. 그것은 자연스러운 단계였으며, 일이 정상으로 진행되면 아이는 한결 성숙해져서 대인 관계에서 안정감을 찾게 되고 누군가 자기를 보살피고 있다는 즉물적 증거에 더 이상 연연하지 않게 된다. 쉴라도 그런 과정을 거치고 있었다.

홈스 선생의 교실에서 벌어진 사건으로 덕을 본 것도 한 가지 있었다. 쉴라의 아버지를 만난 것이다. 2월 초 어느 날 안톤과 나는 이주노동자 단지로 차를 몰았다. 쉴라네는 철로변의 다 쓰러져가는 작은 판자집에서 살고 있었다.

그 사람은 180센티가 넘는 키에 배가 불룩 튀어나온 거한이었다. 아랫니는 하나밖에 없었으며 심한 입 냄새가 났다. 우리가 집에 도착했을 때 그는 캔맥주를 손에 든 채 이미 거나하게 취해 있었다.

안톤이 앞장서서 그 코딱지만 한 집 안으로 들어갔다. 커튼으로 구분은 되어 있었지만 실제로는 단칸방이었다. 한쪽 벽에는 형체가 무너진 고동색 소파가 있었고 침대가 그 맞은편에 있었다. 다른 가구는 아무것도 없었다. 방에서는 오줌 썩는 냄새가 났다.

뒤따라 방 안으로 들어선 쉴라의 아버지는 우리에게 소파에 앉기를 권했다. 쉴라는 눈을 크게 뜬 채 침대 옆 한쪽 구석에 쪼그리고 앉아 있었다. 그 아이는 안톤이나 내게 아는 체도 하지 않고, 우리에게 낯익은, 무릎을 감싼 자세로 앉아 있었다. 내가 아버님과 상의하고 싶은 얘기 중에는 아이가 들으면 상처받을 만한 내용도 있으니 쉴라는 나가 있게 하는 게 좋겠다는 말로 대화를 시작했다.

그는 고개를 가로저으며 한 손으로 쉴라 쪽을 가리켰다.

"저 앤 저 자리에 있어야 해요. 잠깐이라도 한눈을 팔았다간 큰일을 낼 아이라서. 엊그제만 해도 어디다가 불을 지르려고 했지 뭡니까. 집 안에 처박아두지 않으면 경찰이 또 온다 이 말이오."

그는 할 말 못할 말 가리지 않을 기세였다.

"저 앤 내 친자식이 아니우." 그가 안톤에게 맥주를 권하면서 말했다. "저 애 에미, 그 화냥년이 낳은 사생아 아닙니까. 척 보면 내 자식이 아니란 건 알 수 있잖수. 한번 보라니까. 멀쩡한 구석이라곤 하나도 없는 아이가 바로 저 아이우. 살다 살다 저런 사고뭉치는 처음 본다니까."

안톤과 나는 할 말을 잊은 채 잠자코 그의 말을 들었다. 쉴라가 방

안에 있다는 사실을 생각하니, 이가 갈렸다. 아이가 매일같이 저런 말을 들으면서 살고 있으니, 자기를 형편없이 무가치한 존재로 생각하는 것도 무리가 아니었다. 백 보를 양보하더라도 그건 어디까지나 사사로운 이야기 아닌가. 당사자가 있는 자리에서 우리한테 그런 말을 하다니, 나는 치가 떨려 견딜 수가 없었다. 마치 삼류 소설에 나오는 한 장면 같았다. 안톤은 그 남자의 견해를 반박하려고 했지만, 그럴수록 우리에 대한 그의 적개심은 커져만 갔다. 괜히 그의 화를 돋우었다간 죄 없는 쉴라만 봉변당할 것 같았기에 우리는 그저 듣고 있을 수밖에 없었다.

"내 아이는 지미요. 이 세상에서 둘도 없는 아이지. 그년이 그런 아이를 데리고 내뺐단 말입니다. 난 두 눈 멀쩡히 뜨고 있다가 당했수. 거기다 그년이 어떤 수작을 했는 줄 알아요? 저 애를 나한테 두고 갔다 이 말이오." 그는 한숨을 쉬었다. "학교에서 한 번만 더 사람이 찾아오면 그땐 뼈도 못 추릴 줄 알아라. 내가 단단히 혼구멍을 내겠수다."

"안 좋은 말씀을 드리려고 찾아뵌 게 아닙니다." 내가 재빨리 끼어들었다. "우리 반에서 아주 모범생이랍니다."

그는 콧방귀를 뀌었다. "안 봐도 뻔해. 미친 아이들이 잔뜩 있는 데서 배우긴 뭘 배워. 댁도 딱하셔, 나도 감당 못하는 아이를 가지고."

대화는 제자리를 맴돌았다. 나는 치가 떨렸고, 좋아하는 사람들 앞에서 자기 험담을 늘어놓는 아버지 때문에 쉴라가 느낄 치욕을 생각하면, 그 아이 눈에 안 띄고 싶어서 어디 쥐구멍이라도 있으면 숨고 싶었다. 하지만 숨을 곳은 없었고, 쉴라 아버지의 말을 끊을 수도 없었다. 그 남자의 말은 한없이 이어졌다. 나는 쉴라가 얼마나 뛰어난 머리를 가진 아이인지 말해주었지만, 그건 그의 관심사가 아니었다. 머리가 좋은들 무슨 소용이냐, 말썽 피우는 데밖에 더 써먹겠느냐는 게 그의 반문이었다. 결국 대화는 그가 잃어버린 사랑하는 아들 지미에게로 돌아갔다. 그는 울기 시작했다. 굵은 눈물방울이 투실투실한 뺨으로 흘러내렸다. 도대체, 도대체 그 녀석이 납치되어 간 곳이 어디냐, 어쩌다가 친자식 같지도 않은 이 애물단지만 자기한테 남게 된 건지 모르겠다고 신세타령을 했다.

한편으로는 불쌍한 생각도 들었다. 그렇게 사랑하는 아들을 잃었으니 그 상실감이 오죽하랴 싶었다. 그는 지미를 잃은 게 쉴라 때문이라는 유치하고 비뚤어진 생각을 갖고 있는 듯 보였다. 쉴라가 망종만 아니었어도 아내가 가출하지는 않았으리란 것이다. 그는 쉴라는 물론 자기 자신에 대해서도 아무 대책이 없는 사람이었다. 그래서 생판 모르는 두 사람을 앉혀놓고서 억세게 재수 없었던 자신의 30년 인생을 넋두리하며 눈물을 흘렸다.

쉴라의 비참한 생활을 눈으로 확인하니, 그 아이를 아버지 품에서 벗어나게 하는 게 그리 만만해보이지 않았다. 그 지역에는 인생 낙오자들이 수두룩했다. 이주노동자 단지, 교도소, 주립병원, 이 모두가 도시 안의 도시를 이루었다. 그 내부 도시는 워낙 규모가 방대해서 지역사회가 뒤치다꺼리하기엔 역부족이었다. 불행을 걸러내고 상처를 아물게 하는 데 필요한 자금, 사회복지사, 입양 가정의 수가 태부족이었다. 아주 심한 학대를 받는 아이들만 집 밖에서 보호했으며, 나머지는 마땅한 시설이 없어서 그냥 방치된 상태였다. 나는 그렇게 살기가 어려우면 입양을 고려하는 게 어떠냐고 불쑥 물었다.

그 질문은 내 불찰이었다. 그는 눈물을 거두고 벼락같이 화를 내면서 나한테 삿대질을 해가며 길길이 뛰었다. 당신이 뭔데 남의 자식을 포기하라 마라 하는 거야? 뭐 이런 인간이 다 있어? 이래봬도 난 여태까지 단 한 푼도 남의 도움을 받지 않고 살아온 사람이야. 미안하지만 당신이 나서지 않아도 내 문제는 내가 알아서 처리할 수 있어. 그러더니 안톤과 내게 당장 나가라고 호통을 치는 것이었다. 한편으로는 괘씸한 생각도 들고, 한편으로는 낭패감과 서글픔도 느껴졌다. 우리는 쉴라가 안전하길 바라면서 그 집을 나왔다. 그것은 차라리 안 간 것만 못한 착잡한 방문이었다.

　우리는 노동자 단지를 터벅터벅 걸어 안톤네 집으로 갔다. 그 역시 판자집 같은 데서 살고 있었다. 부인과 두 아들과 함께 사는 안톤의 집은 그래도 방이 세 칸이었다. 나 같은 중산층에게는 턱없이 좁게 느껴졌지만, 집은 깨끗했고 잘 정돈되어 있었다. 안방 벽에는 커다란 십자가가 걸려 있었다. 안톤의 아내는 영어를 못했고 나는 스페인어를 못했지만 그녀는 친절하고 명랑했다. 연방 조잘거리는 두 아이도 내게 엉겨 붙으면서 아빠에게 들은 교실에 대해서 이것저것 물었다. 워낙 말을 잘하고 활달해서 내 눈에는 그 아이들이 천재처럼 보였다. 나도 모르게 우리 반 아이들을 정상으로 보는 시각에 익숙해지고 있었던 것이다. 안톤은 코카콜라와 콘칩을 나누어 먹으면서 학교로 돌아가서 교사자격증을 따고 싶은 생각이 있음을 조심스럽게 내비쳤다. 비록 고등학교 졸업장도 없는 신세지만 검정고시 준비를 하고 있노라고 힘주어 말했다. 나는 그가 남몰래 키워온 꿈을 그 자리에서 처음 들었다. 안톤은 처음에는 내키지 않았지만 우리 반 아이들을 사랑하게 되었다고 하면서 언젠가는 자기도 아이들을 정식 교사의 자격으로 가르치고 싶다고 말했다. 나는 그의 꿈을 듣고 가슴이 찌릿했다. 한낱 꿈으로 끝날 공산이 컸기 때문이다. 그 정도 수준의 교육을 받으려면 얼마나 많은 돈과 시간을 투자해야 하는지 안톤이 알 리 없었다. 하지만 남편의 야심만만한 계획을 듣는 아내의 얼굴이 환하게 빛나고, 아빠가 정식 교사가 되면 자기들도 집다운 집에서 살면서 자전거를 가질 수 있을 거란 꿈에 부풀어 깡총깡총 뛰는 아이들의 모습을 보니, 차마 찬물을 끼얹을 수가 없었다. 뿐만 아니라 내 가슴은 아직 충격에서 완전히 회복되지 않은 상태였고, 철로변의 오두막에서 지금 무슨 일이 벌어지고 있을까에 온 정신이 팔려 있었다.

10

수업이 끝나고 쉴라와 단둘이 있는 두 시간 동안 나는 큰 소리로 책을 읽어주기 시작했다. 쉴라는 웬만한 책은 혼자서 줄줄 읽을 수 있었지만, 내가 좋아하는 책을 그 아이에게 소개해주고 싶었던 데다가 좀더 가까워지고 싶었기 때문이다. 지내면서 보니 책에 나오는 내용을 놓고 토론할 필요성도 있었다. 워낙 비정상으로 컸기 때문에 쉴라가 이해하지 못하는 게 무척 많았다. 단어 뜻은 충분히 이해해도 그 단어가 현실 생활에서 어떻게 적용되는지는 잘 모를 때가 많았던 것이다.

일례를 들면, 《샬롯의 거미줄》이라는 책에 나오는 어린 소녀가 새끼 돼지 윌버를 기르고 싶어했는데, 쉴라는 그 까닭이 도무지 이해되지 않는 듯했다. 쉴라가 보기에, 윌버는 같은 배에서 태어난 새끼 중에서 가장 약했으므로 소녀의 아버지가 윌버를 기르지 않으려는 것은 너무나 당연했다. 내가 가장 작고 힘이 없기 때문에 소녀가 윌버를 아끼는 거라고 설명해주어도 쉴라는 그것을 납득하지 못했다. 철저한 적자생존 법칙에 따라 살아온 탓이었다.

나는 베개들로 에워싸인 교실 한구석의 책 읽는 자리에서 쉴라를 무릎에 앉히고 책을 읽어주었다. 이해하기 어려운 단어나 구절이 나오면 그것을 놓고 토론을 벌이곤 했는데, 그러다보면 이야기가 곁가지로 흐르게 마련이었다. 쉴라의 추리는 어린아이답게 순수하고 직설적이었지만, 이해력은 어른 뺨치게 높은 수준이어서 놀라지 않을 수 없었다. 사물을 바라보는 그 아이의 투명한 시각은 무서우리만큼 적나라했다. 하지만 사물을 연결하는 방식은 어린아이처럼 단순하여 웃음이 나올 때가 여러 번 있었다.

하루는 내가 《어린 왕자》를 학교에 가지고 갔다. 나는 그 아이를 불렀다.

"쉴라, 너랑 같이 읽고 싶은 책이 있단다."

쉴라가 쪼르르 달려와서 내 다리 위에 털썩 앉더니 책을 냅다 가로챘다. 그러고는 읽기 전에 책에 나오는 그림들을 조심스럽게 하나 하나 살폈다. 내가 책을 읽어나가자 쉴라는 내 바지를 꼭 붙든 채 미동도 하지 않았다.

《어린 왕자》는 짧은 책이어서 반 시간도 못 돼 우리는 거의 절반을 읽을 수 있었다. 여우가 나오는 대목에 이르자 쉴라는 더욱 책에 몰입했다. 엉덩이가 걸리는지 약간씩 꼼지락거리면서.

어린 왕자가 불렀다. "이리 와서 나하고 놀자. 난 별로 행복하지 않아."

"난 너랑 놀 수가 없어. 길들여지지 않았거든." 여우가 말했다.

"아차! 미안해." 어린 왕자는 그렇게 말하고 잠시 생각에 잠겼다가 다시 덧붙였다.

"그게 무슨 뜻이니, '길들여진다' 는 게?"

🦊

"사람들은 그걸 너무나 무시하고 지내. 그건 인연을 맺는다는 뜻이야." 여우가 말했다.

"'인연을 맺는다' 고?"

"그렇다니까. 나한테 너는 이 세상에 널리고 널린 수많은 남자아이들 중에 하나일 뿐이야. 내가 너를 딱히 원할 이유는 없단다. 너도 나를 딱히 원할 이유가 없고. 너한테 나는 이 세상에 널리고 널린 수많은 여우들 중 하나일 뿐이니까. 하지만 만약 네가 나를 길들이면 우리는 서로를 원하게 되지. 나한테 너는 이 세상에서 특별한 존재가 되는 거야. 나도 너한테 특별한 존재가 되는 거고……"

🦊

"내 생활은 아주 단조로워." 여우가 말했다. "나는 닭을 사냥하고 사람들은 나를 사냥하지. 닭들은 전부 비슷비슷하고 사람들도 전부 비슷비슷해. 그러다보니 약간 따분해지는 거야. 그렇지만 네가 나를 길들인다면 그건 마치 태양이 내 생활을 환하게 비추는 것과 같아. 나는 다른 누구와도 닮지 않은 네 발소리를 알아차릴 거야. 다른 발소리를 들으면 땅속으로 숨겠지만, 네 발소리는 음악처럼 나를 굴 밖으로 불러

낼 거야. 그리고 말이지, 저기 곡식을 기르는 들판이 보이지? 난 빵은 안 먹어. 밀은 나한테 전혀 쓸모가 없지. 그래서 서글픈 일이지만 나는 밀밭을 보아도 아무 느낌도 없단다. 그런데 네 머리카락은 황금빛이야. 네가 나를 길들인다면 얼마나 근사한 일이 벌어질까! 황금빛 밀밭을 보면 난 네 생각을 하게 될 거야. 그리고 밀밭에 부는 바람 소리를 사랑하게 되겠지……"

여우가 오래오래 어린 왕자를 바라보았다.

"제발, 나를 길들여주렴!"

여우가 다시 한 번 부탁하자, 어린 왕자가 대답했다.

"나도 그러고 싶은 마음은 굴뚝 같아. 하지만 시간이 부족해. 나는 친구도 많이 사귀어야 하고, 알고 싶은 것도 너무너무 많거든."

"사람은 자기가 길들인 것밖에는 알 수 없단다." 여우가 말했다. "우리는 모든 걸 이해할 시간이 없어. 그래서 이미 만들어진 물건을 가게에서 사는 거지. 하지만 우정을 살 수 있는 가게는 이 세상 어디에도 없기 때문에 사람들은 이제 친구도 없는 거야. 만약 네가 친구를 원한다면 나를 길들여야……"

"너를 길들이려면 어떻게 해야 하니?" 어린 왕자가 물었다.

"아주 끈기가 있어야 돼." 여우가 대답했다. "먼저 네가 할 일은 지금처럼 나한테서 약간 거리를 두고 풀밭에 앉아 있는 거야. 내가 너를 곁눈질로 훔쳐보아도 넌 아무 말 않고 있어야 돼. 숱한 오해는 말에서 싹트거든. 그리고 매일매일 조금씩 나한테 다가오는 거야……"

쉴라가 그 구절에 손가락을 댔다.

"여길 다시 한 번 읽어주실래요?"

내가 그 대목을 다시 읽자, 쉴라는 무릎 위에서 몸을 비틀더니 내 얼굴을 빤히 쳐다보았다.

"선생님도 그랬죠?"

"무슨 소리니?"

"선생님도 나한테 그랬잖아요. 날 길들였잖아요."

나는 빙그레 웃었다.

"이 책에서 말하는 거랑 같죠? 난 너무 무서워서 체육관으로 도망가고 선생님은 나한테 와서 마루에 앉아 있었어요. 기억하세요? 그리고 난 바지에다 오줌을 쌌죠? 난 무서웠어요. 그날 내가 나쁜 짓을 했기 때문에 죽도록 맞을 줄 알았어요. 그런데 선생님은 그냥 마루에 앉아 있었어요. 그리고 나한테 조금씩 다가왔어요. 선생님이 날 길들인 거죠?"

나는 어이가 없어서 웃었다. "그래, 그런 것 같다."

"선생님이 날 길들였어요. 어린 왕자가 여우를 길들인 것처럼, 선생님도 나를 길들인 거예요. 이제 난 선생님한테 특별하죠? 여우처럼."

"그야 물론 특별하지."

쉴라는 다시 등을 돌리고 말했다. "나머지도 읽어주세요."

그래서 어린 왕자는 여우를 길들였다. 그리고 떠날 시간이 다가왔을 때―

"아, 울고 싶다." 여우가 말했다.

"그건 네 잘못이야." 어린 왕자가 말했다. "난 너한테 조금도 상처 주고 싶지 않았는데, 네가 길들여달라고 하는 바람에……"

"그래, 맞아."

"그래놓고 이제 와서 울고 싶다니!"

"그래, 맞아."

"그럼 너한테 하나도 보탬이 안 됐잖아!"

"보탬이 됐어. 황금빛 밀밭이 있잖니." 여우는 덧붙였다. "가서 장미들을 다시 한 번 보렴. 네 장미는 이 세상에서 하나밖에 없다는 걸 알게 될 거야. 그리고 돌아와서 나한테 작별 인사를 해줘. 그럼 내가 너한테 비밀 하나를 선물로 줄 테니까."

어린 왕자가 장미들을 다시 보러 갔다.

"너희들은 내 장미와 조금도 닮지 않았어." 어린 왕자가 말했다. "너희는 나한테 아직은 아무것도 아니야. 아무도 너희를 길들이지 않았고, 너희도 누군가를 길들이지 않았어. 너희들은 내가 여우를 처음 만났을 때 바로 그 여우와 같아. 그 여우는 이 세상에 널리고 널린 여우들 중의 하나였어. 하지만 난 그 여우를 내 친구로 만들었고, 이제는 세상에서 둘도 없는 여우가 되었어."

장미들은 몹시 난감한 모양이었다.

"너희들은 아름답지만 텅 비어 있어." 어린 왕자가 말을 이었다. "너희들을 위해서 목숨을 바칠 사람이 없거든. 물론 지나가는 사람은 내 장미가 너희들하고 똑같다고 생각할 거야. 그렇지만 내 장미는 너희들을 전부 합친 것보다도 나한테 더 소중하단다. 내가 알뜰살뜰 보살펴준 것도 그 장미였고, 송충이들을 죽인 것도(나비가 될 수 있도록 두세 마리만 빼고) 그 장미 때문이었거든. 투덜거리거나 장난치거나 심지어 아무 말이 없을 때에도 난 그 장미한테 귀를 기울였어. 내 장미였으니까."

어린 왕자가 여우를 만나러 돌아왔다.

"안녕!" 어린 왕자가 말했다.

"안녕." 여우도 인사했다. "이제 비밀을 알려주지. 아주 단순한 비밀이란다. 제대로 보려면 마음으로 보아야 해. 중요한 건 눈에 보이지 않는 법이니까."

"중요한 건 눈에 보이지 않는 법이다." 어린 왕자는 잊어버리지 않으려고 그 말을 되뇌었다.

"네 장미가 소중한 까닭은 네가 장미한테 쏟아 부은 시간 때문이야."

"장미한테 쏟아 부은 시간—" 어린 왕자는 잊어버리지 않으려고 그 말도 되뇌었다.

"사람들은 이 단순한 진리를 잊어버리지만, 너는 잊어버리면 안 돼. 너는 네가 길들인 것을 영원히 책임져야 해. 네 장미를 책임져야만 해……" 여우가 말했다.

쉴라가 내 무릎에서 미끄러져 내려오더니 고개를 돌려 내 눈을 빤히 들여다보았다.

"선생님도 나한테 책임이 있어요. 나를 길들였으니까 이제 책임이 있는 거죠?"

나는 깊이를 알 수 없는 그 아이의 눈을 한동안 바라보았다. 질문하는 의도를 잘 알 수 없었다. 그 아이는 팔을 뻗더니 내 목을 끌어안고는 내가 시선을 돌리지 못하게 했다.

"나도 선생님을 조금은 길들였죠? 선생님은 나를 길들이고 난 선생님을 길들였어요. 그러니까 나도 이제 선생님한테 책임이 있는 거죠?"

나는 고개를 끄덕였다. 나를 놓아준 쉴라는 바닥에 앉더니 한동안 멍하니 양탄자의 무늬를 따라 손가락을 움직였다.

"왜 그러는 거죠?" 쉴라가 물었다.

"뭘?"

"날 길들이는 거요."

무슨 말을 해야 좋을지 알 수 없었다.

쉴라가 물빛처럼 파란 눈을 치켜떴다. "왜 보살피는 거죠? 난 도무지 그 이유를 모르겠어요. 왜 날 길들이려는 거죠?"

나는 마음의 갈피를 잡을 수 없었다. 대학 강의에서도, 아동정신병 수업에서도, 이런 아이가 있다는 소리는 한 번도 들어본 적이 없다. 나는 준비가 되어 있지 않았다. 판에 박힌 말밖에는 던질 수 없는 그런 순간이었다.

"그럴싸한 이유는 없는 것 같구나. 그냥 그래야 할 것 같다는 말밖에는."

"여우처럼요? 선생님이 나를 길들였으니까 이제 나도 특별한가요? 특별한 아이인가요?"

나는 웃었다. "그래, 특별한 아이구말구. 여우 말이 맞아. 이제 넌 내 친구가 되었기 때문에 이 세상 그 무엇하고도 바꿀 수 없어. 난 항상 네가 특별한 아이가 되어주기를 바랐던 것 같다. 그래서 처음에 너를 길들인 건지도 몰라."

"날 사랑하세요?"

내가 끄덕였다.

"나도 선생님을 사랑해요. 선생님은 이 세상에서 둘도 없이 좋은 사람이에요."

쉴라는 내 다리를 베고 양탄자에 누워 이리 뒤척 저리 뒤척이며 양탄자에서 발견한 보푸라기를 만지작거렸다. 나는 다시 읽을 태세에 들어갔다.

"선생님?"

"왜?"

"날 떠나지 않을 거죠?"

나는 그 아이의 머리를 쓸어넘겼다. "글쎄, 언젠가는 그런 날이 오겠지. 한 학년이 끝나면 넌 다른 반으로 가서 다른 선생님 밑에서 배우게 될 거야. 하지만 그때까지는 우리 반에 있을 거고, 또 한참 나중 일이니까."

쉴라가 벌떡 일어섰다. "내 선생님은 선생님이에요. 다른 선생님은 싫어요."

"지금은 내가 네 선생님이지. 하지만 언젠가는 다른 선생님과 만나게 돼."

도리질하는 아이의 눈빛이 흐려졌다. "여기가 내 반이에요. 난 끝까지 여기에 있을 거예요."

"당장 그런 일이 생기는 건 아니란다. 그때가 오면 너도 준비가 되어 있을 거야."

"아니에요. 선생님이 나를 길들였으니까 책임져야 돼요. 날 끝까지 책임져야 하니까 절대로 떠나면 안 돼요. 여기 책에도 그렇게 나와 있고 선생님도 나한테 그렇게 했으니까, 날 길들인 건 선생님 잘못이에요."

"아가씨." 나는 쉴라를 무릎 쪽으로 당겼다. "그런 걱정은 안 해도 돼요."

"날 떠난다면서요." 쉴라는 내 손을 뿌리치고 비난하듯이 말했다. "우리 엄마처럼. 지미처럼. 이 세상 모든 사람처럼. 아빠도 감옥에 끌려갈까봐 무서워서 날 버리지 못하는 거예요. 아빠 입으로 그랬어요. 선생님도 다른 사람들이랑 똑같아요. 날 실컷 길들여놓고 내가 이렇게 사정을 하는데도 떠난다고 하잖아요."

"그렇지 않단다, 쉴라. 난 널 떠나지 않아요. 난 여기 남아 있을 거야. 학년이 끝나면 변화가 오지만 난 널 떠나는 게 아니야. 책에도 나와 있는 것처럼 어린 왕자는 여우를 길들이고 떠났지만, 사실은 여우랑 늘 같이 있는 셈이야. 여우가 밀밭을 볼 때마다 어린 왕자 생각을 한다고 했거든. 그러면서 어린 왕자가 자기를 얼마나 사랑했는지 기억하겠다고 했어. 우리도 마찬가지야. 우린 언제까지나 서로 사랑할 거야. 그렇다면 작별도 별 게 아니야. 사랑하는 사람을 떠올릴 때마다 그 사랑을 조금은 느낄 수 있거든."

"틀려요. 그리워하는 거예요."

내가 팔을 뻗어서 쉴라를 다시 한 번 끌어당기려고 했지만, 그 아이는 고집불통이었다.

"지금 당장 결론을 내기는 어렵겠다. 넌 떠날 준비가 안 되어 있고, 나도 당장 떠나는 건 아니니까. 언젠가 너도 마음의 준비가 되면 한결 나아질 거다."

"안 그래요. 그런 준비는 절대 하지 않을 거예요."

나는 아이를 꼭 안고 흔들어주었다. 쉴라는 잔뜩 겁을 집어먹고 있었다. 이 문제를 어떻게 다루어야 할지 난감했다. 주립병원에 빈자리가 생기거나 오는 7월에 학년이 끝나면 어차피 떠나야 할 날은 오게 된다. 사실은 우리 교실이 내년까지 남아 있으리란 법도 없다. 없애려고 마음먹으면 이유야 얼마든지 찾을 수 있다. 내년에도 내가 쉴라를 맡게 되길 바라는 건 부질없는 희망이었다. 작별의 시간은 다가오고 있었고, 나는 과연 이 아이가 앞으로 넉 달 뒤에는 지금하고 다른 생각을 갖게 될지 자신할 수 없었다.

쉴라는 내 손에 몸을 맡긴 채 내 얼굴을 유심히 들여다보았다.

"선생님 울 거예요?"

"언제?"

"헤어질 때."

"여우가 한 말 기억나니? 한번 길들여지면 울 각오를 해야 한다고 했지. 옳은 말이야. 조금은 울겠지. 누군가와 헤어질 때마다 조금씩 우는 거야. 사랑 때문에 마음이 아프고 사랑 때문에 울 때가 있는 거란다."

"난 지미하고 엄마를 생각하면서 울지만, 엄만 날 조금도 사랑하지 않아요."

"글쎄다. 그건 내가 너를 알기 전의 일이었고, 난 네 엄마를 만나본 적이 없으니까. 하지만 엄마가 널 사랑하지 않았다는 건 좀 그렇구나. 자기 자식을 사랑하지 않는 부모는 아주 드물어."

"그렇지만 엄마는 날 길가에 버렸잖아요. 사랑하는 자식한테 그럴 순 없는 거예요. 아빠도 그렇게 말했어요."

"조금 전에도 말했지만, 쉴라, 그건 나도 잘 모르겠다. 누구 말이 옳은지 모르겠어. 그렇지만 만남이 항상 그런 식으로 끝나는 건 아니란다. 난 그런 식으로 떠나지 않을 거야. 학년이 끝나고 네가 다른 곳으

로 가서 우리가 얼굴을 못 보게 되더라도 우린 같이 있는 셈이야. 여우
가 말한 것처럼 밀밭을 볼 때마다 어린 왕자를 생각하게 되듯이. 그렇
게 보면 어린 왕자는 늘 여우 곁에 남아 있다고도 볼 수 있지. 우리도
그런 식으로 될 거야."

"내가 바라는 건 밀밭이 아니라 선생님이에요."

"예가 그렇다는 거지. 처음에는 슬프겠지만 차츰 나아져서 나중에
는 좋아질 거다. 그 사람을 생각할 때마다 왠지 푸근해지는 그런 느낌,
아무리 멀리 떨어져 있어도 우리가 함께 지냈던 행복한 시간을 잊을
수는 없잖니. 네 기억은 누구도 뺏을 수 없는 거야."

쉴라가 내 품에 얼굴을 묻었다. "거기에 대해서는 생각하고 싶지 않
아요."

"그래, 네 말이 맞다. 지금은 그런 걸 걱정할 때가 아니지. 아직 먼
훗날 일이니까. 안 그래도 생각할 게 얼마나 많은데."

11

쉴라와 시험지를 놓고 벌이는 신경전은 단념한 지 오래였지만 그렇다고 내 마음에서 그 문제가 완전히 사라진 것은 아니었다. 무엇보다도, 쉴라를 바쁘게 만들 소일거리를 찾아내기가 쉽지 않아서 어른 한명이 그 아이를 줄곧 상대해줘야 한다는 데 문제가 있었다. 뿐만 아니라 그 아이가 수련장이나 학습지를 전혀 풀지 않으려 들 때, 과연 일반학급 교사가 호락호락 받아줄 지도 걱정스러웠다. 우리 반에서야 괜찮다고 해도 스물다섯 명의 아이를 혼자서 상대해야 하는 교사가 그런식의 일탈 행동을 허용할 만한 여유를 갖기란 불가능했다. 마지막으로, 나는 쉴라가 어른들의 관심을 끌기 위해 시험지 풀이를 거부하는전략을 채택한 게 아닐까 하는 의구심을 떨칠 수가 없었다. 그 아이는우리가 던진 질문에 척척 답할 수 있었지만, 그건 어디까지나 나와 안톤, 휘트니의 희생이 뒤따라야 하는 행동이었다. 우리 교실에서도 그런 행동은 더 이상 받아들이기 곤란한 상태였다.

나는 아직도 쉴라가 왜 시험지를 싫어하는지 감을 잡지 못하고 있었다. 틀리는 것에 대한 공포심 때문인지도 몰랐다. 시험지에다 풀지 않으면 그 아이가 실수를 해도 그것을 밝혀낼 재간이 없었다. 그리고 쉴라는 자기가 틀렸을 때는 아무리 좋은 말로 지적해도 금방 축 처지는 아이였다. 그 아이가 간혹 툭툭 내뱉는 말에서, 나는 예전에 시험지를 집에 가져갔다가 그것 때문에 아버지한테 몹시 야단을 맞았던 게 아닐까 하는 두려운 상상도 해보았다. 하지만 쉴라가 아버지한테 밤낮없이 야단을 맞으며 살았다고 볼 때 유독 시험지에 대해서만 거부감을 보인다는 것도 이상했다. 머리가 좋은 아이라서, 이 방법을 쓰면 하기 싫은 공부를 덜 해도 되고 어른들의 관심까지 독차지할 수 있다는 계산을 한 게 아닐까 싶기도 했다. 하지만 아무래도 그건 석연치 않은 설명이었다. 머리 좋은 아이라면 훨씬 손쉬운 방법으로 똑같은 목적을 달성할 수 있었기 때문이다. 그렇지만 안톤도 아주 열이 받친 날에는 그런 견해를 토로하곤 했다.

그래도 쉴라가 끼어들지 못해서 안달하는 수업이 딱 하나 있었다. 나는 교실에서 하는 자유로운 글짓기에 큰 비중을 두었다. 아이들은 각자 일기장을 가지고 거기에다 자기가 느꼈던 일, 자기한테 일어난 일, 또 자기 생활에서 중요하다고 생각하는 여러 가지 일들을 적었다. 내가 아이들과 부딪치는 일도 드물지 않게 있었는데, 그때 우리 둘 중 한 사람이, 혹은 두 사람 모두 화가 나거나 하면 그 아이더러 일기장에다 자기 감정을 표현하게 했다. 아이들은 이 방법에 익숙해졌다. 그래서 아이들은 틈나는 대로 일기장에다 뭔가를 적었다. 나는 매일 저녁 그것을 읽어보고 내용과 관련하여 토를 달거나 내 의견을 덧붙였다.

그것은 두 사람 간의 의사소통이 이루어지는 장이었다. 우리는 상대방의 느낌을 이해할 수 있는 그 기회를 소중히 여겼다. 뿐만 아니라 나는 거의 매일 일정한 주제를 정해 아이들한테 글짓기를 해보게 했다. 일기를 쓰면서 글 쓰는 데 거부감을 갖지 않고 자기 느낌과 단어를 수월하게 연결할 줄 알게 된 아이들은 때때로 얼굴을 맞대고 이야기할 때보다 글로 자기 생각을 더 분명히 전달할 수 있게 되었다. 아이들 모두가, 심지어는 수잔나까지도 그러했다. 이렇게 우리 반에서는 글쓰기가 아주 성행했다.

종이를 싫어하는 쉴라는 당연히 글쓰기도 하지 않았다. 그래도 은근히 마음에 걸리는 모양이었다. 다른 아이들이 뭘 쓰나 보려고 고개를 쑤욱 들이밀 때도 있었고, 책 읽는 자리나 자기가 좋아하는 놀이를 마음대로 할 수 있는 곳으로 가지 않고, 한참 글을 쓰느라고 정신없는 아이들 근처에서 기웃거리기도 했다. 그러던 2월 중순의 어느 날, 마침내 쉴라는 끓어오르는 호기심을 주체할 수 없었다.

아이들에게 글쓰기를 하라고 종이를 나누어주는데 쉴라가 나한테 다가왔다.

"종이를 주면 나도 뭐든 쓸 수 있을지 몰라요."

나는 그 아이를 내려다보았다. 쉴라의 심리를 역으로 이용하면 시험지 공부를 한꺼번에 나에게 유리한 방향으로 이끌 수 있을지 모른다는 생각이 불현듯 들었다. 그래서 일부러 고개를 저었다.

"이건 종이에다 하는 거잖니. 넌 종이로 하는 건 질색인 걸로 아는데."

"이건 괜찮을 거 같아요."

"아닐걸. 너 때문에 아까운 종이를 더 이상 낭비할 순 없어. 너한테는 맞지 않아요. 가서 놀아라. 그게 더 재미있잖아."

잠시 다른 데 가 있던 쉴라가 다시 돌아왔다. 나는 허리를 숙여 윌리엄이 단어를 제대로 쓰도록 도와주고 있었다. 쉴라가 내 허리춤을 잡았다.

"나 이거 하고 싶어요, 토리."

나는 고개를 흔들었다. "천만에. 믿을 수 없어."

"진짜라니까요."

나는 그 아이를 무시하고 윌리엄한테로 돌아섰다.

"종이 아낄게요."

"쉴라, 글짓기는 시험지 공부 하는 사람만 할 수 있는 거야. 넌 시험지를 안 푸니까 글짓기할 자격도 없어."

"시험지도 약간은 할 수 있어요. 글짓기할 수 있는 종이 한 장만 주시면요."

나는 고개를 저었다. "아니야. 넌 시험지를 안 좋아해. 네 입으로 말했잖니. 안 좋아하는 걸 억지로 할 필요는 없어. 난 윌리엄을 거들어야 하니까 넌 가서 놀아."

쉴라는 내 옆에 가만히 서 있었지만, 그래도 내가 반응을 보이지 않자 이번에는 안톤에게 가서 사정했다.

"종이는 토리 선생님이 가지고 계셔." 안톤이 나를 가리키면서 말했다. "가서 말씀드리렴."

"안 주신대요."

안톤이 어깨를 으쓱하면서 커다란 갈색 눈을 굴렸다. "그거 참 미안하게 됐구나. 난 종이가 한 장도 없거든."

나에게로 다시 돌아온 쉴라는 나한테 화가 나 있었지만 감정을 드러내지 않으려고 애썼다.

"종이 한 장만 주세요. 어서요."

나는 경고의 뜻으로 눈썹을 치켜올렸다.

쉴라는 심통이 나서 한 발을 쿵 내리찧고 아랫입술을 삐죽 내밀었지만, 나는 윌리엄에게로 돌아섰다.

그러자 쉴라는 작전을 바꾸었다.

"네? 네? 망치지 않을게요. 찢지도 않을게요. 맹세해요. 거짓말 아니에요. 네?"

나는 그 아이를 물끄러미 쳐다보았다.

"난 널 믿을 수가 없어. 만약 네가 내일 시험지를 풀고 그걸 찢지 않는 걸 내 눈으로 확인하면 그때는 오후에 글짓기할 수 있는 종이를 주마."

"난 지금 필요하다니까요."

"나도 알아. 하지만 그 전에 넌 나한테 믿음을 줘야 해. 내일도 시간이 있잖니. 어차피 오늘은 글짓기 시간도 거의 끝나가."

쉴라는 나한테 항복을 받아낼 수 있는 방법을 궁리하면서 뚫어져라 나를 쳐다보았다.

"종이를 주면 선생님이 나에 대해서 모르는 걸 쓰겠어요. 비밀을 쓴다니까요."

"비밀은 내일 써달라니까."

그 말에 쉴라는 화가 나는지 툴툴거리며 다른 탁자 있는 곳으로 성큼성큼 걸어가더니 의자를 요란하게 끌어내고 여보란듯이 털썩 주저앉아 씩씩거렸다. 나는 속으로 웃었다. 이제는 자기 감정을 다스리는 요령을 어느 정도 배운 터라 화를 내도 귀여웠다. 쉴라가 앉은 자세에서 나를 험상궂게 노려보았다.

잠시 후 나는 쉴라에게로 갔다.

"네가 빨리만 쓸 수 있으면 오늘 종이 한 장을 줄 수도 있을 것 같은데."

쉴라는 기대에 찬 눈빛으로 나를 쳐다보았다.

"찢지 않는다는 조건으로."

"안 찢을게요."

"찢으면 어떡할래?"

"안 찢어요. 안 찢는다니까요. 약속해요."

"종이를 주면 다른 시험지들도 할래?"

아이가 힘주어 고개를 끄덕였다.

"산수 시험지도 하겠니?"

쉴라가 짜증스럽다는 듯 얼굴을 찌푸렸다. "하루 종일 이야기만 하다가 시간 다 가겠어요."

나는 씩 웃고 종이 한 장을 내주며, 장난스럽게 엄포를 놓았다. "진짜 비밀을 털어놔야 한다."

두 손으로 종이를 움켜쥔 쉴라는 플러스펜을 가지러 다른 탁자로 잽싸게 달려갔다. 마음에 드는 플러스펜을 고르더니 어렵게 얻은 종이와 플러스펜을 손에 쥐고 교실 한구석 토끼장 밑에 쪼그리고 앉아 글짓기를 시작했다.

쉴라는 정말 빨랐다. 워낙 글을 안 써 버릇해서 나는 그 아이가 끙끙댈 것으로 예상했었다. 하지만 이번에도 쉴라는 나를 놀라게 했다. 불과 몇 분 만에 돌아와 네모나게 접은 종이를 내민 것이다. 내가 종이를 쳐다보지 않으니까 쉴라는 내 옆으로 다가서며 종이를 내 손에 쥐어주었다.

"여기 쓴 건 비밀이에요. 아무한테도 보여주지 마세요. 선생님만 아는 거라구요."

"알았다."

내가 종이를 펴기 시작했다.

"안 돼요. 지금 말고 나중에 읽으세요."

고개를 끄덕이며 나는 네모난 작은 종이를 호주머니에 넣었다.

그러고 나서는 밤에 잠옷을 갈아입을 때까지도 그 종이를 까맣게 잊고 있었다. 옷을 벗는 중에 웬 종이 한 장이 바닥으로 떨어지길래 집어서 조심스럽게 펴보았다. 파란 플러스펜으로 적은 글이었다. 거기에는 쉴라 입장에서 보면 큰 용기를 내야만 쓸 수 있는, 그 아이 개인의 사연이 담겨 있었다.

〈선생님만 알고 아무한테도 말하면 안 되는 특별한 일〉

애들이 날 놀리고 나한테 욕할 때가 있다는 거 선생님도 아시죠. 전에 내가 더러운 옷을 입었을 때요. 그렇지만 내 옷이 더러운 건 선생님이 아는 그거 때문일 때도 있는데 내가 오줌 싼다는 거 말하지 마세요. 오줌 싼 거 아빠가 알면 아빠한테 맞는 건 아니고, 아빤 그냥 넘어갈 때도 많아요. 안 그럴려고 애를 쓰는데도 왜 안 되는지 모르겠어요. 선생님은 그래도 나한테 화 안 내잖아요. 꼭 아빠한테 혼이 나서가 아니라 성가시기도 하고 너무 창피해요. 아빠 나더러 곧 일곱 살이 되는데 아기처럼 오줌을 싸면 되느냐고 하면서 그땐 깨끗한 팬티도 없고 아이들한테 놀림감이 될 거래요. 아이들한테는 제발 말하지 마세요. 교장 선생님한테두요. 안톤하고 휘트니한테도 마찬가지예요. 그걸 말하고 싶었어요.

나는 그 글을 읽고 쉴라의 솔직담백함과 글솜씨에 놀랐다. 맞춤법과 구두법도 크게 나무랄 데 없는 훌륭한 글이었다. 나는 웃음을 머금고 의자에 앉아 쉴라에게 답장을 썼다.

그렇게 해서 시험지 공부를 둘러싼 싸움이 처음으로 소강 상태에 들어갔다. 다음 날 쉴라는 옆에서 거들어주긴 했지만 산수 문제를 풀었다. 정성스럽게 푸는 것이 하도 대견해서 나는 과제를 열심히 한 아이들의 결과물을 알리는 게시판에 그것을 붙였다. 헌데 쉴라에게는 그것이 부담스러웠던 모양이었다. 나중에 보니까 그 시험지가 갈기갈기 찢겨 쓰레기통에 처박혀 있었다. 그 다음부터는 나도 조심했다. 이제 쉴라는 옆에서 감독하지 않아도 두세 개의 과제를 혼자서 할 수 있는 정도가 되었다. 가끔은 시험지를 중간쯤 풀었거나 다 풀고 나서 갑자기 찢어발길 때도 있었는데, 주로 자기한테 너무 어려운 문제라고 생각할 때 그런 행동이 나왔다. 그래도 다시 새 시험지를 주면 군말 없이 새로 풀었다. 쉴라가 하도 긴장해서 문제를 푸는 바람에 나는 틀려도 틀렸다는 지적을 감히 펜으로 할 수가 없었다. 아무리 좋은 의도에서 하는 지적이라도 그 민감한 아이에게 비판으로 받아들여질까봐 조심스럽기 짝이 없었다. 안톤과 나는 언제나 쉴라가 문제를 풀고 있을 때 옆에 붙어서 있다가 틀렸다 싶으면 이렇게 하면 어떨까 저렇게 하면 어떨까 훈수를 던지는 선에서 그쳤다. 하루가 다르게 급성장하는 쉴라의 산수 실력에 섣부른 간섭으로 찬물을 끼얹고 싶지 않았던 것이다. 나도 교사인 이상 어쩔 수 없이 시험 성적에 자꾸 관심이 쏠리기는 했지만 사실 그건 중요하지 않았고, 또 얼마나 많은 문제를 푸는가로 내가 학생을 평가한다는 인상을 쉴라에게 주고 싶지 않았다. 전에 누군가가 쉴라에게 그런 사고방식을 주입했는지는 몰라도 우리 반만큼은 그렇지 않다는 사실을 나는 그 아이에게 확실히 인식시키고 싶었다. 시험지에 대한 쉴라의 거부가 나를 불편하게 한 건 사실이지만, 나는 아무리 시험지를 잘 풀어도 그것이 곧 한 사람의 됨됨이를 평가하는 수단이 될 수는 없다는 생각을 쉴라도 갖게 되길 바랐다.

흥미로운 것은 쉴라가 글짓기에 남다른 관심을 가지고 있다는 점이었다. 글 쓰는 동안만큼은 그 아이는 자신을 짓누르는 공포로부터 훨훨 벗어난 듯 거침없이 자기 생각을 술술 펼쳐나갔다. 다소 두서없고 감상적인 구석도 적지 않았지만 쉴라는 얼굴을 맞대고 하기에 껄끄러운 속내 이야기를 시원시원하게 털어놓았다. 어떤 날은 종이를 대여섯 장 주어도 모자랄 만큼 할 말이 많았다.

쉴라가 왜 종이를 혐오하게 되었는지는 정말 알 수 없는 수수께끼였다. 나중에 그 문제를 놓고 그 아이와 대화를 나누는 과정에서, 또 그 아이가 가끔 가다가 툭툭 던진 몇 마디 말에서 나는 그것이 실패에 대한 두려움과 관련이 있다는 평소의 생각을 확인할 수 있었다. 아니 꼭 그렇다고 단정 짓기는 곤란했지만, 나는 그 이유를 반드시 알아내겠다는 욕심을 부리지는 않았다. 인간의 행동은 원인과 결과의 고리로 명쾌하게 분석할 수 없다는 내 평소의 지론도 그런 태도에 영향을 미쳤다. 사실 내 앞에는 학자로서의 지식욕에서 비롯되는 그런 탐구보다 훨씬 중요하고 시급한 문제들이 얼마든지 있었다.

교내 심리학자인 앨런이 스탠포드-비네 지능검사를 비롯하여 쉴라를 위한 가공 검사지를 잔뜩 싸안고 나타났다. 그날 아침 교무실에서 앨런의 팔에 수북이 쌓인 그 검사지들을 보고 나는 움찔했다. 쉴라가 비상한 머리를 가진 아이라는 건 이미 알던 터였다. 기실 하루하루가 그것을 확인해가는 과정이었다. 하지만 그 아이의 지능이 170인들, 혹은 175나 180인들 무슨 차이가 있겠는가? 쉴라의 지능은 정상을 너무나 벗어난 수준이었기에 이미 수치는 별 의미가 없었다. 설령 30점 차이가 난다 해도 마찬가지였다. 쉴라의 지능이 180일 때와 150일 때, 그 아이를 각각 다르게 지도할 자신이 내게는 없었다. 쉴라는 상식을 초월한 수준에 있었다. 모르긴 몰라도 앨런은 흥미로운 사례가 눈앞에 나타나자 당사자보다는 자신의 지적 관심을 충족시키기 위해 쉴라의 지능검사를 하려는 것 같았다. 그 아이를 주립병원에 보내야 할 날이 얼마 남지 않았던 나는 초조했다. 쉴라는 그런 데 있어야 할 아이가 아니었다. 그것만큼은 분명히 말할 수 있었다. 나는 지능검사 결과가 잘 나오면 그것이 쉴라한테 유리하게 작용할지 모른다는 사실에 한 가닥 기대를 걸었다.

아니나 다를까 쉴라는 스탠포드-비네 검사에서도 최우수 점수를 받았다. 자그만치 182였다. 182는 일반인의 상식을 뛰어넘는 수치라는 생각에 나는 묘한 감회에 빠졌다. 18이 정신지체자의 극단을 알리는 수치라면 182는 천재의 극단을 알리는 점수였다. 지능지수가 18인 아이가 정상아와 얼마나 다른지 모르는 사람은 없지만, 지능지수가 182인 아이가 정상아와 얼마나 다른지 일반인은 잘 실감하지 못한다.

그 아이가 자라난 환경을 생각하니 비범한 지능이 더욱 큰 감동으로 다가왔다. 그것은 마치 뇌 손상을 입은 경우처럼 대단히 비정상적인 현상으로 보였다. 그 아이의 아버지—친아버지인지는 잘 모르겠지만—는 평범한 사람이었고 엄마도 크게 다르지 않을 것으로 보였다. 여섯 해 동안 그 모진 고생을 하면서 도대체 쉴라는 어디서 '동산(動

産)' 이라는 단어를 배웠단 말인가? 어떻게 그럴 수 있을까? 나에게는 도저히 있을 수 없는 일로 여겨졌다. 환생이라는 것이 있다면, 바로 이 아이를 두고 하는 말이 아닐까란 생각을 떨쳐버릴 수 없었다. 그렇지 않고는 달리 이 비범한 아이를 설명할 수가 없었다.

우두커니 넋을 잃고 앉아 있는데 또 한차례 신비로운 감정이 일었다. 언젠가 TV에서 본 광고 문구가 떠올랐던 것이다. "마음은 무궁무진하다." 갑자기 정신이 번쩍 들었다. 이 아이가 할 수 있는 것은 너무나 많은데 시간은 너무나 짧았다. 남아 있는 시간이 너무도 짧게 느껴졌다.

12

나는 2월의 마지막 주에 서부에서 개최되는 학술회의에서 발표자로 참석하기로 되어 있었다. 지난 가을 학기가 시작될 때 이미 일정이 잡혀 있었기에, 나는 에드 서머스에게 거기 참석하기로 되어 있다는 사실을 거듭 주지시켰다. 출발 날짜가 다가왔을 때, 나는 다시 한 번 에드에게 전화를 걸어 대리 교사를 구해달라고 부탁했다.

작년 11월의 연수 때도 아이들은 대리 교사와 지낸 적이 있다. 그때는 단 하루였고 내가 아이들에게 미리 준비시켜둔 덕분에 아무 탈 없이 지나갔다. 나 없이도 스스로 생활할 수 있는지 확인해볼 이 작은 기회가 나로서는 무척 중요하게 여겨졌다. 나와 생활하면서 아무리 아이들의 행동이 좋아졌다고 해도 내 앞에서만 그런 거라면 나는 헛수고를 한 셈이었다. 유능한 교사 중에도 특히 이런 문제를 극복하지 못하는 경우를 주위에서 많이 보았던지라, 나도 그런 전철을 되풀이하지 않을까 은근히 걱정스러웠다. 나와 비슷한 분야에서 일하는 대부분의 교사들보다 내가 유독 아이들과 너무 사사로운 관계를 맺고 있는 게 아닌지 걱정이 앞섰다. 그래서 얼핏 초연한 듯한 아이들의 행동에서 나에 대한 의존이 싹트는 것을 볼 때마다 나는 나 스스로도 행여나 거기에 휘말려들지 않을지 두려웠다. 아직까지는 그런 일이 없었지만, 아무튼 나는 아이들이 나 없이도 지낼 수 있는 기회를 가급적 많이 만들려고 애썼다.

문제는 쉴라였다. 그 아이는 나와 같이 지낸 기간이 짧아서 아직도 나에게 많이 의지하고 있었다. 그때는 그저 자연스러운 단계려니 여겼지만, 그래도 아주 잠깐이라도 내가 눈앞에 보이지 않는 게 아이를 두렵게 만들지 않을지 염려스러웠다.

나는 목요일과 금요일 이틀을 빠질 예정이었으므로, 그 주 월요일에 아이들한테 선생님이 어딜 다녀오게 된다고 지나가듯이 말했다. 그리고 화요일에도 다시 같은 말을 했다. 두 번 다 쉴라는 내 말에 별로 신경을 쓰지 않는 것처럼 보였다. 수요일에는 아이들에게 점심을 먹인 다음 토론 시간을 가졌다. 나는 선생님이 내일 모레 이틀 동안 학교에 오지 않는다고 말했다. 그렇지만 안톤과 휘트니는 남아 있고 다른 선생님 한 분이 임시로 오시기로 되어 있으니까, 아무 걱정 말고 평소와 다를 바 없이 생활해달라고 부탁했다. 내주 월요일에는 선생님이 돌아오니까, 그때 소방서로 야외 견학을 가자고도 했다. 우리는 대리 선생님을 예의 바르게 대하는 법, 선생님의 부담을 덜어주는 법, 선생님한테 보여서는 안 될 행동 등을 놓고 토론을 벌였다. 역할 바꾸기 놀이를 하면서 선생님한테 말씀드리는 요령, 새로 온 선생님이면 누구나 느끼게 마련인 사소한 위기를 이겨내는 요령을 연습하기도 했다. 쉴라만 빼고 모두들 활발하게 자기 생각을 말했다. 내가 며칠 전부터 해왔던 말이 눈앞의 현실로 드러나자 그 애는 근심 어린 눈으로 나를 쳐다보았다. 쉴라가 손을 들었다.

"왜?"

"갈 거예요?"

"응. 그래서 지금 함께 토론을 하는 거잖니. 내일하고 모레는 없지만, 월요일에는 돌아올 거야. 지금 그 얘기를 하고 있어."

"갈 거예요?"

"어휴," 피터가 나섰다. "너 귀머거리냐? 우리가 하는 얘기도 못 들었어?"

"갈 거예요?"

내가 끄덕거렸다. 다른 아이들은 이상하다는 듯이 쉴라를 쳐다보았다.

"여기 없는 거예요?"

"월요일에는 온다니까. 겨우 이틀만 자고 오는 거야."

쉴라의 얼굴이 흐려지면서 수심이 가득 어렸다. 자리에서 일어난 쉴라는 부엌 놀이를 하는 구석으로 물러나서 나만 바라보았다.

나는 아이들의 질문에 꼬박꼬박 대답해주고 나서, 모두 만족스러운 표정을 짓는 걸 보고 토론을 끝냈다. 잠시 쉬는 시간을 가진 다음 요리를 할 작정이었다.

쉴라는 여전히 그 자리에 앉아 장난감 주전자와 프라이팬을 건성으로 만지작거렸다. 안톤이 옷 입고 놀러 나가자고 불렀지만, 쉴라는 싫다고 하면서 엄지손가락을 입에 넣고 도전하듯이 그를 노려보았다. 나는 안톤에게 아이들을 데리고 나가라고 손짓하고 나서 쉴라에게로 갔다. 그리고 돌려놓은 의자에 걸터앉아서 턱을 의자 등받이에 괴었다.

"너 나한테 화났니?"

"어디 간다고 나한테 말 안 했잖아요."

"안 하긴. 월요일에도 말했고 어제도 아침 토론 시간에 말했잖니."

"나한테 말한 건 아니잖아요."

"모두한테 말했어."

쉴라가 장난감 프라이팬을 던졌다.

"선생님이 날 두고 가는 건 옳지 않아요. 가는 거 싫어요."

"나도 네 마음 잘 알고, 부득이 갈 수밖에 없는 걸 미안하게 생각한단다. 하지만 돌아올 거야, 쉴라. 겨우 이틀 떠나 있는 거란다."

"다시는 선생님을 좋아하지 않을 거예요. 다시는 선생님이 하라는 대로 하지 않을 거예요. 선생님은 나한테 너무 비열해요. 나를 길들여서 좋아하게 만들어놓고 떠나는 거잖아요. 그러면 안 된다는 거 몰라요? 우리 엄마가 그랬지만, 어린아이한테 그러면 안 되는 거예요. 어린아이를 버리고 가면 감옥에 끌려가요. 아빠가 그랬어요."

"쉴라, 이건 경우가 달라."

"다시는 선생님 말 안 들을 거예요. 절대로 안 들을 거예요. 선생님을 좋아했는데 날 박대했어요. 안 그런다고 했으면서 날 버리고 가잖아요. 길들인 아이한테 그러는 건 너무 못된 짓이에요. 그것도 몰라요?"

"쉴라, 내 말 좀……"

"다시는 선생님 말 안 들을 거예요. 조금 전에 내가 한 말 못 들었어요?" 겨우 들릴락 말락 했지만 그 목소리는 무척 격앙되어 있었다.

"미워요."

내가 쉴라를 바라보았지만 그 아이는 고개를 홱 돌렸다. 여기에 오고 나서 처음으로 나는 쉴라가 떨어질락 말락 하는 눈물방울을 훔치려고 한 손을 눈으로 가져가는 것을 보았다. 그 아이는 눈물을 멎게 하려고 손가락으로 양쪽 관자놀이를 꾹꾹 눌렀다.

"다 선생님 때문이잖아요." 쉴라가 원망 섞인 목소리로 뇌까렸다. "난 울고 싶지 않은데 신생님이 널 울게 만들있어요. 내가 울기 싫어한다는 거 선생님도 알잖아요. 이젠 선생님이 제일 싫어요. 다시는 얌전하게 굴지 않을 거예요. 두고 봐요."

쉴라의 눈은 젖어 있었지만 눈물을 흘리지는 않았다. 그 아이는 점퍼를 잡아쥐고 내 옆을 지나쳐 운동장으로 달려나갔다.

나도 외투를 걸치고 아이들 있는 데로 나갔다. 쉴라는 운동장 한구석에 우두커니 앉아 있었다. 2월의 매서운 바람에 몸을 웅크리고 얼굴은 두 팔에 묻은 채로.

"잘 먹혀들지 않나 보죠?" 안톤이 말했다.

"그런 것 같네요."

쉬는 시간이 끝나고 아이들은 요리 준비에 들어갔다. 쉴라는 부엌자리에서 한가롭게 장난감을 달그락거리고 있었다. 나는 그냥 내버려두었다. 그 아이는 마음이 편치 않았고 그럴 만한 이유가 있었기 때문이다. 쉴라는 혼자 떨어져 있으면서 자기의 불편한 감정을 그럭저럭 처리하는 듯했다. 심통도 부리지 않았고 부수지도 않았다. 날뛰지도 않았다. 나는 그런 성숙한 모습을 보면서 놀라움과 안도감을 동시에 느꼈다. 쉴라는 두 달 동안 참으로 많이 큰 것이다.

다른 아이들은 쉴라를 달래서 요리에 끌어들이려고 애썼다. 항상

자상한 엄마 노릇을 하는 타일러가 쉴라 때문에 안절부절못하는 걸 보고 휘트니가 과자 만드는 곳으로 돌아가자고 했다. 피터는 쉴라가 왜 우리 있는 데로 오지 않고 혼자 있는 거냐고 자꾸만 귀찮게 물었고, 나는 쉴라가 약간 화가 나서 마음을 가라앉히느라고 혼자 있는 거라고 말해주었다.

드디어 과자가 완성되어 다들 모여앉아 사이좋게 나누어 먹을 시간이 되었다. 나는 윌리엄과 길러모 사이에 앉았다. 타일러는 아직도 부엌 자리의 인형과 그릇들 속에 혼자 앉아 있는 쉴라한테 과자를 갖다 주었다. 길러모는 할아버지가 사주신 새 점자시계를 내게 보여주면서, 선생님도 눈 감고 그 시계로 지금이 몇 시인지 알 수 있는지 보자고 윌리엄과 함께 성화를 부렸다.

"토리 선생님." 사라가 교실 저쪽에서 소리를 질렀다. "이리 와보세요, 쉴라가 토해요."

피터가 좋아라고 팔짝팔짝 뛰었다. "쉴라가 사방에다 왝왝 했대요."

피터는 난장판이 벌어져야 신이 나는 아이였다. 안톤이 수위를 부르러 간 사이에 나는 쉴라가 있는 곳으로 갔다. 좋은 구경거리라도 생긴 듯이 아이들이 주위로 몰려들었다.

나는 쉴라를 일으켜 내 옆에 두고서 머리를 쓸어넘긴 다음 이마를 만져보았다. 열은 없었다.

"병균 때문에 그럴 거예요." 피터가 말했다. "작년에 나도 자다가 백만 번도 더 토했는데 우리 엄마가 병균 때문이라고 그랬어요."

"아니야. 쉴라는 병에 걸리지 않았어. 오늘 좀 안 좋은 일이 있어서 속이 거북했던 모양이다."

"전에 나도 그랬어요. 삼촌이 오는 바람에 너무 흥분했거든요." 윌리엄이 말했다. "그것 때문에 병이 났어요. 낚시하는 데 같이 가자고 삼촌이 말했걸랑요."

피터가 콧방귀를 뀌었다. "타일러가 준 과자 때문일 거야."

"다들 물러가서 얌전히 앉아 있는 게 쉴라를 돕는 길 아닐까."

안톤이 돌아오자 나는 쉴라를 씻기러 욕실로 갔다. 쉴라는 고분고분하게 따랐지만, 내 얼굴을 쳐다보지도 않고 말도 하지 않으려 했다. 나는 잠자코 그 아이의 얼굴과 옷을 닦아주었다.

"다시 토할 것 같니?"

슬쩍 물었지만 대답이 없었다.

"쉴라, 그만 좀 해라. 묻는 말에 대답해야지. 속이 어떤지 물었잖아. 다시 속이 메슥거리니?"

"일부러 그런 게 아니에요."

"누가 일부러 그랬대? 선생님은 네가 아직도 속이 불편한지 알고 싶은 거야. 그래야 필요한 준비를 할 것 아니니. 집에 갈 시간도 거의 됐고."

"내 버스는 다섯 시에 오잖아요."

"학교가 파하는 대로 아무래도 집에 가는 게 좋겠다. 네가 학교에서 토했다고 하면 아마 버스를 타지 못하게 할 거야. 오늘은 집으로 곧장 가거라. 안톤이 바래다줄 거야."

"일부러 그러지 않았다니까요. 다신 안 그럴 거예요."

"그 얘길 하자는 게 아니야."

"선생님은 날 미워해요. 날 미워하기 때문에 내가 아픈데도 쌀쌀맞게 구는 거예요. 선생님은 비열한 사람이에요."

나는 기가 막혔다. "쉴라, 난 널 미워하지 않아요. 어떻게 해야 내가 다시 온다는 말을 네가 알아들을 수 있을지 모르겠구나. 선생님은 내일하고 모레만 못 보는 거야. 겨우 이틀이라니까. 그러고는 돌아와. 그래도 못 알아듣겠어?"

나는 속이 탔다. 쉴라는 똑똑한 아이라서 이틀이 금방 지나간다는 걸 모를 리 없는데도 저렇게 막무가내로 버티니 참으로 답답한 노릇이었다. 나는 그 아이가 토한 것이 감정의 고통으로 나타난 신체 반응일 뿐이라고 생각했지만, 그래도 어떻게 해야 좋을지 난감했다. 쉴라는 좀처럼 내 말을 듣지 않았다.

쪼그린 자세로 쉴라를 다 씻긴 나는 일어서면서 고개를 설레설레 저었다.

"수업이 끝날 때까지 잠깐이라도 선생님이 안고 흔들어줄까? 그럼 거북한 게 좀 가라앉을 것 같은데."

쉴라가 고개를 흔들었다.

수위도 돌아갔고 아이들도 집으로 갈 준비를 했다. 안톤은 어떻게 할 셈이냐는 듯이 나를 바라보았다. 나 역시 막막하다는 뜻으로 두 손을 펼쳐 보였다.

쉴라는 화장실 문 앞에 서서 다른 아이들이 외투 입는 모습을 빤히 지켜보았다. 안색이 약간 창백해 보였다. 내가 너무 섣불리 판단을 내린 건 아닐까, 정말 배탈이 난 건 아니었을까, 순간적으로 불안한 생각이 들었다. 하지만 아무래도 그런 것 같지는 않았다. 나는 그동안 지나치게 신경을 써서 토하는 아이를 수없이 많이 보아왔다. 쉴라도 결국은 마음고생이 심해서 토한 것이다.

나는 흔들의자에 앉아서 쉴라가 있는 쪽을 보았다. 그 아이는 여전히 문 앞에 꼼짝 않고 서 있었다. 우리 사이의 거리가 너무 멀어 보였다. 우리를 연결하는 끈은 그토록 가늘었다. 다른 사람들은 몰라도 나만은 널 버리지 않는다는 걸 쉴라한테 제대로 납득시키지 못한 나 자신이 한심스럽다는 좌절감이 내 머리를 지배했지만, 그 좌절감 밑에는 그 아이에 대한 놀라움이 싹트고 있었다. 쉴라는 참으로 강하고 용기 있는 아이였다. 내가 자기한테 거짓말할 사람이 아니라는 확신을 그 아이가 가질 수 있는 근거는 하나도 없었다. 과거 경험으로 보아 그 아이는 내가 돌아온다는 말을 믿을 수 없었고, 그 아이의 행동은 그런 불신에서 우러난 너무나 자연스러운 행동이었다. 그렇지만 화장실 문 앞에 서서 나를 빤히 지켜보는 그 아이의 얼굴에도 자기 회의와 공포, 비애가 언뜻언뜻 스쳐가는 것을 나는 놓치지 않았다. 쉴라는 나를 믿으려고 무척 애쓰고 있었다. 경험과 소망 사이의 깊은 갈등이 그 아이의 눈빛에 역력했다. 그렇게 애쓰는 모습이 하도 안쓰러워서 가슴이 미어졌다. 누군가가 소중해 보일 때가 바로 그런 순간이었다. 우리는 서로의 영혼에 닿아 있었다.

내가 손을 내밀었다. "이리 오렴. 내가 안아줄게."

쉴라는 머뭇거리다가 천천히 다가와 말없이 내 무릎 위로 올라왔다.

"오늘 힘들었지?"

쉴라가 손가락을 관자놀이에 대고 눌렀다.

"선생님은 네 마음을 이해한단다. 넌 널 좋아한다는 선생님이 어떻게 너한테 이런 행동을 할 수 있는지, 납득이 안 가는 거지?" 나는 쉴라를 흔들어주면서 비단처럼 부드러운 머리를 쓸어넘겼다. "무조건 선생님만 믿으면 돼."

처음 우리 교실에 왔을 때처럼 그 아이의 몸은 딱딱하게 굳어 있었다. 쉴라는 긴장을 늦추지 않았다.

"선생님은 날 길들였어요. 내가 그래달라고 한 것도 아닌데 선생님이 길들였어요. 그래놓고 이제 와서 떠난다는 건 옳지 않아요. 책임지세요. 선생님 입으로 그렇게 말했잖아요."

나는 그 아이의 말에 갑자기 과거시제가 많이 등장하는 데 호기심이 끌렸다. 그것은 아주 드문 경우였다.

"날 믿어. 선생님은 돌아와. 네가 생각하는 것만큼 괴롭지 않을 거다. 안톤은 그냥 있을 거고 휘트니도 있잖니. 대리 선생님도 좋은 분이라는 걸 내가 알아. 약간만 생각을 바꾸면 즐겁게 지낼 수 있을 거야."

쉴라는 관자놀이를 손가락으로 누른 채 잠자코 가만히 앉아 있었다. 나도 더 이상 할 말이 없었다. 그 아이는 내 말을 믿지 않거나 내 말을 믿는다는 사실을 차마 인정하고 싶지 않거나 둘 중 하나였다. 나는 쉴라가 너무 조숙해서 여섯 살짜리라는 사실을 가끔 잊어버릴 때가 있었다. 그리고 그 아이한테 얼마나 많은 문제가 쌓여 있고, 우리와 지낸 시간이 얼마나 짧았는가를 잊곤 했다. 그 아이의 이해심에 너무 많은 기대를 걸고 있었던 것이다.

학술대회는 2월의 날씨에도 포근한 서해안의 한 해변도시에서 열렸다. 채드도 함께 가서 우리는 주로 바닷가에서 시간을 보냈다. 그것은 참으로 놀라운 변화였다. 아이들로부터 벗어날 수 있는 이런 순간을 접하고서야, 나는 내가 얼마나 아이들한테 얽매여 있었는지 실감했다. 나와 아이들의 관계는 그만큼 강렬했고 그만큼 나를 탈진시켰다. 일을 하는 동안에는 그것이 얼마나 강도 높은 작업인지 깨닫지 못하고 있었다. 태양이 작열하는 바닷가에서 내 피로는 말끔히 가셨다.

그것은 유익한 회의였고 보람찬 휴가였다. 그날은 밤에 잠자리에 들었을 때만 아이들 생각을 했다. 그것도 아주 아련한 기억으로. 내가 없어도 알아서 잘해나가리란 믿음이 있었다. 채드와 나는 새롭게 태어난 듯한 희열을 느꼈다. 쉴라가 온 다음부터 나는 그 아이에게 시간을 너무 많이 빼앗기는 바람에 집에 와서 밤늦게까지 수업 준비를 해야 했고, 그러다보니 채드한테 소홀해질 수밖에 없었다. 채드는 아이들한테 빠져드는 내 심정을 이해했지만 나와 지내는 시간이 줄어든 걸 섭섭하게 여겼다. 나흘 동안 둘이서만 오붓하게 지내면서 우리는 모처럼 행복을 맛보았다.

월요일 아침, 나는 다시 일터로 돌아간다는 긴장을 안고 학교로 출근했다. 오후에는 소방서 견학이 있었기에 다시 한 번 소방서 측에 연락하고, 도움을 주기로 한 학부모들에게도 약속을 상기시켜야 했다.

전화를 걸고 오다가 안톤과 복도에서 마주쳤다. 안톤이 반색했다.

"선생님이 안 계신 동안 참 대단했습니다."

말투로 보아 '대단'하다는 말이 좋지 않은 뜻임을 알 수 있었다. 나는 용기를 내어 물어봐야 했다.

"무슨 일이 있었나요?"

"쉴라가 발광을 했답니다. 말은 한마디도 안 하고, 벽에 붙어 있던 것들은 모조리 뜯어내고, 책들은 책꽂이에서 죄다 뽑아냈어요. 금요일에는 피터를 때려서 코피가 터졌지요. 공부는 아예 할 생각도 안 하더군요. 목요일에는 전축을 망가뜨렸어요. 그리고 금요일 오후에는 발로 차서 유리창을 박살 내려고 했답니다."

"설마!"

"휴, 제 말이 농담이면 오죽 좋겠습니까. 정말 신물이 나더군요."

"세상에, 그런 못된 버릇에서 완전히 벗어난 줄 알았는데."

"최악이었습니다. 조용한 구석으로 데리고 가서 옴짝달싹 못하도록 의자에 하루 종일 붙들어둬야 했으니까요. 처음 왔을 때 부렸던 난동은 거기에 비하면 약과예요."

가슴이 철렁했다. 이루 말할 수 없이 불쾌한 감정이 속에서 들끓었다. 내가 없는 동안에도 잘 지낼 수 있을 거라고 그렇게 믿었는데…… 믿는 도끼에 발등 찍힌 입장이라 마음이 괴로웠다. 심한 모욕을 당한 듯한 느낌도 들었다. 그 아이를 믿었고 그 아이의 양식에 기대를 걸었건만 철저히 배반당한 것이다.

쉴라와 그 문제를 놓고 이야기를 나누고 싶었지만, 그날따라 버스가 늦게 왔다. 다른 아이들이 이야기 보따리를 가득 안고 하나 둘 도착했다.

"쉴라가 어떻게 했는지 선생님도 봤어야 하는데." 사라가 흥분했다. "교실을 몽땅 부쉈어요."

"맞아!" 길러모도 한 수 거들었다. "대리로 온 마컴 선생님이 볼기 짝을 때리고 조용한 구석에 앉아 있으라고 했어요. 그래도 말을 안 들어서 휘트니가 오후 내내 붙들고 있어야 됐어요."

내 옆에서 팔짝팔짝 뛰고 있던 피터의 검은 눈에는 생기가 돌았다. "휘트니한테 심하게 굴어서 나중에는 휘트니도 울었구요. 그리구요, 마컴 선생님도 울었대요. 사라도 울었구 타일러도 울었구, 여자아이들은 전부 다 울었어요. 쉴라가 너무너무 못된 짓을 했거든요. 그래도 난 안 울고 걜 때렸어요. 정신 좀 차리라고 때려줬어요."

"그 애 나쁘다." 맥스도 내 주위를 돌며 맞장구를 쳤다.

쉴라가 어떻게 나한테 이럴 수 있나? 보아하니 내가 있을 때보다 더 심한 짓을 한 모양이었다. 내가 감시의 눈을 번득이지 않아도 이틀 정도는 얌전히 지낼 거라고 착각한 내 잘못이 컸다. 나는 절망감에 휩싸였다. 그 아이를 다룰 수 있다는 자신감이 그 어느 때보다도 줄어들었다. 그 아이는 나한테 물을 먹인 것이다. 고의로 그런 행동을 한 것이다. 그동안 내가 들였던 시간과 땀은 물거품이 되었다.

쉴라는 우리가 아침 토론을 시작한 뒤에야 도착했다. 그 아이는 자리에 앉으면서 미심쩍은 표정으로 내 얼굴을 바라보았다. 오줌이 썩는 듯한 그 악취가 또 풍겼다. 내가 없는 동안에는 아예 씻지도 않은 모양이었다.

그 아이를 직접 대하고도 내 불쾌한 감정은 누그러지지 않았다. 쉴라의 행동이 교사로서의 내 자질에 대한 노골적인 공격이라는 생각이 들자, 분통이 터져서 견딜 수가 없었다. 다른 사람들한테 늘 그랬던 것처럼 그 아이는 나한테 가장 소중한 것이 무엇인지 알고 있었고, 그것을 역이용하여 복수한 것이다. 자꾸 그런 생각을 하다보니 갈수록 불쾌감이 심해졌다. 첫날 있었던 사고보다도, 심지어는 홈스 선생 교실에서 부렸던 난동보다도 이건 더 용납하기가 어려웠다. 나를 직접 겨냥한 행동이었기 때문이다.

토론이 끝나고 나서 나는 쉴라를 따로 불렀다. 우리는 다른 아이들한테서 멀리 떨어져 앉았다.

"네가 얌전히 지내지 않았다고 들었다."

그 아이가 물끄러미 나를 쳐다보았다. 감정을 읽을 수가 없었다.

"돌아와서 들어보니 온통 네가 나쁜 짓을 저질렀다는 이야기뿐이더구나. 네 입으로 설명을 듣고 싶다."

쉴라는 조금도 동요하는 빛을 보이지 않고 가만히 있었다.

"난 너한테 몹시 화났어. 이렇게 화난 적은 없었어. 왜 그런 짓을 했는지 말해보렴."

그래도 반응이 없었다.

그 차갑고 무심한 눈을 보니까 울화가 치밀었다. 나는 와락 그 아이의 어깨를 붙들고 거칠게 흔들었다.

"말해봐, 빌어먹을! 말해봐!"

그러나 쉴라는 감정을 좀처럼 드러내지 않고 이만 부득부득 갈았다. 나는 이성을 잃을까봐 겁이 나서 그 아이의 어깨를 놓아주었다. 정말이지 내게는 너무 버거운 일이었다.

그 아이는 돌덩어리처럼 가만히 서서 나를 노려보았다. 내가 거칠게 나가니까 그 아이도 화가 난 것이다. 나보다 힘이 세지야 않았지만 쉴라는 만만치 않은 아이였다. 몸으로 부딪치는 것은 그 아이의 장기였다. 나는 내가 아이를 그 방향으로 섣불리 몰아갔다는 사실을 뒤늦게 깨달았다. 내가 아무리 용을 써도 쉴라를 완력으로 누를 수는 없는 일이었다. 하지만 내가 느낀 실망감은 이루 말할 수 없이 컸다. 어깨가 축 늘어졌다.

"난 너를 믿었다." 나는 실망감을 숨기지 않고 조용히 말했다. "기껏해야 이틀이니까 견뎌줄 거라고 믿었어. 내가 널 얼마나 믿었는지 모르겠니? 그런데 돌아와서 네 이야기를 들었을 때, 선생님 심정이 어땠겠어."

"누가 믿어달랬나? 난 그런 말 한 적 없어! 선생님이 믿은 거잖아! 내 입으로 믿어달라고 한 적 없다구요! 왜 믿어? 누구 맘대로 믿어?

난 믿어달라고 한 적 없어!"

버럭 화를 내며 쉴라가 쏘아붙였을 때 나는 미처 준비가 되어 있지 않았다.

쏜살같이 튀어나간 쉴라는 교실 벽을 따라 돌다가 동물 우리가 있는 탁자 밑으로 들어갔다. 얼마나 충격이 컸는지 탁자 밑에서 흐느낌도 아니고 울부짖음도 아니고 그렇다고 말소리도 아닌, 숨이 턱턱 받치는 듯한 묘한 소리를 냈다. 그러나 잔뜩 독이 올라 있다는 건 분명히 알 수 있었다.

나는 그 아이의 반응에 놀란 나머지 멍청히 의자에 앉아 있었다. 다른 아이들은 우리를 흘깃흘깃 보면서 자기들끼리 불안스러운 시선을 주고받았다. 나는 가만히 앉아서 탁자 밑으로 기어들어간 쉴라만 쳐다보았다. 어떻게 해야 좋을지 알 수 없었다.

"좋아, 넌 오늘 오후에 우리랑 같이 못 간다." 한참 만에 내가 입을 열었다. "믿을 수 없는 아이는 데려갈 수가 없어. 넌 안톤하고 같이 남아 있어."

쉴라가 탁자 밑에서 기어나왔다.

"나도 갈 수 있어요."

"안 돼. 그건 곤란해. 난 널 믿을 수 없거든."

쉴라의 얼굴은 공포에 질렸다. 야외 견학을 그 아이가 얼마나 기다리고 있었는지 모르는 내가 아니었다. 그 아이는 여럿이 다니는 걸 좋아했다.

"나도 갈 수 있어요."

나는 고개를 저었다. "넌 못 가."

쉴라가 비명을 질렀다. 고막을 찢을 듯한 높고 날카로운 외침이었다. 탁자 옆에 서서 발을 쿵쿵 찧으면서 허공에 주먹질을 해댔다.

"쉴라, 당장 그만두지 않으면 교실 구석으로 보내겠다. 어서 그만 둬."

그 아이는 고삐 풀린 망아지였다. 마루에 털썩 주저앉더니 앞머리를 바닥에다 쾅쾅 찧었다. 안톤이 날쌔게 달려가서 자해 행위를 막았다. 그것은 처음 보는 행동이었다. 쉴라가 닥치는 대로 부수는 장면은 익히 보았고, 그럴 때면 아이들도 자기들이 아끼는 물건을 몰래 감추었다. 하지만 자해를 한 적은 한 번도 없었다. 맥스나 수잔나는 가끔 자해를 할 때가 있었지만, 쉴라는 그렇지 않았다.

안톤이 쉴라를 꼭 붙들었다. 그 아이는 고래고래 악을 쓰면서 빠져나오려고 발버둥쳤다. 귀가 멍멍해지면서 생각이 꽉 막히는 기분이었다. 그러더니 처음 악쓰기가 시작되기 전처럼 갑작스럽게 조용해졌고, 교실에는 돌연 기분 나쁜 침묵이 감돌았다. 나는 어디를 다쳐서 조용해진 줄 알고 겁이 더럭 나서 허둥지둥 그리로 달려갔다. 안톤이 손아귀에서 힘을 빼자, 쉴라는 흐물흐물해진 버터처럼 안톤의 팔 밑으로 녹아들어 양탄자에 축 늘어졌다. 쉴라의 두 팔은 머리 위로 올라갔고 얼굴은 양탄자에 파묻혀 있었다.

"괜찮니, 쉴라?" 내가 물었다.

그 아이가 고개를 돌리며 나직이 뇌까렸다. "제발 가게 해주세요."

나는 그 소름 끼치는 감정 표현에 놀랐다. "넌 안 가는 게 좋아."

만약 그 아이가 교실 밖에서 이런 행동을 한다면, 사실 나로서는 대책이 없었다.

"잘못했어요. 가게 해주세요. 날 믿어주세요. 네?" 쉴라의 목소리는 모기처럼 작았다. "기회를 주세요. 내가 얼마나 의젓하게 행동하는지 보여드릴게요. 네? 가고 싶어요."

나는 그 아이를 물끄러미 쳐다보았다. 서서히 내 본래의 감정이 돌아왔고, 갑자기 뚝 그친 것으로 보아 지금까지의 거친 행동은 모두 거짓이었다는 생각이 들기 시작했다. 그러자 다시 화가 났다.

"그건 안 돼. 다음에 데리고 가마."

쉴라는 마룻바닥에 누운 채 두 손으로 얼굴을 가리고 다시 악을 쓰기 시작했다. 내 눈에는 그 아이가 이지러진 자세로 바닥에 널브러진 인형처럼 보였다. 나는 돌아서서 다른 아이들한테로 걸어갔다.

쉴라는 오전 내내 마루에 누워 있었다. 이따금 악을 쓰다가는 다시 잠잠해졌다. 그러나 움직이지도 않았고 고개를 들지도 않았다. 처음에는 그 아이를 조용한 구석으로 데리고 가려 했지만 곧 마음을 고쳐먹었다. 나는 패배감에 휩싸여 있었다. 더 이상 그 아이한테 말려들기 싫었다.

점심 무렵이 되자 나는 온몸에서 기운이 쑤욱 빠졌다. 그 아이한테 화를 낸 것은 내가 교사로서의 자질이 부족하다는 사실을 그 아이가 드러냈기 때문이라는 깨달음이 서서히 내 머릿속에 자리잡아갔다. 내가 분통을 터뜨린 것은 무사히 그 아이를 남겨두고 갈 수 없었기 때문이었다. 내가 악이 올랐던 것은 그 아이가 남들에게 하던 행동을 나한테도 그대로 했기 때문이었다. 솔직히 말해서 나는 그 아이가 나한테만큼은 복수하지 않으리라 믿고 있었다. 여태까지는 복수하지 않았기에, 나는 그 아이가 앞으로도 나한테는 그러지 않으리라는 자만심에 빠져 있었던 것이다. 그러다가 다른 사람들과 같은 취급을 당하고보니 자존심이 팍 구겨진 것이다. 야외 견학 기회를 박탈하면 나도 그 아이한테 똑같이 복수를 하는 셈이라는 생각이 들자 낯 뜨거워 얼굴을 들

수가 없었다. 너에게 물먹었으니 어디 너도 한번 당해봐라 하는 속셈이 작용한 것이다. 나 역시 그 아이가 아파하는 부분을 찌른 것이다.

생각이 여기까지 미치자, 더 비참한 느낌이 들었다. 자기만 아는 어리석고 한심한 인간 같으니. 나 자신이 싫었고 세상도 싫었다. 너무나 참담한 마음에, 도저히 사태를 수습할 자신이 없었다.

점심시간에 샌드위치를 먹으면서 나는 안톤에게 내가 느끼는 죄책감을 털어놓았다.

"내가 너무 흥분했어요."

나는 그렇게 우물거렸다. 자기 감정 하나 다스리지 못하는 주제에 교사는 무슨 놈의 교산가? 안톤이 나를 위로하려고 애썼다. 그 아이가 워낙 못되게 굴었잖아요, 안톤은 그 점을 강조했다. 그런 행동에는 응징이 뒤따른다는 인식을 분명히 심어줄 필요가 있다는 것이다.

하지만 내 기분은 엉망이었다. 불쌍한 아이인데. 오늘은 모두들 재회의 기쁨을 나누었어야 옳았다. 그런데 나는 기껏 잔소리나 퍼부은 것이다. 그 아이의 행동은 충분히 예상할 수 있는 것이었다. 쉴라는 화가 나서 자기 딴에는 가장 효과적이라고 생각하는 방식으로 분풀이를 한 것이다. 애당초 그 아이가 우리 교실에 온 것도 그런 성격 때문이지 않은가. 그런데 나라는 인간은 어떻게 반응했지? 그러고도 교사랍시고 여기 붙어 있을 자격이 있는가? 오늘 나는 내가 믿을 수 있는 사람이라는 인식을 그 아이한테 확실히 심어줄 수 있는 절호의 기회를 놓치고 말았다. 약속대로 돌아온 건 사실이지만, 엉뚱하게 야단이나 치고 만 것이다. 그러고는 그 아이가 믿어 의심치 않았던 야외 견학 기회를 박탈했다. 내가 교직의 길로 들어섰다는 사실이 부끄러워 견딜 수가 없었다.

점심시간 동안 나는 줄곧 심한 자기모멸감에 빠져 있었다. 이미 엎지른 물이었다. 사과를 한다고 해서 오늘 아침에 내가 화를 냈다는 사실이 지워지는 건 아니었다. 목이 메었다. 쉴라의 말이 옳았다. 그 아이는 한 번도 자기를 믿어도 좋다고 나한테 말하지 않았다.

나는 교실로 돌아와서 쉴라 옆에 앉았다. 다른 아이들은 나갈 준비를 하느라 바빴고, 학부모들도 하나 둘 도착했다. 쉴라는 혼자 구석에 앉아 있었다.

"너한테 할 말이 있다. 오늘 아침에는 내가 잘못했어. 사실은 나 자신한테 화가 났었는데 엉뚱하게 너한테 화풀이를 한 거야. 아까는 야외 견학에 못 간다고 했지만 생각이 달라졌어. 너도 가자. 화내서 미안해."

쉴라는 나를 쳐다보지도 않고 말없이 일어서서 외투를 입었다.

공부가 끝나고 아이들이 모두 집으로 돌아간 다음에도 쉴라와 나 사이의 묘한 침묵은 가시지 않았다. 그날 오후 나는 긴장을 깨뜨리려고 과장된 몸짓으로 우스갯소리를 자주 했고, 그때마다 아이들은 까르르 웃었다. 하지만 쉴라는 따로 떨어져서 휘트니 옆에 가만히 서 있었다. 나는 포기했다. 시간이 약이라는 생각이 들었던 것이다. 내가 적절치 못한 행동을 한 것은 사실이지만, 안톤의 말대로 나도 인간이란 생각을 하니까 마음이 좀 가벼워졌다.

나는 바구니에서 시험지들을 꺼내서 채점하기 시작했다. 책을 읽어주겠다고 했지만 쉴라는 싫다면서 혼자 자동차를 가지고 놀았다. 그리고 나서 한 시간 후 쉴라는 창가에 서서 점점 길어지는 땅거미를 지켜보고 있었다. 조금 있다가 다시 그쪽을 보니, 쉴라는 여전히 창가에 서 있긴 했지만 나를 바라보고 있었다.

"왜 돌아왔어요?" 쉴라가 부드럽게 물었다.

"발표가 있어서 갔다 온 거야. 영영 떠날 생각이 아니었다니까. 너희들과 같이 지내는 게 내 일이거든."

"그래도 왜 왔냐구요."

"말했잖아. 난 여기가 좋아."

그 아이는 내가 앉아 있던 탁자로 천천히 다가왔다. 그제서야 그 아이의 눈에 아픔이 생생히 나타났다.

"넌 내가 정말로 안 오는 줄로 알았니?"

쉴라가 고개를 끄덕였다.

광막한 침묵의 공간을 사이에 두고 우리는 서로를 응시했다. 시계 바늘 움직이는 소리가 손에 잡힐 듯 들려왔다. 토끼가 부스럭거렸다. 나는 내가 헤엄치던 바다의 물빛처럼 파랗고 그윽한 아이의 눈을 망연자실 쳐다보았다. 그러나 우리는 결코 남을 이해할 수는 없다는 서글픈 깨달음에 이르렀다. 엄연히 살과 뼈의 한계에 묶여 있는 몸이면서도 모르는 게 없는 듯이 나불거리고 진실을 외면해왔던 것이다. 아이들은 더더욱 알 수 없었다.

쉴라가 가만히 서서 바지끈을 꼬았다.

"그 책 또 읽어주실래요?"

"어떤 책?"

"어린아이가 여우를 길들이는 책요."

나는 빙긋 웃었다.

"그래, 읽어줘야지."

13

3월의 훈풍은 겨우내 얼어붙어 있던 땅을 따뜻이 녹여주었다. 눈이 모두 녹으면서 물기를 머금은 차가운 고동색 진흙이 풀 사이로 드러났다. 여느 해보다 눈이 많고 추웠던 그 해 겨울, 우리는 봄이 오기를 손꼽아 기다렸다.

3월을 맞이한 학교도 평화로운 나날이 이어졌다. 우리 반에서는 모처럼 맛보는 평화였다. 휴가도 없었고, 마찰을 불러일으키는 반목이나 예상치 않은 변화도 없었다. 남쪽 지방에서 올라오는 이주노동자의 수는 꾸준히 늘어서 단지는 포화 상태에 이르렀다. 새로 전학 오는 이주노동자 자녀들의 수가 불어나면서 다른 교사들은 걱정으로 하늘이 노랬지만, 그 점이라면 나는 걱정할 필요가 없었다. 그러나 노동자들이 하나 둘씩 돌아오는 모습을 보면서 안톤은 야릇한 감회에 젖는 듯했다. 노동자들을 실은 몇 대의 트럭이 처음 나타났을 때, 안톤은 내색은 하지 않았지만 평소보다 말을 적게 했고 심란함마저 느끼는 듯했다. 그에게 이유를 묻지 않을 수 없었다. 자유분방한 예전의 생활에 다시 향수를 느끼는 건지도 모른다는 예감이 들어서였다.

내가 이유를 묻자 그는 빙긋 웃었다. 아무리 설명을 해도 당신은 모를 거라는 듯이 안톤은 쓸쓸한 미소를 지으며 나를 바라보더니, 이윽고 작은 의자 하나를 빼서 육중한 체구를 그 위에 털썩 얹었다. 그런 생활이 그리운 건 아닙니다, 안톤은 그렇게 말문을 열었다. 그런 부평초 같은 삶이 뭐 그리 대단하다구요. 그가 다시 자조 섞인 웃음을 지었다. 그는 마음이 심란한 건 지난 가을 트럭들이 노동자들을 싣고 남쪽으로 떠난 뒤로 자기가 얼마나 달라졌는지 새삼 깨달았기 때문이라고 고백했다. 자기는 동료들과 다른 세계에서 살고 있는데, 이제까지는 그 사실을 전혀 의식하지 못하고 있었다는 것이다.

안톤이 이야기를 하는 동안, 나는 가만히 그의 얼굴을 바라보았다. 라틴계 특유의 가무잡잡한 피부, 각진 윤곽, 너무 이른 나이에 노동을 시작한 남자의 초췌한 행색이 거기 있었다. 뭐라 표현할 수는 없지만 사실은 나도 많이 변했다. 그리고 그 변화의 폭은 어마어마한 것이었다. 서로가 서로의 인생에 그렇게 많은 영향을 주면서도, 정작 변화가 일어나는 동안은 그것을 모르고 지낼 수 있다는 것이 참으로 신비스러웠다. 상대방의 얼굴을 빤히 들여다보는 것은 실례되는 행동이었지만, 우리는 그런 예의범절은 잠시 접어두고 감개무량함에 젖어 서로의 얼굴을 한참 동안 바라보았다. 자라온 환경, 남자와 여자라는 사실, 교육 수준 등등 우리는 많은 점에서 달랐지만, 서로에게 감동을 줄 수 있는 사이로 발전한 것이다. 우리는 벅찬 감회에 젖어 할 말을 잊은 채 앉아 있었다. 말이 필요치 않은 순간이었다.

혹독한 겨울이었지만 쉴라는 수선화처럼 활짝 피었다. 그 아이는 하루가 다르게 쑥쑥 자랐다. 상황이 허락하는 범위 안에서 이제는 늘 단정해지려고 애썼다. 매일 아침 깡충거리며 학교에 와서는 세수를 하고 이빨을 닦았다. 용모에도 무척 신경을 쓰게 되어 거울을 들여다보는 시간이 부쩍 늘어났다. 우리는 머리 모양을 자주 바꾸었다. 우리는 며칠 동안 아이들이 돌아가고 나면 미용실 놀이를 했다. 한번은 내 긴 머리를 쉴라의 손에 맡겼고, 다음번에는 내가 그 아이의 머리를 새로운 모양으로 땋거나 빗어주었다. 쉴라는 정말 예뻐져서 가끔 다른 교사들한테도 찬사를 들을 정도가 되었다.

사라와 쉴라는 둘도 없는 친구가 되었다. 나는 그 아이들이 가끔 수업 시간에 쪽지를 주고받는 장면을 목격했다. 학교 수업이 끝난 뒤 버스가 올 때까지 쉴라가 사라의 집에 가서 함께 논 적도 여러 번 있었다. 그리고 쉴라는 길러모와 노동자 단지에서 같이 놀았다. 쉴라 취향과는 맞지 않는지, 쉴라는 타일러의 모성애 어린 관심을 받아들이지는 못했다. 나는 쉴라가 우리 반 아이들한테 호감을 사게 된 게 흐뭇했다.

쉴라의 공부는 순풍에 돛 단 듯 순조롭게 진행되었다. 내가 과제를 내주는 족족 쉴라는 거뜬히 해치웠다. 가끔 시험지를 찢을 때도 있었지만, 그런 일은 어쩌다 한 번이었다. 한 주에 두 번씩이나 그런 일이 생기는 건 아주 예외적인 경우였다. 그때도 쉴라는 곧 마음을 고쳐먹고 또 한 장을 요구했다. 읽기는 3학년 단계였고 산수는 4학년 과정이었다. 둘 다 쉴라의 지적 능력에는 턱없이 모자라는 수준이었지만, 그 아이가 자라온 환경과 실패에 대한 그 아이의 두려움을 감안할 때, 공부에 대한 흥미를 유발시켜 지식의 튼튼한 기초를 쌓아가게 하려면 그 방법이 더 낫겠다는 게 내 나름의 판단이었다.

틀리는 것에 과민반응을 보이는 건 여전해서, 실수를 하면 몹시 언짢은 표정을 짓거나 땅이 꺼져라 한숨을 쉬었다. 그 비통함의 도가 유달리 심할 때는 산수 문제 하나 틀렸다고 하루 종일 머리를 처박고 자학에 빠지기도 했다. 하지만 그런 날은 드물었다. 조금만 안아주고 용기를 북돋워주면 대개는 다시 공부를 시작하곤 했다.

내가 이틀간 자리를 비우는 바람에 한때 우리 둘 사이가 틀어진 적도 있었지만, 신기하게도 그 사건이 쉴라의 심리적 안정에 부정적 영향을 미친 것 같지는 않았다. 내가 돌아오고 나서 처음 며칠 동안 내 뒤를 졸졸 쫓아다니던 쉴라의 행동은 얼마 안 가서 사라졌다. 다시는 그런 행동을 하지 않았다. 우리는 그 사건을 놓고 많은 이야기를 나누었다. 그 아이는 내가 떠났다가 돌아온 그 일을 자꾸만 곱씹고 싶어했다. "난 화가 나서 막 부쉈고, 선생님도 화가 나서 신경질을 부렸어요." 나는 그건 내 잘못이었고 미안하다고 말했다. 쉴라는 그 사건의 자질구레한 세목 하나도 놓치지 않으면서, 그때 자기 감정이 어땠고 그날 자기가 왜 토했고 얼마나 겁이 났는지를 구구절절이 이야기했다. 거듭되는 그 무용담을 영원히 들어야 하는 게 아닌가란 생각마저 들었다. 쉴라의 그런 행동에는 내가 완전히 이해하지 못하는 남모를 사연이 있는 듯싶었고, 그 아이는 그 이야기를 자꾸 되풀이하면서 마음의 안정을 얻는 듯했다. 물론 내가 돌아왔다는 사실도 중요했을 테지만 쉴라가 주목하는 점은 그것 하나만이 아니었다. 우리 두 사람이 똑같이 화를 냈다가 결국 그것을 이겨냈다는 사실이, 그 아이의 마음속에서는 내가 돌아왔다는 사실 못지않게 중요하게 자리잡은 듯했다. 내 최악의 모습을 본 것이 도리어 그 아이에게 마음의 안정을 주지 않았나 싶었다. 내가 자기한테 화를 냈을 때 어떤 상태가 된다는 것을 알았기에 나를 믿을 수 있게 된 것이다. 아무튼 쉴라는 스스로의 문제를 말로 해결하는 법을 배워가고 있었다. 그 아이에게 더 이상 육체적 접촉은 필요하지 않았다. 말이면 충분했다.

내가 자리를 비웠다가 돌아온 그 일이 있고 나서는 신기하게 파괴 성향도 거의 사라졌다. 아직도 주기적으로 화를 내는 버릇은 여전했지만, 이제는 화가 난다고 해서 욱 하거나 물건을 내동댕이치거나 발광을 하는 법이 없었다. 복수가 차지하는 비중도 눈에 띄게 줄어들었다. 그런 모습을 볼 때마다 도대체 그 사건이 무엇이었길래 쉴라의 행동을 하루아침에 뒤바꿔놓았는지 끝까지 파고 들고 싶은 생각도 들었지만, 사건의 전체상은 좀처럼 내 눈에 잡히지 않았고 나의 갑갑증은 계속되었다. 쉴라는 아직도 숱한 문제를 안고 있었지만, 그 문제들은 전보다 쉽게 해결되었고 다루기가 훨씬 용이해졌다.

또 하나, 아직도 이해가 안 가는 건 쉴라의 말투였다. 아버지를 만나보고 나는 과거시제가 드물고 'be' 동사가 남발되는 그 특이한 어법을 부모한테서 배운 건 아니라는 점을 확인할 수 있었다. 시간이 흐르면서 조금씩 정상 어법에 가까워지고는 있었지만, 그 똑똑한 아이가 왜 그런 요상한 말투를 고집하는지 이해할 수가 없었다. 3월로 접어든 어느 날, 기어이 내 궁금증을 풀기로 마음먹었다. 나는 어제 있었던 일을 말할 때 쓰는 네 단어가 좀 이상하다는 식으로 쉴라를 슬쩍 떠보았다. 그러자 쉴라는 그래도 얼마든지 알아듣지 않느냐면서 나의 지적에 심한 반발을 보였다. 그야 물론 이해는 하지, 내가 그렇게 말하자 그 아이는, 상대가 알아듣는데 어떻게 말하느냐가 뭐 그리 중요하냐고 반박했다. 나는 허를 찔린 기분이었다. 그 아이의 그런 어법은 다분히 계산된 것이었고, 내 생각은 미처 거기까지는 미치지 못했던 것이다.

그 문제에 대해서는 어느 누구도 만족스러운 답을 내놓지 못했다. 내가 녹음한 테이프를 받아본 언어 전문가들은 사투리의 일종이라고 하면서 그 아이가 흑인 아니냐고 물었다. 내가 그 아이는 흑인이 아니고, 집안 식구들도 그런 사투리를 쓰지 않는다고 하면 그들은 거기서 막혔다. 어느 날 밤 채드와 똑같은 이야기를 하고 있는데, 그 아이가 과거시제를 쓰지 않는 건 자기의 통제가 먹혀들어갈 수 있게 모든 일을 현재에 묶어두려는 의도에서가 아닌지 모르겠다는 견해를 채드가 내놓았다. 곰곰이 생각해보니 그럴듯한 설명이었다. 결국 나는 그것이 심리적 원인에서 비롯된 문제라는 결론을 내리고 더 이상 신경 쓰지 않기로 했다. 사실 쉴라의 말을 이해하는 데는 아무 문제가 없었고, 언젠가 쉴라도 마음의 여유가 생기면 자연히 말투도 바뀌리라고 믿었기 때문이다. 그러나 지금은 그런 마음의 여유가 없었다.

아직도 쉴라의 마음을 지배하는 것은 버림받았다는 생각이었다. 그 아이는 엄마와 동생이 지금 어디서 무얼 하고 지내는지 집요하리만큼 알고 싶어했다. 이야기를 나누다가도 자기가 예전에 이런저런 일을 조금만 더 잘했더라도 식구들이 갈라지는 일은 없었을 거라는 말을 불쑥불쑥 던졌다. 그 아이가 실패에 남다른 두려움을 가진 게 이런 심리 상태와 무관하지 않다는 생각이 들었다.

어느 날 저녁, 수업이 끝났는데도 쉴라는 산수 문제 푸는 데 몰두해 있었다. 유독 산수를 좋아했고 다른 과목보다도 산수 실력이 탁월한 아이였다. 쉴라는 우리 반에 왔을 때 이미 간단한 곱셈과 나눗셈을 할 줄 알았다. 우리는 더 어려운 과정으로 들어갔다. 그날 방과 후에 쉴라는 우연히 휴지통에서 발견해낸 5학년 문제를 풀고 있었다.

문제를 다 풀었는지 나한테 보여주러 왔다. 그 문제는 우리가 아직 배우지 않은 분수 나눗셈이었다. 분자와 분모를 뒤집지 않았으니 당연히 답은 틀릴 수밖에 없었다.

"자요. 맞았어요?"

쉴라가 시험지를 내밀면서 내 얼굴을 쳐다보았다.

시험지를 바라보면서 나는 틀린 것을 지적해야 할지 말아야 할지 알 수가 없었다.

"쉴라, 너한테 가르쳐줄 게 있다." 나는 시험지 뒷면에다 원을 그리고 그것을 사등분했다. "자, 네가 이 안에 8분의 1이 얼마나 있는지 알아야 한다고 가정하면……"

그 아이는 자기 식으로 문제를 풀면 답이 틀린다는 사실을 대번에 알아차렸다.

"틀린 거죠?"

"배우지 않은 거니까. 이런 건 처음 봤잖니."

쉴라는 내 옆에 털썩 주저앉더니 두 손으로 얼굴을 가렸다. "혼자서도 답을 맞출 수 있다는 걸 선생님한테 보여드리고 싶었는데."

"하나도 기분 나쁠 거 없어."

그 아이는 얼굴을 가린 채 한동안 그렇게 앉아 있었다. 그러더니 자기가 구겼던 시험지를 슬며시 도로 폈다.

"만약 내가 산수 문제를 잘 풀었다면, 우리 엄만 날 길가에 버리지 않았을 거예요. 내가 5학년 문제를 푸는 걸 봤다면 엄만 뿌듯해했을 거예요."

"산수 문제하고 그건 아무 상관이 없어. 엄마가 왜 떠나셨는지는 모르지만 나름대로 고민이 있으셨겠지."

"날 사랑하지 않기 때문에 가버린 거예요. 사랑하는 아이를 어떻게 길가에 내버려요. 그때 다리도 다쳤다구요. 볼래요?" 낯익은 흉터가 눈앞에 드러났다. "내가 착한 아이였다면 엄만 그러지 않았을 거예요. 그래도 내가 착하게 굴면 아직은 날 사랑할지 몰라요."

"그건 우리가 알 수 없는 일이야. 너한테 안 좋은 일이 있었지만 그건 지나간 일이다. 네가 착하게 굴고 안 굴고는 그 문제와 전혀 상관없어. 엄만 엄마대로 문제가 있었기 때문에 그걸 해결하려고 했던 거야. 그리고 널 무척 사랑하셨을 거야. 안 그런 엄마는 드물거든. 다만 그 당시에는 어린 딸아이를 기르기가 벅찼던 게지."

"지미는 벅차지 않은가요 뭐. 왜 지미는 데려가고 난 내버린 거죠?"

"글쎄다."

쉴라가 물끄러미 나를 쳐다보았다. 그 아이의 마음고생이 얼마나 심한지 눈빛만 봐도 알 수 있었다. 주여, 저 빈자리를 영영 채울 수 없단 말입니까? 쉴라는 우두커니 앉아서 땋은 머리를 꼬았다.

"지미가 보고 싶어요."

"왜 안 보고 싶겠니."

"걔 생일이 다음 주예요. 그럼 다섯 살이 되는데, 두 살 때 본 게 마지막이거든요. 너무 오래 떨어져 있었어요."

돌아서서 창가로 걸어간 쉴라는 아직은 겨울 기운이 완전히 가시지 않은 3월의 바깥 풍경을 내다보았다.

"지미가 너무 보고 싶어서 미칠 것 같아요. 자꾸만 생각이 나요."

"그 심정 이해한다."

쉴라가 돌아서서 내 얼굴을 보았다. "걔 생일 파티를 열어주면 안될까요? 3월 12일이 그 애 생일이거든요. 저번 달에도 타일러 생일이 돌아왔을 때 파티를 했잖아요."

"그건 곤란해."

그 아이는 고개를 떨구더니 다시 나에게 다가왔다.

"왜요?"

"지미는 여기 없잖아. 캘리포니아에 살지, 우리하고 같이 지내는 게 아니잖니."

"간단히 생일 파티만 차리는 건데요. 선생님하고 나하고 안톤만 있어도 돼요. 수업이 끝난 다음에요."

나는 고개를 흔들었다.

"그래도 하고 싶어요."

"네 마음은 알아."

"그런데 왜 안 된다는 거예요? 아주 간단하게 차리면 되잖아요. 네?" 쉴라는 인상을 쓰면서 애원조로 나왔다. "말 잘 들을게요. 산수 문제도 열심히 풀게요."

"그 얘기를 하는 게 아니잖니. 내 말은 지미가 여기 없기 때문에 안된다는 거야. 지미는 떠났어. 마음이야 아프겠지만 지미는 안 돌아올 가능성이 커요. 동생을 그리워하는 마음은 알겠지만 너처럼 자꾸 생각하는 건 별로 도움이 못 돼. 네 마음만 아파지거든."

쉴라는 두 손으로 얼굴을 가렸다.

"이리 오렴, 안아줄게." 쉴라가 얼굴을 가린 채 내 무릎으로 올라왔다. "네 마음이 괴롭다는 건 나도 안다. 선생님은 느낄 수 있어. 얼마나 견디기 힘든지 알아."

그 아이는 울먹거리며 내 옷자락을 부여잡더니 얼굴을 내 가슴에 묻었다.

"보고 싶어요. 여기 있었으면 좋겠어요."

"네 마음은 알아."

"왜 그런 일이 생겼죠? 왜 저만 두고 동생은 데려갔죠? 왜 난 이렇게 못된 아이가 돼버렸죠?"

눈자위가 젖어들었지만, 이번에도 눈물을 흘리진 않았다.

"그건 네 잘못이 아니야. 선생님 말을 믿어. 네 탓이 아니라구. 네가 나쁜 아이라서 엄마가 널 떠난 건 아니야. 엄마한테는 힘든 문제가 많았던 거야. 네 잘못이 아니다."

"아버진 그렇게 말하지 않았어요. 내가 착한 아이였다면 엄만 가버리지 않았을 거래요."

내 가슴이 무너져 내렸다. 반박하고 싶은 마음이 굴뚝 같았지만, 막상 반박을 하려니까 아무 근거가 없었다. 쉴라가 무엇 때문에 아버지 말보다 내 말을 더 믿어야 한단 말인가? 아버지 말이 틀렸다는 걸 내가 무슨 수로 증명한단 말인가? 나는 맥이 풀렸다.

"그건 아버지가 잘못 아신 거야. 아버진 너처럼 어린 소녀가 되어본 적이 없으니까 이해를 잘 못하는 거란다. 그거 하나만큼은 믿어다오. 정말이야."

우리는 한참을 말없이 앉아 있었다. 그 아이를 안고 있으니 고르지 못한 따뜻한 숨결이 피부에 와 닿았다. 가슴이 아팠다. 그 아이의 아픔이 내 옷으로 스며들어와 내 살갗과 뼈를 뚫고 심장으로 흡수되었다. 주여, 이 아픔을 어찌 하나이까.

마침내 쉴라가 고개를 들었다.

"어떤 땐 너무 외로워요."

나는 고개를 끄덕였다.

"안 그런 날이 올까요?"

내가 다시 고개를 끄덕였다.

"물론이지. 그런 날이 올 거라고 선생님은 믿어."

쉴라는 한숨을 쉬면서 내 무릎을 벗어나 일어섰다. "그런 날이 영영 안 올 수도 있는 거죠?"

슬퍼할 때도 있었지만 쉴라는 놀라우리만큼 밝고 명랑한 아이였다. 그 아이는 기쁨을 몰고 오는 데 남다른 재주가 있었다. 참담하고 무질 서한 세계에서 자라온 아이들과 함께 생활하면서, 나는 사람은 기쁨을 추구하게 마련이라는 믿음을 매일매일 확인할 수 있었다. 쉴라의 기분 은 편차가 컸고 과거의 어두운 그림자를 완전히 떨쳐내지는 못하고 있 었지만, 그렇다고 해서 아주 불행한 것만은 아니었다.

별것 아닌 일에도 그 아이의 초롱초롱한 눈에는 웃음기가 어렸다. 까르르 터지는 쉴라의 웃음소리가 들리지 않는 날은 단 하루도 없었 다. 남들처럼 제대로 보고 제대로 배우지 못하여 모든 것이 낯설기만 한 아이가 그토록 구김살 없이 지낼 수 있다는 게 내게는 감동으로 다 가왔다. 쉴라의 눈에는 모든 것이 경이로웠다. 그리고 3월에 그 아이를 가장 사로잡은 것은 꽃이었다.

우리 고장은 3월이면 크로커스와 수선화로 온통 넘실거렸다. 쉴라 는 그 꽃들에 매료당했다. 이주노동자 단지에서는 그런 꽃이 자라지 않았고, 믿기지 않는 일이었지만 쉴라는 수선화를 가까이서 본 적이 한 번도 없었다. 어느 날 아침, 나는 내가 세들어 살던 집의 정원에서 꽃을 한아름 꺾어 교실로 가져왔다.

쉴라는 치약을 입에 문 채 꺄악꺄악 소리를 지르며 좋아서 어쩔 줄
몰라 했다. 티셔츠와 팬티바람에 맨발로 나한테 달려온 쉴라가 물었
다.

"이게 뭐예요?"

치약을 입 안 가득 문 채였다.

"수선화도 모르니? 전에 안 봤어?"

쉴라는 꽃을 가만히 보면서 고개를 흔들었다. "책에서 본 게 전부예
요. 이거 진짜 꽃이에요?"

"물론이지. 만져보렴."

쉴라는 칫솔을 내려놓고 조심스럽게 팔을 뻗어서 수선화 가장자리
에 손가락 끝을 댔다.

"와!"

환호성에 치약 거품이 사방으로 튀었다. 쉴라는 깡충깡충 뛰면서
기뻐서 어쩔 줄 몰랐다. 그러더니 갑자기 동작을 멈추고 또 한 송이를
살며시 만졌다. 그리고는 또다시 환호성을 질렀다.

"가서 양치질 끝내고 옷 입고 와서 선생님하고 이걸 꽃병에 꽂자."

쉴라가 쪼르르 달려가서 치약 거품을 뱉어냈지만 바지까지 입을 만
한 마음의 여유는 없는지, 다시 내게로 달려왔다.

"정말 부드럽네. 만져볼게요."

"냄새를 맡아봐. 수선화는 장미처럼 향기가 진하지는 않지만 아주
독특한 향내가 있거든."

쉴라가 깊숙이 향기를 들이마셨다.

"안아주고 싶은데."

나도 모르게 웃음이 나왔다. "꽃들은 안아주는 걸 좋아하지 않아."

"그치만 냄새도 향긋하고 이뻐서 자꾸만 안아주고 싶은 마음이 들어요."

"그럴 거다."

나는 몇 해 전 한 아이가 나한테 만들어준 꽃병을 꺼냈다. 그 안에 모두 담기에는 꽃이 너무 많았다. 쉴라는 신이 나서 내 옆에서 한 발을 들고 깡충깡충 뛰었다. 온몸에서 기쁨이 우러나왔다.

"너도 한 송이 가지런?"

쉴라가 환한 미소를 지으면서 나를 바라보았다. "가져도 돼요?"

"그래. 꽃병에 다 담을 수가 없거든. 이걸 우유통에 담아서 네가 잘 앉는 탁자 위에 두면 어떨까."

"정말 내 거예요?"

내가 고개를 끄덕였다.

"선물인가요?"

"그래. 네 꽃이 되는 거야."

별안간 쉴라가 시무룩해졌다. "아버지가 이걸 못 갖게 할 거예요."

나는 빙긋 웃었다. "꽃은 다른 것하고 달라. 아마 하루도 못 가서 시들 거야. 아버진 꽃 같은 데는 신경도 안 쓰실 텐데 뭘."

쉴라가 가만히 손을 뻗더니 수선화 한 송이를 어루만졌다.

"여우하고 어린 왕자가 나오는 그 책 있잖아요? 왕자가 꽃을 가지고 길들였죠? 그쵸?" 나를 바라보는 쉴라의 눈빛은 경이로 가득 차 있었다. "나도 이걸 길들이면 되겠네? 그럼 나한테만 특별한 꽃이 되는 거고 난 이 꽃을 책임져야 돼요. 길들이고 말 거예요."

"꽃은 오래 가지 않는다는 걸 알아둬. 그래도 길들이기는 쉽지. 너라면 할 수 있을 거야. 어떤 꽃을 가질래?"

나는 꽃병에 담지 않은 수선화들을 가리켰다.

쉴라가 조심스럽게 살피더니 내 눈에는 다른 꽃들과 별반 달라 보이지 않는 한 송이를 골랐다. 아마 둘 사이에 벌써 특별한 말이 오간 모양이었다. 어쩌면 벌써 길들이기가 시작되었는지도 몰랐다. 어린 왕자와 장미처럼, 쉴라에게 그 수선화는 이 세상 그 어떤 꽃하고도 바꿀 수 없는 꽃이 되었다.

쉴라는 꽃을 살며시 보듬고 부드럽게 쓰다듬으면서 배시시 웃었다. 나는 쉴라의 바지를 가지고 와서 어서 입으라고 재촉했다. 다른 아이들이 도착해서 무슨 일인가 호기심을 보이며 왁자지껄 떠들었지만, 쉴라는 그 소리가 하나도 안 들리는지 다른 아이들은 쳐다보지도 않고 마음이 콩밭에 간 상태로 내가 입혀주는 옷을 입었다. 쉴라가 웃음이 나오는 것을 참으려는지 입술을 지그시 깨물고는 속삭였다.

"가슴이 터질 것 같아요. 이 세상에서 내가 제일 행복한 아이 같아요."

나는 쉴라의 보드라운 옆이마에 입을 맞추며 웃고 난 다음, 노란 수선화가 담긴 꽃병을 집어들고 탁자로 갔다.

14

우리는 자주 웃었다.

우리 반에서 늘 즐거운 일만 있었던 건 아니었다. 웃음을 멈추고 가만히 돌이켜 생각하면, 나를 웃게 만든 일들 중 상당수는 오히려 비애를 자아낼 일이었는데도 그랬다. 사람의 마음에서 가장 오묘한 구석은 바로 웃을 줄 아는 능력인지도 모른다. 우리는 혼자서도 웃었고 함께도 웃었고 절망적인 상황에서도 웃었다. 웃음은 우리 삶의 균형을 잡아주었다.

웃음으로 우리 삶의 균형을 잡아준 일등 공신은 뭐니뭐니해도 휘트니였다. 나는 교실 분위기를 늘 자연스럽게 만들어주는 휘트니의 탁월한 능력에 진정으로 고마워하고 있었다.

수줍음을 타기는 했지만 휘트니의 유머 감각은 상상을 초월할 때가 있었다. 특히 안톤과 나하고만 있을 때 휘트니가 하는 농담은 때로는 너무나 능청스럽고 적나라했다. 하지만 휘트니의 진가는 짓궂은 장난에서 드러났다. 건방진 데라고는 조금도 없이 온순해 보이기만 하는 그 아이의 외모 탓이었는지, 아니면 우리 반은 짓궂은 장난을 하기에 적당하지 않은 곳이라는 선입견이 작용해서인지, 나는 번번이 허를 찔리곤 했다. 아무튼 휘트니한테 감짝감짝 놀랄 때가 많았다. 수잔나의 크레용통에서 뱀이 스멀스멀 기어나온다거나 멀쩡히 앉아 있던 피터, 윌리엄, 길러모가 갑자기 복통을 일으키며 가짜로 헛구역질을 하는 것은 모두 휘트니의 작품이었고, 그때마다 나는 기겁을 했다.

쉴라가 온 뒤로 휘트니는 자신의 장기를 더욱 유감없이 발휘했다. 어느 아이나 휘트니가 치는 장난을 좋아했고 좋아라고 거기 합세했다. 게다가 쉴라는 똑똑한 아이라서 휘트니가 무슨 계략을 꾸미는지 사전에 눈치챘고, 창조적 제안을 할 줄 알았으며, 수준 높은 농담도 척척 알아들었다. 쉴라는 또 휘트니가 시키는 황당무계한 장난에서 조역을 맡을 만큼 고지식한 면도 있었다.

3월도 어지간히 지났는데 아무 일도 생기지 않았다. 그럴수록 나는 더욱 불안해졌다. 아침에 출근해서 내가 제일 먼저 하는 일이 내 서랍이나 잔에 이상이 없는지 확인하는 작업이었다. 휘트니가 번번이 그걸 가지고 나를 골탕먹였기 때문이다. 그래도 쉴라의 거동을 살피면 대개는 위험을 피해갈 수 있었다. 쉴라는 비밀을 지키는 데 서툴렀기 때문이다. 자기 딴에는 그걸 숨기려고 애를 썼지만, 증거를 완벽하게 없앨 만큼 치밀하진 못했던 것이다. 아무튼 평온한 나날이 이어졌다. 둘이서 키득거리는 모습이 이따금 목격되어 나도 마음을 놓지는 않았지만, 다시 며칠이 지나도 별일이 없었다. 아마 그렇게 잠잠할 수 있었던 건 휘트니가 독감에 걸리는 바람에 일주일 가까이 자리를 비웠기 때문인지도 몰랐다.

3월도 어느덧 중순을 바라보는 어느 날, 프레디의 어머니인 크럼 부인이 방과 후에 나를 만나러 왔다. 참새처럼 가무잡잡한 피부에 잔뜩 겁을 집어먹은 얼굴을 한 아담한 몸집의 크럼 부인이 미끄러지듯 교실 안으로 들어와서 번거롭게 해서 죄송하다고 말했다. 나는 쉴라와 자동차를 굴리며 놀고 있다가 무슨 말씀이냐면서 반갑게 맞이했다. 어떻게 오셨나요? 부인은 고개를 숙이고 두 손을 꼭 모으더니 개인적인 문제로 찾아뵈어서 죄송하다고 거듭 미안해했다. 나는 쉴라에게 교무실에 가서 등사판을 밀고 있을 안톤을 도우라고 일렀다. 둘만 남게 되자 나는 크럼 부인에게 앉기를 권했다.

부인은 요즘 아이들이 학교에서 먹은 음식 중에 특별한 것이 있었는지 여쭙기 위해 이렇게 찾아뵈었노라고 말했다. 나는 생각에 잠겼다. 수요일이었으니까 그날은 요리를 했다. 나는 달걀 요리를 해서 먹었고, 그게 점심 말고 먹은 것의 전부라고 대답했다. 부인은 곤혹스러운 표정을 지었다. 지난주에 프레디가 집에 돌아와서 세 번이나 토했다는 것이다. 아이가 무엇 때문에 토하는지만 알아도 이렇게 걱정은 안 될 텐데 도대체 뭘 먹었는지 알 수가 없다고 부인은 속사정을 털어 놓았다. 그러면서 토할 때마다 프레디가 빨강, 초록, 파랑, 노랑의 작은 알갱이들을 게워냈다고 덧붙였다.

나는 정말로 난감했다. 교실에서는 그런 알갱이들을 한 번도 본 적이 없었다. 교실에는 사탕을 갖다두지 않으니까 그것이 사탕일 리는 만무했다. 뿐만 아니라 프레디, 수잔나, 맥스가 입에 넣을 가능성이 있었기에 먹지 못하는 그런 작은 물건은 절대 교실에 두지 않았다. 학교에서 먹었을 리는 없을 텐데요, 나는 부인에게 거듭 강조했다. 그리고 혹시 모르니까 프레디를 잘 관찰하겠다고 안심시켰다.

그 다음 며칠도 조용히 지나갔다. 휘트니는 아직 못 나왔고, 나는 방과 후에도 쉴라를 혼자 놀게 하고 정신없이 기말 보고서를 써야 했다. 주말이 왔다 가고, 다시 월요일이 되었다.

그날 오후 아이들을 버스까지 바래다주고 돌아오니 쉴라가 싱크대 밑의 찬장 앞에 무릎을 꿇고 앉아 있었다. 그 아이는 마음이 심란할 때면 듣도 보도 못한 상소리를 뇌까리곤 했다. 아무리 그러지 말라고 해도 일이 자기 뜻대로 안 풀리면 그 버릇이 어김없이 나왔다. 교실 안으로 들어서던 나는 쉴라의 입에서 튀어나오는 욕설을 얼핏 들었다.

"무슨 일 있니?"

쉴라가 벌떡 일어섰다.

"아무 일 없어요."

"왜 욕을 했는데?"

"아무 일 아니에요."

내가 개수대로 다가섰다.

"아무 일 아닌 것 같지 않던데. 무슨 일이야?"

"누가 내 물건을 가져갔어요."

"뭐였는데?"

"그냥 소지품요. 그걸로 미술 작품을 만들려고 했는데, 찾아보니까 누가 가져갔어요. 둔 자리에 없어요."

쉴라가 인상을 썼다.

"누가 거기에 소지품을 두라고 했니? 자기 물건은 사물함에 넣어야 한다는 거 너도 잘 알잖아. 거기서 나온 물건이 네 물건인지 남들이 어떻게 알겠어. 그게 뭐였길래?"

"그냥 소지품이라니까요."

"어떤 소지품?"

쉴라는 난감한 표정이었다. "그냥 내 물건이에요."

"미술 상자에 가보렴. 대신 쓸 만한 게 있을 거다."

그로부터 한 시간 뒤 크럼 부인이 다시 찾아왔다. 프레디가 또 토했다는 것이었다. 이번에도 색색깔의 작은 알갱이였다. 이번에는 휴지에 그것들을 싸가지고 왔다. 부인은 미안해서 어쩔 줄 몰라 하면서도 그게 정말 교실에서 나온 게 아닌지 내 눈으로 확인해주길 바랐다.

나는 착잡한 심정으로 휴지를 펼쳤다. 아주 동그랗지만은 않은 작은 덩어리들이 열 개 가량 있었다. 나는 덩어리 하나를 골라 연필로 눌러보았다. 덩어리는 쉽게 부숴지면서 누리끼리한 속이 드러났다. 처음 보는 물건이었다.

교무실에 가 있던 안톤이 들어오길래 나는 그를 가까이 불렀다.

"이런 거 교실에서 본 적 있어요?"

내가 묻자 안톤은 내 어깨 너머로 그것을 자세히 들여다보았다.

"이게 뭐지?"

안톤도 연필을 잡더니 또 하나를 찔러보았다. 이번에도 파삭 쉽게 부서졌다.

"프레디가 어디서 이걸 찾아내서 먹곤 집에 가서 토한 모양이에요. 어머님 말로는 아무래도 학교에서 먹은 것 같다는 거예요."

"이게 뭐죠?" 안톤도 전혀 짐작이 안 가는 모양이었다. "나도 감을 못 잡겠어요."

쉴라가 호기심을 느꼈는지 우리 쪽으로 와서 내 바지를 당겼다. "나도 볼래요."

나는 그 아이를 밀어냈다. "가만 있어요."

쉴라는 의자 하나를 가져오더니 그 위로 올라섰다. "나도 볼래요."

이상야릇한 내용물이 들어 있는 휴지를 든 채로 안톤이 입을 열었다. "아무래도, 하기 좀 뭣한 소리지만, 토끼 똥이 아닐까 싶네요."

"이렇게 화려한 토끼 똥도 있나요?" 내가 반박했다.

"그건 그렇지만, 속을 보세요. 비슷하지 않습니까?"

나도 모르게 피식 웃음이 나왔다. 상황이 너무 우스꽝스럽다는 생각이 들었던 것이다.

쉴라는 의자 위에 올라서서 한 손은 내 팔을 잡고 또 한 손은 내 목덜미를 잡은 채 아슬아슬하게 균형을 잡았다.

"나도 볼래요, 선생님."

그러자 안톤이 휴지를 그 아이 쪽으로 내밀었다. 내용물을 보는 순간 쉴라는 주춤 뒤로 물러서다가 그만 균형을 잃고 의자와 함께 나뒹굴고 말았다.

"괜찮아?" 툭툭 털고 일어서는 쉴라한테 내가 물었다.

쉴라가 고개를 끄덕였다. 그런데 나를 바라보는 눈빛이 아무래도 수상쩍었다. 아니, 나와 눈을 마주치지 않으려고 하는 것이 아무래도 이상했다.

"여기에 대해서 아는 게 있니, 쉴라? 이 작은 것들이 뭐지?"

쉴라는 한 걸음 뒤로 물러나면서 과장되게 어깨를 으쓱 올렸다 내렸다.

그러자 안톤이 정색을 하고 이맛살을 찌푸렸다.

"프레디한테 위험한 걸 주지 않았니?"

그 아이는 쟁반처럼 동그란 눈을 휘둥그레 뜨고 순진무구한 얼굴로 우리를 바라보았다. 가지런히 땋은 머리에서 몇 오라기가 빠져나와 얼굴을 가렸다. 쉴라는 아랫입술을 꼭 깨물고 여전히 뒤로 물러섰다. 그런데 어쩐지 그 순진한 표정에 죄의식이 묻어나는 듯했다.

"뭐라고 말 좀 해보렴."

다그쳐도 쉴라는 묵묵부답이었다.

"네가 안다는 거 다 알아."

안톤도 가세했다.

"쉴라."

나는 아주 심각한 목소리로 압박을 가했다. 그런 목소리를 내야 하는 내 마음이 편치는 않았다. 쉴라는 노골적으로 죄의식을 드러내고 있으면서도 너무나 결백한 듯한 얼굴을 하고 있었다. 나는 그 부조화가 당혹스럽기만 했다.

나는 그 아이에게 다가서지 않을 수 없었다. 두려움이 서서히 쉴라의 얼굴에 스며들었다. 아직도 누군가가 자기를 몰아세우면 도망치는 그 아이의 버릇은 여전했기 때문이다. 나는 쉴라의 어깻죽지에 한 손을 올려놓으며 탁자 쪽으로 몰아세웠다. 그 아이가 도망갈 엄두를 내지 못하게 손가락에 단단히 힘을 넣었다.

"이제 이게 뭔지 말할 때가 되지 않았니? 난 꼭 알아야겠다. 지금 당장 알아야겠어."

쉴라는 크럼 부인이 탁자 위에 펼쳐놓은 휴지 속에 널린 색색깔의 알갱이들을 빤히 쳐다보았다. 쉴라의 몸에 닿은 손끝에서 긴장이 느껴졌다. 나는 아이의 어깨를 밀쳤다.

"참는 데도 한도가 있다, 쉴라. 날 화나게 하지 마. 프레디한테 위험한 일이니까 우리는 알고 넘어가야 돼. 어서 말하라니까."

"토끼 응가예요." 쉴라가 나지막이 말했다.

"그런데 왜 색깔이 이렇지?"

"칠했어요."

안톤의 예상이 적중한 것이다. 그는 킥킥 웃기 시작했다. 한 손을 입에 가져가서 터져나오는 웃음을 애써 참으려고 했다.

"기가 막혀서, 토끼 응가에 왜 칠을 했어?"

"휘트니가 그러자고 했어요."

자초지종을 들어보니까 쉴라와 휘트니가 장난을 치기로 모의한 모양이었다. 부활절을 맞이하여 우리는 교실 뒷벽에다 큼지막한 모자이크 그림을 만들고 있었는데 그것을 학부모 참관일에 학교 본관 복도에 걸 예정이었다. 그림의 제목은 '토끼 몰이'였다. 모자이크를 이루는 작은 조각으로 토끼 똥을 이용하자는 착상은 휘트니의 머리에서 나온 모양이었다. 사춘기 소녀다운 꾸밈없는 발상이었다. 쉴라는 누가 자기집 부근에서 어슬렁거리면 질색을 하는 토끼한테서 똥을 빼내는 어려운 임무를 맡았다. 쉴라는 거기에 색칠을 해서 아무도 관심을 쏟지 않는 싱크대 밑에다 말렸다. 그런데 프레디가 우연히 그것을 발견하고 그 토끼 똥을 사탕으로 착각해 먹어버리는 사태가 벌어진 것이다. 쉴라가 털어놓은 내용으로 미루어, 토끼는 도대체가 비협조적이지, 휘트니는 아프다고 안 나오지, 숨겨둔 토끼 똥은 자꾸만 없어지지, 지난 한 주가 쉴라한테는 고민스러운 나날이었다. 그러니 내가 앞서 교실로 들어설 때 찬장 앞에 앉아 있던 쉴라 입에서 상소리를 들은 것도 무리가 아니었다.

안톤은 쉴라의 고백이 나오는 동안 웃음을 참으려고 진땀을 흘리고 있었다. 입술을 꾹 다물고 눈을 자꾸만 천장 쪽으로 치뜨면서 헛기침을 연발했다. 크럼 부인은 속 편하게 웃고 있을 기분이 아니었다. 내 자식이 그런 일을 당했다면 나라도 그랬으리라. 우리는 토끼 똥에 어떤 독성이 있는지 몰랐다. 안톤이 독극물센터에 전화를 걸었다. 하지만 프레디가 지난주부터 그것을 먹기 시작한 이후로 토한 것 외에는 이렇다 할 부작용을 보이지 않았으므로, 나는 크게 걱정하지 않았다. 게다가 씹지 않고 삼킨 것을 소화가 되기 전에 그대로 토해내곤 했으니 말이다.

나는 쉴라에게 조용한 구석을 가리키면서 나머지 시간 동안 거기 앉아 있으라고 일렀다. 쉴라는 군말없이 그리로 갔지만 무거운 탄식을 수없이 토했고, 나는 그 아이의 예민한 성격을 떠올리면서 은근히 불안에 떨었다. 독극물센터에 전화를 걸었던 안톤이 괜찮을 거라며 크럼 부인을 안심시켰다. 나는 아이들을 잘 다스리지 못해 죄송하다고 사과하면서 부인을 문 앞까지 배웅했다.

안톤과 나는 대책을 논의했고 당장 휘트니를 부르기로 의견을 모았다. 어차피 휘트니는 학교 부근에 살고 있었고 다른 아이들이 없는 자리에서 문제를 해결하는 게 바람직할 것 같았기 때문이다. 장난으로 시작됐지만 자칫 잘못하면 심각한 결과를 초래할 수 있는 일이었다. 나는 휘트니를 앞에 두고 단단히 주의를 줄 참이었다.

안톤이 휘트니에게 전화를 걸러 가자, 나는 생각하는 의자로 갔다. 쉴라가 고개를 들었다.

"버스 올 시간이 되었구나. 옷 입고 어서 가봐. 안톤하고 나는 오늘 저녁에 할 일이 많기 때문에 부득이 너 혼자서 갈 수밖에 없겠다. 버스 타고 가면서는 절대로 말썽 피우면 안 되는 거 알지?"

쉴라가 끄덕거렸다.

"그럼 안녕. 내일 보자."

"죄송해요."

"됐어. 그 문제는 충분히 이야기했으니까 일단락지어졌다."

"나한테 화났어요?"

"화나다가 말았어. 어디까지나 장난이었고 누굴 해칠 생각은 없었다는 걸 알았으니까. 선생님은 이해한다. 그게 얼마나 어리석은 짓이었나, 이제 너도 분명히 알았을 테지. 끝난 일이니까 더 이상 왈가왈부하지 말자."

쉴라는 의자에서 일어서더니 움직일 생각을 하지 않았다.

"서두르지 않으면 버스 놓쳐."

"나한테 화났어요?"

"아니라니까. 화나지 않았어. 어서 가봐."

"화가 안 났다면서 왜 나한테 웃지 않아요?" 걱정하는 빛이 역력했다.

나는 씨익 웃으며 쉴라의 키에 맞추어 무릎을 꿇고서 그 아이를 안아주었다. 그리고 뺨에 쪼옥 소리가 나도록 입을 맞추었다.

"아직도 날 못 믿는구나?" 쉴라의 머리를 쓸어넘기며 내가 말했다. "이제 아무 걱정하지 말고 집으로 가. 선생님은 너한테 화난 거 없어. 처음부터 별로 화가 안 났어. 너희들이 일부러 그런 행동을 한 게 아니니까. 그저 선생님은 프레디가 걱정됐던 거야. 난 걱정하는 표정이 화난 표정이랑 비슷하거든. 아무튼 끝난 일이다. 됐지? 이제 홀가분하지?"

쉴라가 끄덕였다.

"좋아. 그럼 빨리 뛰어가서 버스를 타라."

휘트니 문제는 또 달랐다. 쉴라가 가고 나서 10분 뒤에 휘트니는 엄마와 함께 나타났다. 나는 그렇게 일을 확대하려는 마음이 추호도 없었다. 그저 휘트니하고 이야기를 하고 싶었을 뿐이지 화가 난 건 아니었다. 쉴라에게도 말했지만, 정말로 화는 안 났던 것이다. 크럼 부인이 앞에 있어서 무안하고 겸연쩍었던 것은 사실이지만, 화는 아니었다. 하지만 앞으로 또다시 그런 일이 생겨서는 곤란하기에 휘트니가 알아들을 수 있게 주의를 주고 싶었다. 그런데 휘트니 어머니가 일을 크게 만들어버렸다.

안톤이 전화를 하다보니까 약간 사정 설명을 하지 않을 수 없었던 모양이었다. 그 여자는 휘트니가 어린아이라도 되는 것처럼 팔을 붙들고 질질 끌면서 교실 안으로 들어왔다. 탈색한 금발에 키가 큰 휘트니의 어머니는 들어서자마자 다짜고짜 나한테 사정 설명을 요구했다. 나는 최대한 좋은 말로 전후 사정을 밝혔다. 그러자 그 여자는 휘트니한테 돌아서더니 마치 프레디가 그걸 먹고 죽기라도 한 양 호되게 몰아세웠다.

"어머님? 어머님?" 나는 끼어들려고 애썼다. "제 말 좀 들어보세요…… 어머님."

안톤은 가운데 서서 어쩔 줄을 모르고 있었다.

"커피 한 잔 하시겠어요, 블레이크 부인?"

휘트니는 작은 의자에 앉아서 내내 훌쩍거리고 있었다.

그 여자의 입을 어떻게 막았는지 잘 기억은 나지 않지만 어쨌든 한바탕 회오리는 지나갔고, 안톤은 그 여자를 커피가 있는 라운지로 데리고 나갔다. 그 시간이면 포트에서 여덟 시간은 족히 졸아든 커피였지만, 나는 그런 커피도 그 여자에게는 과분하다고 생각했다.

　나와 휘트니 둘만 남게 되었다. 휘트니가 엄마한테 야단맞는 모습을 생생하게 목격한지라 그 자리에 있기가 민망했다. 휘트니는 얼마나 수치스러울까. 나는 나대로 어색해서 무슨 말을 해야 좋을지 알 수 없었다. 나는 휴지통을 가지고 와서 그 아이 앞의 탁자에 놓고, 미안하다고 사과를 해야 하나 말아야 하나 잠시 머뭇거렸다. 2, 3분 정도 네가 마음을 진정시키는 동안 나는 아이들 시험지를 정리해서 사물함에 넣고 오겠다는 내용의 말을 우물거렸다.

　일을 마치고 돌아온 나는 휘트니 옆에 앉아서 어깨에 팔을 둘렀다. 휘트니가 나를 와락 끌어안았다. 예상치 못한 동작이었으므로 그 아이의 무게에 짓눌려 내 의자가 흔들거렸지만 나는 더욱 세게 안아주었다. 휘트니는 위로받는 데 굶주려 있었다.

　"별일 아니야, 휘트니," 나는 그 아이의 머리카락을 부드럽게 쓰다듬었다. "안톤도 그렇고 나도 그렇고 너한테 화가 난 게 아니란다. 진심으로 하는 말이야."

　휘트니가 의자에서 일어나면서 휴지 몇 장을 뽑았다.

　"그냥 장난이었어요."

　"그랬다는 거 알아. 그러니까 화도 안 났지. 널 이렇게 어렵게 만들 생각은 아니었단다. 정말이야, 이럴 줄 알았으면 널 오라고 하지도 않았을 거야."

　"엄만 아무 일에나 화부터 내요."

　"그래, 별일 아닌데 이렇게 됐구나. 난 여기서는 좀 더 조심해야 한다는 말만 너한테 하고 싶었어. 보통 아이들이 아니잖아. 그러니까 더 조심해야지."

휘트니가 고개를 끄덕이며 눈물을 훔쳤다. ·

"프레디 같은 아이는 먹을 수 있는 것과 먹을 수 없는 것을 구별 못해요. 설라도 그런 일을 하면 못쓴다는 걸 알기에는 너무 어리고 말이야."

"누가 다칠 수 있다는 생각은 전혀 못했어요. 고의로 그런 게 아니에요."

"그래, 잘 알아. 이번에는 아무도 다치지 않았지. 하지만 운이 좋았던 거야. 별 생각 없이 한 일이었지만 그건 지혜롭지 못했어. 난 네 유머 감각을 높이 사고, 네 덕분에 교실에서 웃음꽃이 피는 걸 고맙게 여긴단다. 하지만 이 아이들은 특별한 아이들이야. 아주 세심한 주의가 필요해요."

휘트니는 머리를 감싸쥐고 탁자 위를 뚫어지게 쳐다보았다.

"전 제대로 하는 일이 하나도 없어요. 사사건건 말썽이에요."

"이번 일 때문에 그렇게 보이는 거지, 그렇지 않다는 건 네가 잘 알잖니."

"엄만 날 잡아먹으려 들 거예요."

"이건 어머님이 나설 문제가 아니지. 너하고 나하고만의 문제야. 안톤이 잘 말씀드리겠지만 그래도 안 되면 내가 어머니를 설득하마."

"죄송해요."

"됐어."

"전 어떻게 되는 거죠?"

"어떻게 되긴."

휘트니는 차마 고개를 못 들고 탁자만 바라보았다. 나는 그 아이의 어깨에 가만히 손을 얹었다. 따스한 온기가 옷을 통해서 느껴졌다. 우리는 그렇게 말없이 한참을 앉아 있었다.

"한 가지 말씀드려도 돼요?"

"그럼."

휘트니는 여전히 내 얼굴을 보지 않았다.

"전 여기가 이 세상에서 제일 마음에 들어요. 그런데 다들 제가 여기에 다니는 걸 한심하게 여겨요. 다 그래요. 뭐가 좋다고 미치광이들하고 어울려 지내니? 그렇게 말들 하죠. 그러면서 저더러도 미쳤대요. 제정신이 아니라구요. 정신이 제대로 박힌 사람이면 허구한 날 여기서 붙어 지내겠냐는 거예요."

"그럼, 그 사람들 눈에는 안톤과 나도 미치광이로 보이겠구나. 우리도 제정신이 아닌 게 분명하네."

"선생님도 사람들한테 그런 말을 듣나요?" 처음으로 휘트니가 내 얼굴을 보았다.

"대놓고 그렇게 말하지는 않지만, 그런 생각을 하는 사람들이 제법 될 거야."

"왜 여기 계세요?"

나는 웃었다. "난 정직한 사이가 좋거든. 내 눈에 정직해 보이는 사람은 어린아이 아니면 미친 사람뿐이었어. 그러니 여기가 마음에 들 수밖에."

휘트니가 고개를 끄덕였다. "맞아요, 저도 그래서 있는 거예요. 다들 자기 느낌을 있는 그대로 보여주잖아요. 가령 누구한테 미움을 받더라도 최소한 그걸 모르고 지나가는 일은 없잖아요." 휘트니는 힘없이 웃었다. "이상한 건, 제 눈엔 이 아이들이 보통 사람들이 생각하는 것처럼 미쳐 보이지 않을 때가 있는 거예요. 무슨 말인가 하면……"

휘트니가 말꼬리를 흐렸다.

내가 끄덕거렸다. "무슨 말인지 나도 알아."

집에 도착하니 채드가 약간 부은 얼굴로 나를 기다리고 있었다. 중국집에서 요리를 사온 모양이었다.

"도대체 어디 있다 온 거야? 일곱 시가 다 돼 가잖아."

음식이 식을까봐 포장한 채로 프라이팬에 달구어가면서 어지간히 애를 태운 듯했다. 부엌에서 종이 타는 냄새가 났다.

"학교."

"이렇게 늦게까지? 벌써 한 시간이나 기다렸어. 뭘 하느라고?"

"아이 하나가 집에서 작은 구슬들을 토했는데, 아이 엄마가 학교에서 뭘 잘못 먹은 게 아닌가 싶어서 아이가 토한 것들을 휴지에 싸서 직접 가지고 오셨더라구."

채드가 낄낄거리기 시작했다. 음식이 탈까봐 프라이팬 쪽으로 돌아서기는 했지만 어깨가 자꾸 흔들렸다.

"그래, 안톤하고 그 구슬을 갈라보니까 토끼 똥이 아니겠어."

드디어 채드는 푸하하하 웃음을 터뜨렸다. 나도 거기에 전염되어 피식 웃고 말았다.

"보니까, 쉴라가 토끼장에서 똥을 꺼내서 물감으로 색칠을 했지 뭐야. 언제 그럴 시간이 있었는지. 아무튼 프레디가 그걸 찾아내서 먹은 거야. 사탕인 줄 알았겠지."

우리는 함께 웃었다. 하도 우스워서 더 이상 말을 이을 수가 없었다. 맛있는 요리 냄새가 코끝을 자극했고, 우리 눈에는 눈물이 고였다. 옆구리가 다 결렸지만 웃음은 그치지 않았다.

"물어봐서 미안해." 마침내 채드가 거친 숨을 몰아쉬며 말했다.

"알면 다행이구." 나는 그렇게 대꾸했다.

내가 두려워하던 전화는 3월 셋째 주에 걸려왔다. 에드 서머스의 굵은 저음이 전화선을 타고 들려왔다. 그날 오후 수업을 마치고 난 다음 비서가 나에게 전화가 왔으니 받아보라고 연락했을 때 나는 그 전화란 걸 직감했다. 에드의 목소리를 들으니 당장에 그가 무슨 말을 하려는 것인지 알 수 있었다.

"토리, 오늘 원장한테 전화가 왔어요. 주립병원에 자리가 하나 났답니다."

그 말을 듣는 순간 내 심장이 두근거리기 시작했다. 귀가 다 울릴 정도여서 에드의 말소리도 잘 들리지 않았다.

"에드, 그 애는 거기 가면 안 돼요."

"잠시 그 반에 넣었을 뿐이라고 말하지 않았습니까. 빈자리가 생기면 주립병원에 보내라는 법원의 판결이 있었어요. 우리 마음대로 할 수 없는 상황이오. 계속해서 거기 있으라는 건 아니었어요."

"그 아이가 얼마나 많이 변했는데요. 예전과는 달라요. 병원에 가면 잘 배겨나지 못할 거예요."

"들어봐요, 이 문제는 우리가 개입하기 전에 이미 결정된 사항입니다. 전에도 말씀드리지 않았습니까. 선생님도 아시잖아요. 그리고 병원에 가는 게 그 아이한테도 좋아요. 가정 형편을 좀 생각해봐요. 그런 집에서는 도저히 정상적인 생활을 할 수가 없어요. 잘 알지 않습니까. 매일 그 아이들하고 같이 생활하는 선생님 같은 분이 그런 절박한 사정을 모르면 누가 안다는 겁니까."

"그 아이는 절박하지 않아요." 나는 언성을 높였다. "보통 아이가 아니라구요. 얼마든지 이겨낼 수 있어요. 이제 와서 병원에 보낸다는 건 말도 안 돼요."

전화기 저편에서 에드의 혀 차는 소리가 들려왔다. 그가 담뱃불을 붙이는 동안 긴 침묵이 흘렀다.

"선생님은 그 아이들한테 아주 많은 도움을 줬습니다. 솔직히 말해서 어떻게 저렇게까지 할 수 있을까 싶은 생각도 때때로 들더군요. 하지만 너무 깊이 빠진 듯한 느낌도 받습니다. 지난 1월의 그 사건이 있은 뒤로 그런 생각을 하게 됐지요. 이 아이에 대한 건 우리한테 오기 전에 이미 결정된 사안입니다."

"결정을 번복하면 되잖아요."

"우리 힘으로는 그렇게 할 수 없다니까요. 방화 사건으로 주당국이 이미 재판에 회부했지 않습니까. 피해를 당한 아이의 부모를 설득하지 않는 한 방법이 없어요."

"참 우습지도 않네요. 겨우 여섯 살밖에 안 된 아이한테 이럴 수는 없는 거예요."

"그 심정은 나도 잘 압니다. 그 아이한테 선생님이 깊이 빠져 있다는 걸 모르는 내가 아니기 때문에, 이게 불가피하다는 걸 알면서도 무척 죄송스럽게 생각해요. 하지만 법원 소관인 걸 어떡합니까. 이렇게 되리라는 걸 우리 둘 다 알고 있었잖아요. 미안합니다."

나는 차마 쉴라가 놀고 있는 교실로 돌아갈 수가 없어서 교사 휴게실로 갔다. 그리고 의자에 앉아서 평소에는 입에도 대지 않는 커피를 마시면서 눈물을 삼키려고 애썼다. 에드의 말이 옳았다. 나는 너무 깊이 빠져 있었다. 그 아이가 나한테 너무 크게 자리잡고 있었다. 내가 느낀 좌절감은 말로 표현할 수 없을 정도였다. 수업안과 미술 지도, 학교 축제가 어쩌고저쩌고 하는 이야기가 내 귀를 간지럽혔다. 나는 결국 수업만 끝나면 편하게 휴게실에서 노닥거릴 수 있는 팔자 좋은 사람들을 뒤로 하고 교실로 향했다.

안톤은 내 표정을 본 순간 아무 말도 묻지 않았다. 알아차린 것이다. 내일 수업을 위해 교재를 만들고 있던 안톤은 와서 좀 거들어달라고 쉴라를 불렀다. 나는 문 앞에 서서 교실을 둘러보았다. 어느 모로 보나 괜찮은 방이라고 말하기는 곤란했다. 너무 좁고 긴 데다 어둠침침했고, 냄새 나는 동물 우리들과 속털이 거의 다 빠져나간 쿠션들로 좁아터진 방이었다. 교사용 책상을 놓을 공간조차 없었다. 그 순간만큼은 나만의 책상이 없는 것이 아쉬웠다. 그런 책상만 있었어도 살며시 그 뒤로 숨을 수 있을 테고, 그럼 "혼자 있게 내버려둬!"라고 굳이 말하지 않아도 아무도 나를 건드리지 못했을 테니까. 하지만 책상은 없었다. 나는 쿠션들이 놓여 있는 동물 우리 뒤편으로 걸어가서 맥없이 그 위에 주저앉았다.

어느새 쉴라가 쏜살같이 앞에 나타나서 내 표정을 요리조리 살폈다.

"기분이 안 좋은가봐요."

쉴라가 조용히 말을 걸었다. 바지 주머니에 두 손을 찔러넣고 있었다. 문득 참 많이 컸다는 생각이 들었다. 바짓단과 신발 사이가 5센티는 벌어져 있었다. 어쩌면 처음부터 그랬는데 내가 못 알아차린 것인지도 몰랐다.

"그래, 안 좋아."

"왜요?"

"쉴라, 이리 오라니까."

안톤이 소리쳤다. 쉴라는 꼼짝 않고 내 눈을 빤히 들여다보면서 마음을 읽어내려고 애썼다. 내가 정말로 너무 깊이 빠져든 것일까, 나는 곰곰이 되씹어보았다. 그 아이는 내게 너무나 사랑스러워 보였다. 잘 모르는 사람들 눈에는 무수히 많은 아이들 중 하나일 뿐이라는 걸 나도 모르지는 않지만, 내게는 이 세상 모든 아이를 합친 것보다도 쉴라가 더 소중했다. 그렇게 되리라고는 전혀 생각하지 않았는데, 어느새 그 아이를 사랑하게 된 것이다. 그 아이를 사랑하게 되니까 그만큼 더 소중해졌다. 이제 내게는 '책임'이 있었다. 내 눈에는 눈물이 고였다.

쉴라가 내 옆에 무릎을 꿇었다. 얼굴에 근심이 잔뜩 어려 있었다.

"왜 우는 거예요?"

"기분이 안 좋으니까."

안톤이 와서 쉴라를 일으켜 세웠다. "이리 와요, 아가씨, 좀 거들어달라니까 그러네."

"치." 쉴라는 안톤의 손아귀에서 빠져나오려고 몸을 비틀었다.

내가 손을 들어 만류했다. "놔둬요, 안톤. 난 괜찮아요."

그는 고개를 끄덕이고 자기 자리로 돌아갔다.

쉴라가 걱정 어린 눈빛으로 내 얼굴을 가만히 바라보았다. 내 눈에 고인 눈물은 흘러내리진 않았지만 그렇다고 사라지지도 않았다. 차마 쉴라의 얼굴을 바라볼 수가 없었다. 내가 이렇게 흔들리는 모습을 보고 쉴라가 충격을 받지나 않을까 슬며시 걱정이 되기 시작했다.

나를 가만히 지켜보면서 서 있기만 하던 쉴라가 살며시 다가와서 내 옆에 앉았다. 그리고 내 손을 조심스럽게 만지면서 말을 걸었다.

"내가 손을 잡아주면 기분이 좋아질 거예요. 나도 그랬거든요."

나는 빙그레 웃었다. "선생님은 널 사랑해. 그걸 잊지 말아라. 무슨 일이 생겨서 네가 혼자 있게 되거나 안 좋은 일이 닥쳐서 무서운 생각이 들더라도, 내가 널 사랑한다는 걸 꼭 기억해. 사람이 다른 사람한테 해줄 수 있는 건 그 사람을 사랑하는 거밖에 없어."

쉴라의 표정이 일그러졌다. 그 아이는 내가 하는 말을 이해하지 못하고 있었다. 나도 어린아이 앞에서 그런 말을 해봤자라는 걸 모르진 않았지만, 말을 안 하고는 도저히 견딜 수가 없었다. 내 마음의 안정을 찾기 위해서라도, 그 아이한테 너를 위해서 최선을 다했노라고 말하지 않을 수 없었다.

나는 그날 침대에서 뒤척거리다가 채드를 쳐다보았다. 우리는 저녁 내내 아무 말 없이 TV만 보고 있었다. 마음이 심란해서 아무리 집중을 하려고 해도 대화를 할 수가 없었다. 처음에는 그날 있었던 일을 채드에게 시시콜콜 이야기하지 않았다. 그러나 시간이 흐르면서 처음의 충격에서 어느 정도 헤어날 수 있었고, 뭔가 대책을 강구해야 한다는 생각이 들기 시작했다.

"자기?"

그가 나한테 고개를 돌렸다.

"그 사람들이 쉴라에게 내린 조치를 막을 수 있는 법적 대응 방안이 있을까?"

"무슨 소리야?"

"무슨 소리긴. 법원의 결정에 맞설 수 있는 법적 수단이 없겠느냐구. 나 같은 사람도 그런 자격이 있나 몰라? 보호자가 아니면 곤란한가?"

"자기가 나서려고?"

"누군가는 나서야지. 교육청에서도 날 밀어줄 거야. 확실치는 않지만."

"자격이야 있지."

"근데 난 어디서부터 어떻게 시작해야 할지 모르겠거든. 누구한테 항소를 하지? 법원을 상대로 해서 그런 일을 벌일 수도 있나? 뭘 어떻게 해야 하는 건지 하나도 모르겠어."

"내 생각에는 그 아이의 아버지, 피해를 당한 꼬마의 부모, 그 아이를 감독하는 사회복지사, 뭐 그런 사람들을 한자리에 모아놓고 공판을 열어야 할 거야. 필요한 절차를 차근차근 밟으면 돼. 자기도 알잖아."

나는 몰랐다. 내가 사법제도에 대해서 아는 거라곤 상대성이론에 대해서 아는 것과 같은 수준이었다. 하지만 채드한테 그런 나의 무지를 드러내고 싶지는 않았다. "자기가 맡아줄래?"

그가 눈썹을 치켜떴다. "내가?"

내가 고개를 끄덕였다.

"난 그런 분야는 잘 몰라. 그런 방면의 법을 잘 아는 전문가한테 맡겨야 돼. 내가 해본 경험이라고는 술꾼들을 감옥 밖으로 빼낸 게 전부라구."

내가 빙긋 웃었다. "자기 경험이랑 내 주머니 사정이 엇비슷한 수준 같은데. 내가 나서면 수임료도 내가 지불해야 하잖아."

채드는 어이없어했다.

"난 왜 맨날 이런 사건만 걸리는지 몰라. 돈벌이하고는 인연이 없어." 말은 그렇게 하면서도 그는 씨익 웃었다.

"언젠가는 잘 벌 거야. 올해는 아니지만."

내가 이 사건을 정식으로 문제 삼기 위해 변호사를 선임했다는 소식이 교육감의 귀에 들어가자, 바로 회의가 소집되었다. 전에 쉴라를 가르쳤던 바슬리 선생도 불렀다. 바슬리 선생은 웃는 모습이 애교스러운 40대 초반의 체구가 아담한 여자였다. 허름한 청바지에 운동화를 신고서 바슬리 선생을 구부정히 내려다보고 있자니, 그 여자한테 쉴라가 얼마나 부담스러운 존재였을지 능히 짐작이 갔다. 고급 스카프를 두르고 굽 높은 구두를 신은 그 여자의 차림새는 향수 광고에 나오는 모델을 방불케 했다. 고약한 냄새를 풍기면서 말까지 안 들어먹는 쉴라가 얼마나 짐스러웠을까.

에드 서머스도 있었고 교내 심리학자인 앨런, 콜린스 교장, 안톤, 교육감, 유치원에서 쉴라를 가르쳤던 보조교사도 그 자리에 참석했다. 회의는 껄끄러운 분위기로 시작되었다. 나와 채드가 어떤 사이인지 알 턱이 없는 교육감은 자기한테 상의 한마디 없이 변호사를 고용하여 이 문제를 법정으로 끌고 간 내 주제넘은 행동을 내심 못마땅해하는 눈치였다. 그도 무리가 아니었다. 나는 에드와 그 문제를 상의했더니 우리 손으로 해결할 수 있는 성질의 문제가 아니라고 하길래 가능한 법적 수단을 찾게 된 것이라고 해명했다.

처음에는 껄끄러웠지만 일단 회의가 시작되자 분위기는 일변했다. 나는 쉴라가 학교에서 푼 시험지와 안톤이 만든, 쉴라가 교실에서 의젓하게 행동하는 모습을 담은 비디오테이프를 참고자료로 가져왔다. 앨런은 지능검사 결과를 보고했다. 쉴라를 전에 가르쳤던 교사들도 비범한 데가 있는 아이라고 맞장구쳐주었다. 여러 번 충돌을 빚었기 때문에 이번에도 나의 돌출 행동을 괘씸하게 여길 거라고 가슴 졸이던 콜린스 교장마저도 쉴라의 행동이 전반적으로 좋아졌다는 긍정적 발언을 해주었다. 그 말을 하는 교장의 모습이 그렇게 예뻐 보일 수가 없었다.

한 아이가 방화로 크게 다쳤기 때문에 사실 이것은 우리가 왈가왈부할 성질의 문제가 아니라는 교육감의 발언에 나는 다소 맥이 빠졌지만, 그런 교육감도 쉴라가 눈에 띄게 좋아졌다는 사실과 그 아이의 뛰어난 지능에는 적잖이 감동을 받는 듯했다. 그는 주립병원이 쉴라를 보내기에 적절치 않은 곳이며, 그 아이를 공립학교에 그냥 두어도 다른 학생들에게 피해를 줄 것이라고 생각되지는 않는다는 말로 조심스럽게 나의 후원 세력이 되어주었다. 그러면서 변호사를 만나보고 싶다고 덧붙였다. 교육감은 회의를 차분히 가라앉은 분위기로 진행시키려고 애썼지만, 나는 흥분을 가눌 수가 없었다.

우리가 끌어들여야 할 또 한 명의 중요한 인물은 쉴라의 아버지였다. 안톤이 그를 수배하는 임무를 맡았다. 그는 쉴라의 아버지가 집에 있는 것을 확인하고 곧바로 나한테 전화를 걸었고, 채드와 나는 당장 그 집으로 달려갔다.

전처럼 쉴라의 아버지는 술을 마시고 있었다. 전보다 과음했는지 얼큰히 취기가 올라 있었다.

"쉴라는 주립병원에 있을 아이가 아닙니다." 내가 기선을 제압했다. "학교 생활을 얼마나 잘하는지 몰라요. 올 가을부터는 일반학급에 충분히 다닐 수 있다고 봅니다."

그가 삐딱하게 머리를 기울였다.

"그 아이를 어떻게 하건 말건 당신이 무슨 상관이우?"

그 질문이 내 머릿속에서 메아리쳤다. 무슨 상관이에요? 쉴라가 자주 던지던 말이었다.

"따님은 보통 아이가 아닙니다. 주립병원에 보내는 건 그 아이 앞길을 가로막는 거예요. 그 아이는 앞으로 얼마든지 정상으로 살아갈 수 있기 때문에 그런 데 보내는 건 옳지 않아요."

"그 앤 미치광이우. 무슨 짓을 했는지 모르슈? 어린아이를 불에 태워서 죽일 뻔했다니간."

"그렇다고 꼭 미친 건 아니죠. 그 아인 미치지 않았어요. 절대로 안 미쳤어요. 오히려 병원에 보내면 미치고 말 거예요. 결국은 역효과를 낳는다구요. 자식을 정신병원에 보내고 싶은 부모는 이 세상에 아무도 없을 거예요."

그는 긴 한숨을 내쉬었다. 내 말이 먹혀들지가 않았다. 그는 평생 사람들에게 당하고만 살았고, 하는 일마다 뒤틀리기 일쑤였다. 그러다보니 아무도 믿지 않게 되었다. 딸도 예외가 아니었다. 그런 사람들의 세계에서는 그게 안전한 길이었다. 그런 판에 난데없이 불쑥 나타난 나 같은 사람을 어찌 믿겠는가.

우리는 밤늦도록 이야기를 나누었다. 채드와 안톤이 쉴라의 아버지와 함께 맥주를 마셨다. 먼발치에서 우리를 유심히 쳐다보고 있던 쉴라는 우리가 대화를 나누는 동안 마루에서 그대로 잠들어버렸다. 도대체 무슨 일로 내가 집에까지 찾아왔는지 쉴라가 알지는 못할 것으로 여겨졌다. 자세한 이유를 굳이 밝히지 않은 것은 쓸데없이 걱정을 안기고 싶지 않은 마음도 있었지만, 헛된 희망을 가지면 어떻게 하나 하는 불안도 작용했다. 하지만 내일 아침이면 어차피 알게 될 일이었다. 나는 일이 원만히 해결될 것으로 믿었다.

쉴라의 아버지는 결국 우리 방침대로 따르기로 했다. 이것은 '자선 사업'도 아니고 '호의를 베푸는 것'도 아니며 음흉한 모략도 아니라는 걸 마침내 그에게 납득시킨 것이다. 지성이면 감천이라는 말이 있듯이 우리의 지극한 정성을 보면서 그도 우리에게 사심이 없음을 느낀 모양이었다. 겉으로는 무뚝뚝하기 한량없었지만, 속에는 부모로서의 본능이 있으리라는 내 예상은 빗나가지 않았다. 그는 그 나름의 방법으로 딸을 사랑했고, 딸처럼 누군가의 사랑을 필요로 하는 사람이었다.

그날 저녁은 참으로 야릇했다. 우리는 모두 약간씩 취해 있었다. 인생의 낙오자들을 변호하는 일을 업으로 삼아온 채드는 우리보다 쉴라의 아버지를 훨씬 능숙하게 상대할 줄 알았다. 나는 대화가 자꾸만 본론에서 벗어나는 것을 막으려고 애썼는데, 하지만 두 사람은 오랜 술친구처럼 서로 등짝을 두드리면서 죽이 아주 잘 맞았다. 안톤과 나는 두 사람의 강권에 못 이겨 맥주를 들이켜야 했다. 어찌 보면 병원에 보내야 하는 위기 상황을 맞이한 것이 전화위복인지도 몰랐다. 그 일을 계기로 우리 각자가 쉴라의 삶에서 차지하는 비중을 깨닫게 되었으니 말이다. 우리 모두에게 다행스러운 일이 아닐 수 없었다.

심리는 3월 마지막 날에 열렸다. 4월의 첫날이 눈으로 시작되리라는 것을 예고하듯 바람이 불고 구름이 잔뜩 낀 음산한 날이었다. 기운이 저절로 가라앉는 그런 날씨였다. 안톤과 나는 오후 수업을 맡을 수 없었다. 콜린스 교장도 우리를 따라나섰다. 전혀 예상하지 못한 일이었지만, 실상 교장은 아침부터 우리 교실에 와서 아버지처럼 자상하게 말을 건네는 등 나를 전폭적으로 지원해주었다. 다른 사람이라면 모를까 나는 교장이 이렇게 달라질 수 있으리라곤 생각하지 못했다. 홈스 선생 교실에서 있었던 사건 이후로, 내 마음속에서 교장은 유치하기 짝이 없는 일차원적 인간으로 남아 있었던 것이다. 처음에 나는 이 사람이 왜 이러나 싶었고, 뭔가 잇속을 챙기려는 속셈에서 돌변한 것인지도 모른다고 생각했다. 하지만 잔뜩 움츠렸던 내 마음을 열고 보니까 교장도 그 나름의 방식으로 나처럼 아이들을 사랑했고, 쉴라한테도 애정을 품고 있다는 것을 분명히 깨달을 수 있었다.

　심리는 비공개로 진행되었다. 우리 맞은편에는 소년의 부모와 변호인이 자리잡았다. 지방정부에서 나온 관리들의 모습도 꽤 보였다. 우리 측은 안톤, 앨런, 바슬리 선생, 에드, 교육감이었다. 쉴라의 아버지는 늦었지만 다행히 참석했고 술은 한 방울도 입에 대지 않은 상태였다. 그의 차림새를 보니까 가슴이 아렸다. 그는 자선단체에 기부하려고 해도 퇴짜 맞기 딱 좋을 양복을 입고 있었다. 솔기란 솔기는 모두 닳았고 해진 상의는 땟국물에 절었으며 바지는 꿰맨 자리 투성이었다. 불룩 튀어나온 배 때문에 단추를 채웠어도 상의는 금방 터질 것처럼 팽팽했다. 하지만 그 나름으로 단정하게 보이려고 최선을 다한 차림새였다. 수염을 말끔히 깎은 얼굴에서는 싸구려 로션 냄새가 풍겼다.

쉴라는 법정 바깥의 딱딱한 떡갈나무 벤치에 앉아 있었다. 일이 순조롭게 진행되지 않을 경우, 쉴라를 불러들여야 할지도 모른다며 채드가 거기 앉아 있게 한 것이다.

쉴라는 멜빵바지와 티셔츠를 입고 왔다. 좀 더 예쁜 옷을 입히지 못한 것이 후회스러웠지만 촉박한 시간 탓에 어쩔 수가 없었다. 그날 점심을 먹고 쉴라를 세면대에서 깨끗이 씻긴 다음 머리를 단정히 빗어주는 것으로 만족해야 했다. 초라한 옷만 아니라면 쉴라는 완벽했다. 법정 밖에서 기다리면서 무료해할까봐 쉴라가 읽을 만한 책도 몇 권 가지고 왔다. 판사는 오늘 재판의 주인공이 혼자 덜렁 밖에서 기다린다는 사실을 알고는 법정 서기 한 명을 아이 옆에 붙였다.

심리는 내가 예상했던 방식과는 판이하게 진행되었다. 나는 한 번도 재판정에 가본 적이 없었기 때문에 TV에서 보고 들은 내용이 전부였는데, TV하고는 많이 달랐다. 변호인들은 조용히 발언했고 관련 당사자들은 각자 준비한 자료를 제시했다. 나는 쉴라가 우리 교실에 온 뒤로 석 달 동안 얼마나 많이 달라졌는지 보여주기 위해 비디오테이프를 가지고 갔다. 앨런은 지능검사 결과를 다시 한 번 보고했다. 에드는 쉴라가 우리 반을 마친 뒤에도 특수교육을 계속 받아야 한다면, 공립학교의 울타리 안에도 적당한 프로그램이 있다는 점을 강조했다.

그러고 나자 소년의 부모를 앞으로 불러 작년 11월의 사건에 대해 질문했다. 쉴라의 아버지에게는 그동안 딸을 얼마나 잘 보살폈는지, 또 지난 몇 달 동안 딸의 행동이 많이 좋아졌다고 생각하는지를 물었다. 심리는 아주 차분하게 진행되었다. 아무도 언성을 높이지 않았고, 흥분하는 사람도 없었다. 나의 예상은 완전히 빗나갔다.

진술이 모두 끝나자 변호인들과 판사가 심리를 마무리짓는 동안,

나머지 사람들은 밖에 나가 있어야 했다. 나는 채드가 자랑스러웠다. 한두 해를 알고 지낸 사이가 아니었지만, 그가 변호사로서 일하는 현장을 본 것은 그때가 처음이었다. 내 앞에 나타난 채드는 침대에서 뭉기적거리면서 TV를 보던 모습과는 전혀 딴판이었다. 그는 자신만만했고 물 만난 고기처럼 능숙하게 변론했다. 돈 한 푼 못 받으리라는 걸 뻔히 알면서도 어려운 사건을 흔쾌히 맡아주었고, 나의 두서없는 요구를 요령 있게 받아서 쉴라를 구제할 수 있는 길을 터준 그가 너무나 자랑스러웠다.

복도 저편에는 소년의 부모가 앉아 있었다. 잔뜩 긴장한 모습이었으며, 어두운 얼굴로 입을 굳게 다문 채 멍하니 허공을 응시하고 있었다. 무슨 생각을 하는지 얼굴만 보고는 알 수 없었다. 쉴라가 저지른 잘못을 용서해줄 아량이 그들에게 있을까? 아니면 아직도 그들의 마음은 비탄과 공포에 짓눌려 있는 것일까? 그래서 쉴라가 자기 아들의 인생을 망가뜨린 것처럼 쉴라의 인생을 망가뜨리고야 말겠다는 앙심을 마음속 깊이 품고 있을까? 표정만 보아서는 알 수가 없었다.

아이의 아버지가 고개를 돌린 순간, 나와 눈이 마주쳤다. 우리는 서로 시선을 피했다. 소년의 부모는 나쁜 사람들이 아니었다. 도저히 미워할 수 없는 사람들이었다. 진술을 하는 그들의 부드러운 목소리에서 분노를 감지하기는 어려웠다. 다만 슬픔은 감출 수 없었다. 아픈 기억을 또다시 들춰내기가 괴로웠으리라. 다시 법정에 출두하기가 죽기보다 싫었고, 이 아이 때문에 또다시 그들의 삶이 헝클어지는 데 넌더리가 났으리라. 차라리 그들을 미워할 수 있었다면, 판결이 어떻게 나건 내 마음은 편했을 것이다. 하지만 그들은 미워할 수 없는 사람들이었다. 그들은 나름대로 최선을 다하고 있었다. 정신질환이 무엇인지 모르고 두려움이 무엇인지 모르는 것이 잘못이라면 모를까, 그들에게는 조금도 잘못이 없었다. 이제 판사는 우리와 그 아이의 부모가 누군지 모르는 상태에서, 두 아이를 모르는 상태에서, 선과 악을 두부 모 자르 듯 명확하게 구별하기 어려운 사안에 대해서 판결을 내려야 했다. 나는 부모들이 어떤 심정일까 궁금했다. 그들에게 걸어가서 말을 걸 수 있는 용기가 내게 있으면 얼마나 좋을까 하고 생각했다. 꼭 이런 식으로밖에는 문제를 해결할 수 없는 것인지 비감한 생각도 들었다.

쉴라는 내 무릎에 앉아 있었다. 우리가 나왔을 때 그림을 그리고 있던 쉴라는 나한테 그 그림을 설명해주려고 애썼다. 그 아이로서는 내가 골똘히 생각에 잠겨 있는 모습이 싫었던 모양이다. 쉴라가 한 손을 들어올리더니 내 얼굴을 억지로 자기한테로 돌렸다.

"이 그림 좀 보세요, 선생님. 수잔나 조이를 그렸어요. 봐요, 그 애가 학교에 잘 입고 오는 옷이 이 옷이잖아요."

나는 그림을 보았다. 쉴라는 오래전부터 수잔나 조이한테 질투를 느끼고 있었다. 수잔나는 우리 반에서 유일하게 집안 사정이 좋은 아이였다. 늘 깨끗한 옷을 입었고 화려한 술이 달린 멋진 드레스들을 즐겨 입었다. 쉴라는 부러움을 감추지 못했다. 수잔나 조이가 입고 다니는 그런 드레스를 단 한 벌이라도 가지는 것이 그 아이의 소원이었다. 매일매일 카탈로그를 들추면서 자기가 가지고 싶은 드레스를 고르는 것이 쉴라의 취미였다. 일기에도 옷과 관련 있는 내용이 자주 등장했다. 일주일 전만 하더라도 쉴라는 작문 시간에 이런 글을 썼다.

이제부턴 글도 열심히 쓰고 공부도 열심히 하는 착한 아이가 되겠다고 선생님한테 약속할게요. 어젯밤에 있었던 일을 말씀드리고 싶어요.

아버지가 안경 맞추는 가게에 들어가 있는 동안, 나는 밖에서 기다렸어요. 근처를 돌아다니면서 진열장들을 구경했어요. 그 안에 있는 물건들을 살 수 있으면 좋겠다는 생각이 가끔 들어요. 너무나 예쁜 것들이 있거든요. 빨강, 파랑, 하양이 섞여 있는 긴 드레스도 봤는데, 레이스도 달려 있고 너무 예뻤어요. 그런 드레스는 한 번도 가진 적이 없는데 너무 마음에 들었어요. 가졌으면 좋겠다고 생각했어요. 나한테 딱 맞을 거 같았어요. 아버지한테 샀으면 좋겠다고 했더니 "안 돼" 하시잖아요. 너무 근사했는데 속이 상했어요. 난 진짜 드레스를 입어본 적이 없걸랑요. 수잔나 조이처럼 그걸 입고 학교에 다니면 좋을 텐데. 걘 드레스가 무지무지 많잖아요. 하는 수 없어서 우리는 집으로 갔어요. 아버진 그 대신 초콜릿을 조금 사주셨고 "가서 자라"고 하셨어요. 그래서 잤어요.

그 짧고 재미난 글은 묘하게 내 가슴을 찔렀다. 쉴라의 글 중에서도 가장 애처로운 내용이 아닐까 싶었다. 쉴라는 드레스를 가질 수 없다는 걸 알았고, 그 사실을 받아들이면서도 드레스에 대한 꿈을 버리지 않고 있었다.

쉴라는 조잘거리면서 자기 그림을 이 부분 저 부분 자세하게 설명하려고 들었지만, 내 마음이 다른 데 가 있다는 걸 깨달았다. 쉴라가 불려 들어가지 않은 건 좋은 징조였다. 그래도 그 아이는 우리가 긴장을 풀지 않고 있다는 걸 알아차렸다.

마침내 법정 문이 열렸다. 채드의 얼굴을 본 순간, 나는 어떤 판결이 내려졌는지 알 수 있었다. 그는 우리한테서 2미터 가량 떨어진 곳에 와서 멈춰 서더니 환한 미소를 지었다.

"우리가 이겼어."

복도가 시끌시끌해졌고 우리는 얼싸안고 춤을 추었다.

"이겼다! 이겼다! 이겼다!"

쉴라가 팔짝팔짝 뛰면서 환호성을 질렀다. 그 아이가 이번 판결의 의미를 제대로 알고 있을 리 만무했지만, 아무튼 우리는 쉴라가 기뻐하는 모습을 보면서 웃음보를 터뜨렸다.

"자축연을 벌여야 하지 않을까?" 채드가 외투를 걸치면서 제안했다. "셰이키 피자점에 가서 엄청 큰 피자를 시켜먹는 게 어때?"

다른 사람들도 하나 둘 자리를 뜨고 있었다. 나는 소년의 부모가 있는 복도 저편을 슬쩍 바라보았다. 그들도 막 외투를 입고 있었다. 그들에게 걸어가서 말을 걸 수 있는 용기가 나한테 있었으면 얼마나 좋을까 하는 생각이 또 한 번 들었다. 채드는 줄곧 나한테 피자 이야기를 하고 있었고, 쉴라는 깡총깡총 뛰면서 자기 존재를 알리려고 내 허리띠를 붙잡고 늘어졌다. 학교 관계자들은 기운차게 작별 인사를 나누고 있었다.

"어떻게 생각해?" 채드가 재차 물었다. "안 가고 저녁 내내 그렇게 서 있기만 할 거야?"

장난스럽게 팔꿈치로 나를 쿡 찔렀다.

나는 돌아서서 고개를 끄덕이고는 쉴라에게 물었다.

"넌 어떻게 할래? 우리하고 같이 피자 먹으러 갈래?"

쉴라가 눈을 동그랗게 뜨고 끄덕거렸다. 나는 허리를 숙여 그 아이를 안아 올렸다.

쉴라의 아버지는 우리한테 끼지 못하고 따로 떨어져 있었다. 몸에 꼭 끼는 양복 주머니에 두 손을 찔러넣고 외롭게 서 있었다. 내 눈에는 그가 쓸쓸히 잊혀진 사람처럼 보였다. 비록 이기기는 했지만, 그는 싸움의 주역이 아니었다. 기쁜 소식을 듣고 쉴라가 제일 먼저 껴안은 사람도 아버지가 아니었다. 쉴라는 복도에서 우리와 함께 기다리다가 우리와 함께 기쁨을 나누었을 뿐이었다. 그것은 우리가 거둔 승리였다. 그는 승리의 일원이 아니었다. 법정은 그에게 과거의 어두운 기억만 불러일으켰으리라. 법정은 두려운 곳이었다. 누덕누덕 기운 양복에 싸구려 로션을 바른 쉴라의 아버지는 교육청 관계자나 정부 당국자들과 묘한 대조를 이루었다. 딸의 경사에도 감히 끼어들지 못하는 그 모습이 너무나 측은해 보였다. 쉴라와 달리 그는 우리한테서 겉돌고 있었다.

채드도 나와 비슷한 느낌을 받은 모양이었다. "같이 가시겠어요?"

한순간 그의 얼굴에 반가운 빛이 스쳐갔지만 그는 고개를 저었다. "가봐야 할 데가 있수."

"그럼 쉴라는 데려가도 되겠죠?" 채드가 물었다. "나중에 저희가 집까지 데려다주겠습니다."

그가 고개를 끄덕였다. 딸을 바라보는 아버지의 입가에 부드러운 미소가 떠올랐다. 쉴라는 아버지의 존재는 까맣게 잊고 아직도 내 품에서 흥분을 삭이지 못하고 있었다.

"정말 안 가시겠습니까?"

"예."

우리는 한참 말없이 서로를 응시했다. 우리 사이에는 우주가 가로놓여 있었고 그것을 이어주는 다리는 없었다. 채드가 주머니에서 지갑을 꺼냈다. 그리고 20달러짜리 지폐를 쉴라의 아버지에게 내밀었다.

"자. 수고하셨습니다."

그는 잠시 머뭇거렸고, 자선이라면 질색을 하는 그 성미로 보아 나는 그가 돈을 받지 않을 줄 알았다. 하지만 그는 쭈뼛쭈뼛 손을 내밀더니 돈을 받아쥐고는 고맙다는 말을 남기고 그냥 돌아서서 긴 복도를 처량하게 걸어갔다.

쉴라와 나는 채드의 작은 차를 타고 피자가게로 달렸다.

"쉴라, 너는 무슨 피자를 먹고 싶니?"

채드가 뒷좌석에 앉은 쉴라에게 어깨 너머로 물었다.

"모르겠어요. 피자를 한 번도 안 먹어봤거든요."

"피자를 안 먹어봤다구?" 채드가 탄식을 토했다. "그럼 앞으로 이런 기회를 자주 마련해야겠구나."

피자를 한 번도 안 먹어봤다지만, 쉴라의 행동에서는 그런 티가 전혀 나지 않았다. 피자가 도착하니까 눈이 휘둥그레지더니 노련하게 달라붙었다. 채드는 메뉴에서 가장 큰 피자를 골라서 시켰고, 콜라 한 통도 주문했다. 정말 신기했다. 쉴라는 생기에 넘쳐 쉴 새 없이 지껄였다. 그 아이는 채드한테 폭 빠졌고, 피아노 연주자가 우리를 위해 한 곡 들려주는 동안 결국 채드의 무릎 위로 올라가고 말았다. 채드는 어린아이가 한자리에서 이렇게 많이 먹는 건 처음 본다고 말했다. 쉴라는 아저씨가 돈만 낼 수 있다면, 이깟 피자는 백 개도 먹을 수 있다고 큰소리치면서 그 말을 입증하려는 듯이 게걸스럽게 먹어댔다.

그 아이의 집으로 아버지를 만나러 갔던 날 밤 잠깐 보았을 뿐이니까, 채드와 쉴라는 초면이나 다를 바 없었다. 얼마 안 가서 채드는 쉴라가 특출난 아이라는 걸 깨달았다. 쉴라도 채드가 보통 사람이 아니라고 생각하는 듯했다. 둘은 그날 저녁 깔깔거리고 웃어대면서 장난을 그칠 줄 몰랐다.

밤이 되자 손님들이 쏟아져 들어오기 시작했다. 우리는 커다란 피자 한 판, 콜라 한 통, 아이스크림 한 통을 깨끗이 먹어치웠다.

채드가 쉴라에게 바짝 다가앉으며 물었다. "이 세상에서 네가 제일 바라는 게 뭐니?"

나는 쉴라가 엄마와 동생이 돌아오는 거라고 말해서 분위기가 싹 가라앉을까봐 가슴을 졸였다.

쉴라는 곰곰이 생각에 잠겼다.

"진짜루요, 가짜루요?"

"진짜루."

다시 생각에 잠겼다.

"드레스 같은 거요."

"어떤 드레스?"

"수잔나 조이가 입는 거. 레이스가 달린 걸루요."

"이 세상에서 네가 제일 원하는 게 겨우 드레스라 이거야?"

채드가 쉴라의 머리 너머로 나에게 눈을 깜박였다.

쉴라가 끄덕거렸다. "한 번도 드레스를 입어본 적이 없거든요. 전에 교회에서 어떤 아줌마가 옷을 여러 벌 가져왔는데, 그 안에 드레스도 있었어요. 그런데 아버지가 입어보지도 못하게 하는 거예요. 우린 동냥이나 받는 거지가 아니라면서요." 쉴라는 시무룩해했다. "한번 입어보는 걸 갖고 뭘 저러나 싶었지만, 아버지는 만약 그 옷을 입으면 다리 몽둥일 부러뜨린다고 했어요. 그래서 못 입었죠."

채드가 시계를 보았다. "일곱 시가 다 됐구나. 백화점은 아홉 시까지 할 거야. 오늘은 너한테 복이 덩굴째 굴러들어온 날이다."

쉴라가 어리둥절한 표정을 지었다. 돌아가는 분위기를 감지하지 못한 것이다.

"무슨 말이에요?"

"조금 있다가 차를 타고 네 드레스를 사러 가지 않겠니? 아무 거나 네가 원하는 걸 사주마."

쉴라의 눈이 번쩍 뜨였다. 저러다 튀어나오지나 않을까 걱정될 정도였다. 벌린 입을 다물지 못하고 내 얼굴을 쳐다보았다. 그러더니 별안간 풀이 죽었다.

"아버지가 못 입게 할 텐데요."

"입어도 된다고 하실 거야. 네가 오늘 수고한 대가라고 우리가 말씀드리면 되지 않겠어? 내가 너하고 같이 들어가서 말씀드리마."

쉴라는 좋아서 어쩔 줄 몰라 했다. 의자에서 펄쩍 뛰어내리더니 손님들과 이리저리 부딪치면서 빙글빙글 춤을 추었다. 그러고는 나를 껴안았고, 다시 채드를 껴안았다. 어서 그 자리를 떠나지 않았다간 쉴라가 졸도할 것 같았다.

그 다음 한 시간은 정신없이 흘러갔다. 우리는 큰 백화점 두 군데를 누비고 다녔다. 쉴라는 우리 손을 붙잡고 가운데에서 그네를 탔다. 겨우 여아복 매장에 들어서니까 쉴라는 평소답지 않게 고개를 푹 수그리고 드레스를 잘 보지도 못했다. 꿈이 막상 실현되려는 순간을 감당하기 어려운 듯했다.

나는 이쁘장하고 레이스가 달린 드레스를 몇 벌 고른 다음 쉴라한테 입혀보려고 탈의실로 끌고 갔다. 우리 둘만 있게 되자 쉴라의 얼굴에는 다시 생기가 감돌았다. 바지와 티셔츠를 벗으니 팬티만 남게 되었다. 쉴라는 드레스를 들어서 조심스럽게 살폈다. 그야말로 뼈만 앙상한 아이였다. 어린아이답게 볼록 튀어나온 배가 오히려 더 말라 보이게 만들고 있었다. 막상 드레스들을 보니까 너무 흥분이 되는지 쉴라는 옷을 입어볼 생각도 안 하고 작은 방 안을 맴돌았다. 나는 그 아이의 허리를 낚아채어 억지로 드레스를 입혔다. 쉴라는 거울 앞에서 이리저리 폼을 잡더니 채드에게 보여주러 밖으로 뛰어나갔다. 쉴라가 세 벌의 드레스 중에서 마음에 드는 옷을 고르는 동안 우리는 탈의실에서 30분을 더 있어야 했다. 쉴라는 옷 한 벌을 적어도 네 번씩은 입어보았다. 드디어 하나를 골랐다. 붉은 바탕에 하얀 무늬가 있고 목과 소매에 레이스가 달린 옷이었다.

"매일 이 옷을 입고 학교에 갈래요." 쉴라는 흥분을 가누지 못했다.

"이쁘다."

그 아이는 거울 속으로 나를 보았다.

"집에 입고 가도 돼요?"

"네 마음이지."

"그럴래요!"

쉴라는 환한 미소를 거두더니 갑자기 심각한 표정으로 돌아섰다. 내 무릎으로 기어올라 한 손으로 내 얼굴을 어루만졌다.

"내 소원이 뭔지 알아요?"

"세 벌을 다 사고 싶다는 거?"

그 아이는 고개를 저었다. "선생님이 엄마고 아저씨가 아빠면 좋겠어요."

나는 웃고 말았다.

"거의 그런 셈 아니에요? 오늘 밤에는. 진짜 한 식구같지 않아요?"

"그 이상이란다, 쉴라. 우린 친구야. 친구는 가족보다 나은 거야. 의무감에서가 아니라 정말로 원하기 때문에 사랑하는 사이거든. 우린 친구가 되기로 선택했어."

쉴라는 내 무릎에 앉아서 물끄러미 내 얼굴을 바라보더니 한숨을 내쉬며 살며시 내려갔다. "둘 다였으면 좋겠는데. 가족도 되고 친구도 됐으면 좋겠는데."

"그럼 더 좋겠지."

쉴라의 양미간이 좁혀졌다. "그런 척이라도 하면 안 돼요? 오늘 밤만이라도 그런 척하면 안 돼요? 선생님하고 아저씨하고 딸아이한테 드레스를 사주러 나온 부부처럼 굴면 안 돼요? 집에 드레스는 많지만, 너무나 사랑하는 아이가 또 사달라고 조르니까 사러 나왔다고 하면 안 되나요?"

심리학 수업 시간에 내가 배운 이론에 따르면, 나는 거절해야 옳았다. 하지만 그 아이의 눈을 보니 도저히 그럴 용기가 나지 않았다.

"그럼 오늘 밤만이다. 이건 어디까지나 흉내일 뿐이고, 오늘 밤만 하는 거라는 걸 명심해."

쉴라는 팔짝 뛰면서 팬티 바람으로 탈의실 밖으로 달려나갔다. "아저씨한테 말해야지!"

채드는 우리가 탈의실에 있는 동안 자기가 아빠가 되었다는 사실을 알고는 기뻐했다. 채드의 아빠노릇은 만점이었다. 우리 세 사람 모두 그날 밤은 무어라 말하기 어려운 신비감을 맛보았다. 이주노동자 단지로 향하는 차 안에서 쉴라는 내 품에 안겨 잠이 들었다. 차를 주차시키고 나서 채드가 쉴라를 깨웠다.

"자, 신데렐라 아가씨," 채드가 문을 열면서 말했다. "집에 다 왔다."

쉴라가 졸음기 어린 눈으로 배시시 웃었다.

"어서, 아저씨가 안고 들어가서 아버지한테 우리가 어디 있다 왔는지 말씀드릴게."

쉴라는 머뭇거리다가, 나직이 속삭였다. "들어가기 싫은데."

"오늘 밤 재미있었지?" 내 말에 아이는 고개를 끄덕였다.

우리 사이에 잠시 침묵이 흘렀다. "뽀뽀해도 돼요?"

"얼마든지." 나는 꼭 안고 입맞춤을 했다. 부드러운 입술이 내 뺨에 닿았다. 채드가 그 아이를 번쩍 안아서 집 안으로 들어갔다.

우리는 말없이 집으로 차를 몰았다. 집에 도착하고 나서도 우리는 한동안 말없이 차 안에 앉아 있었다. 드디어 채드가 나에게 고개를 돌렸다. 가로등 불빛을 받아 그의 눈동자가 반짝거렸다.

"어린아이가 정말 대단해."

내가 끄덕였다.

"뚱딴지같이 들릴지 모르지만, 오늘 밤 난 하나도 어색하지 않았어. 우리가 정말 한 식구면 좋겠다는 생각이 들더군. 너무 자연스러웠어. 또 그래야 마땅하고."

어둠 속에서 나는 웃었다. 아늑하고 따사로운 기운이 우리를 감싸고 있었다.

16

 4월은 눈보라와 함께 찾아왔다. 사람들은 티를 내면서 떠나가는 겨울을 지겨워했지만, 하얗게 휘날리는 눈송이는 보면 볼수록 괜찮은 정경이었다. 하지만 온누리가 두꺼운 눈에 뒤덮이는 바람에 학교도 이틀 동안 휴교를 해야 했다.

 다시 학교가 문을 열었을 때, 쉴라는 아침 토론 시간에 제리 삼촌이 같이 살게 되었다는 소식을 전했다. 쉴라의 말에 따르자면, 그 사람은 무슨 죄를 저질렀는지는 몰라도 감옥에서 출소하여 지금은 일자리를 알아보고 있었다. 쉴라는 식구가 한 명 늘었다는 사실에 무척 들떠 있었고, 폭설이 내렸을 때도 삼촌하고 하루 종일 놀아서 하나도 심심하지 않았다고 자랑했다.

 우리는 금세 평상시의 생활로 돌아갔다. 재판에서 승리를 거둔 흥분의 여운은 아직 가시지 않고 있었다. 아이들은 자세한 사정을 몰랐지만, 안톤과 나는 신바람에 젖어 있었다. 새 옷을 입은 쉴라도 제 세상을 만난 듯 얼굴을 활짝 펴고 다녔다.

쉴라는 빨간 바탕에 하얀 무늬가 있는 그 드레스를 매일 입고 와서 수잔나가 자기한테 그랬던 것처럼 다른 아이들한테 부럽다는 생각이 들도록 뻐기고 다녔다. 그리고 자기가 "재판에서 이긴 날" 아저씨하고 선생님하고 외식을 했고 상으로 옷을 받았다고 자랑했다. 그러자 얼마 안 가서 아이들 모두가 재판받기를 원하는 바람에, 나는 쉴라에게 입 조심하라고 당부해야 했다. 덕분에 다른 아이들한테는 그 이야기를 전보다 한결 덜하게 되었지만, 대신 방과 후에 내가 그 소리를 지겹도록 들어야 했다. 지난 2월에 내가 자리를 비웠을 때 있었던 사건처럼, 이번에도 쉴라는 우리가 셰이키 피자점에 갔었고 어마어마하게 큰 피자를 시켰고 자기가 엄청 많이 먹은 이야기를 시시콜콜 늘어놓았다. 옷을 사러 가서 가족처럼 행동했던 대목도 물론 빠뜨리지 않았다. 기억을 더듬어가는 쉴라의 얼굴은 생기에 넘쳤다. 지난 2월의 사건 때도 비슷한 느낌을 받았지만, 어딘가 병적인 구석이 있다고 보았기 때문에 나는 굳이 쉴라의 행동을 막지 않았다. 한 가지 흥미로운 것은 동생 이야기가 쑤욱 들어갔다는 점이었다. 며칠이 지나도 동생에 관한 이야기가 쉴라 입에서 나오지 않았다. 그날 밤 우리와 함께 보낸 시간이 쉴라에게는 지고하고 순수한 행복의 시간이었기 때문에 아무리 그것을 되씹어도 성에 안 차는 모양이었다. 결국 나는 열심히 들어주는 수밖에 없었다.

4월도 중순으로 접어든 어느 날 아침, 쉴라가 풀이 죽어서 학교에 도착했다. 안톤이 버스 정류장까지 마중 나갔지만 그날따라 버스가 늦었고 쉴라는 오전 토론이 시작된 뒤에야 교실에 나타났다. 멜빵바지와 티셔츠 복장으로 나타난 그 아이의 얼굴은 창백했다. 쉴라는 아이들 뒤편에 앉아서 잠자코 듣기만 할 뿐 토론에 끼려고 하지 않았다.

30분 동안 이어진 토론 시간에 그 아이는 두 번이나 일어나서 화장실로 갔다. 안색이 너무 창백했고 푹 가라앉아 보였기 때문에 어디가 아픈 게 아닌지 슬슬 걱정이 되기 시작했다. 그렇지만 다른 아이들이 달라붙는 통에 쉴라한테 제대로 관심을 쏟을 수가 없었다.

산수 문제를 나눠주는데 쉴라의 모습이 보이지 않았다. 또다시 화장실에 가 있었던 것이다.

"기분이 안 좋니?"

"괜찮아요."

쉴라는 가볍게 대꾸하고 산수 시험지를 받아서 자기 자리로 가서 앉았다. 나는 그 아이의 뒷모습을 바라보았다. 말문을 여는 걸 보니 약간은 안심이 되었다.

자유 시간이 시작되기 직전 나는 새로운 산수 문제를 어떻게 푸는지 가르쳐주려고 쉴라 옆으로 가서 그 아이를 내 무릎 위에 앉혔다. 이상하게도 아이의 몸은 뻣뻣이 굳어 있었다. 열이 있나 싶어 이마에 손을 얹어보았지만 열은 없었다. 석연치 않은 느낌이 들었다.

"무슨 걱정거리라도 있니?"

쉴라는 고개를 저었다.

"온몸이 굳어 있는데."

"괜찮아요."

쉴라는 거듭 되풀이하고 산수 문제에 매달렸다.

산수 시간이 끝나자 쉴라를 들어서 바닥에 앉히면서 보니 내 바지에 붉은 반점이 번지고 있었다. 도대체 이게 뭔가 싶어 나는 그것을 물끄러미 바라보았다. 피? 나는 쉴라를 보았다.

"어떻게 된 거니?"

쉴라가 표정 없이 고개를 흔들었다.

"피가 나오잖아!"

쉴라가 입은 바지의 안쪽이 붉게 물들어 있었다. 나는 그 아이를 안고 화장실로 뛰어 들어가서 문을 닫았다. 멜빵을 풀어 바지를 밑으로 내렸다. 피가 속옷을 온통 적시고 양 다리를 따라서 줄줄 흘러내리고 있었다. 팬티 안쪽에 휴지가 꼬깃꼬깃 말려들어가 있었다. 화장실에 자주 들락거린 이유를 그제서야 알 수 있었다. 피를 멎게 하려고 안간힘을 쓰고 있었던 것이다.

"세상에, 어떻게 된 거야?"

그럴 생각은 아니었는데, 나도 모르게 소리를 버럭 질렀다. 쉴라의 팬티에서 휴지를 꺼내면서 나는 두려움에 젖어들었다. 그 아이의 잠지에서 선홍색 핏방울이 뚝뚝 떨어지고 있었다.

쉴라는 미동도 하지 않았다. 얼굴에도 아무런 감정이 나타나지 않았다. 초점을 잃은 눈으로 멍하니 나를 바라보기만 했다. 이제 보니 그 아이의 얼굴은 침침한 교실에서 보았을 때보다 더 창백했다. 백짓장처럼 하얗게 질려 있었다. 피를 얼마나 흘렸는지 알 수 없었다. 무조건 참는 게 능사가 아니었기에 나는 쉴라의 어깨를 흔들었다.

"쉴라, 어떻게 된 거야? 말해보라니까. 이건 어물쩍 넘길 일이 아니야. 무슨 일이니?"

쉴라는 깊은 잠에서 막 깨어난 사람처럼 눈만 껌벅거렸다. 고통과 감정을 삭이느라 무진 애를 쓰고 있었다.

"제리 삼촌이," 쉴라는 나지막이 말문을 열었다. "오늘 아침에 자지를 내 안에 넣으려고 했어요. 그런데 잘 안 됐어요. 그러니까 칼을 썼어요. 내가 못 들어가게 자꾸 막는다고 하면서, 그렇다면 칼을 넣을 수밖에 없다고 했어요."

나는 망연자실했다. "삼촌이 잠지에다 칼을 넣었어?"

아이는 고개를 끄덕였다. "식탁용 나이프를요. 자기를 거부한 벌이랬어요. 매운 맛을 보여주겠다고 했어요."

"세상에, 쉴라, 왜 나한테 말하지 않았니? 왜 진작에 안 알렸어?"

나는 그 아이가 이미 너무 많은 피를 쏟았을까봐 겁이 나서 수건으로 감아주고 번쩍 안았다.

"무서워서요. 제리 삼촌이 말하지 말랬어요. 그런 말 하면 또 아프게 한다고 했어요. 매운 맛을 보게 될 거랬어요."

나는 쉴라를 안고 화장실 밖으로 달려나와 안톤에게 수업을 맡아달라고 했다. 차 키를 움켜쥐고 교무실로 달려가, 비서에게 쉴라를 병원에 데려갈 테니 쉴라 아버지를 찾아서 빨리 그리로 오게 해달라고 정신없이 지껄였다. 위급한 상황에서 늘 그렇듯이 시간은 기분 나쁘리만큼 천천히 움직였다. 주위에 있던 모든 사람들이 슬로비디오처럼 어처구니없이 느린 속도로 움직이는 것 같았다. 무슨 일이 있어요? 보조교사 한 명이 느긋한 목소리로 물었다. 무슨 일이냐고? 그때 나는 쉴라의 피가 내 팔을 적시면서 느껴지는 따뜻한 감촉 말고는 아무런 감각도 없었다.

쉴라의 얼굴은 더 하얗게 변했다. 티셔츠와 운동화, 내가 감아준 수건만 두른 채 그 아이는 눈을 감고 내 품에서 축 늘어져 있었다. 나는 차로 가서 쉴라를 여전히 무릎에 앉힌 자세로 시동을 걸고 기어를 후진으로 넣었다.

"쉴라? 쉴라? 정신 차려."

나는 쉴라를 꼭 안은 채로 운전을 해야 했다. 누군가를 데리고 왔어야 했다는 생각이 그제서야 들었지만 아까는 시간이 없었다. 사람들에게 사정을 설명할 마음의 여유가 없었던 것이다.

"정신은 말짱한데, 아파요."

쉴라가 속삭였다. 고사리 같은 손이 내 옷자락을 단단히 움켜쥐었다.

"아프지, 왜 안 아프겠어? 계속 말을 해야 한다, 알았지?"

병원으로 가는 길은 한없이 길어만 보였다. 교통 체증은 살인적이었다. 구급차를 부르는 게 옳았을지도 모른다는 생각이 들었다. 나는 그 아이가 얼마나 많은 피를 흘렸는지, 얼마나 흘려야 위급한 상황인지, 어떻게 응급처치를 해야 하는지 하나도 모르고 있었다. 응급처치 교육을 제대로 받아놓지 못한 것이 못내 후회스러웠다.

"제리 삼촌이 사랑 놀이를 하자고 했어요. 어른들이 어떻게 사랑하는지 가르쳐주겠다고 했어요." 티없이 순진무구한 목소리였다. "어른들이 사랑하는 법을 나도 알아야 한다고 그랬어요. 내가 소리를 막 지르니까, 이걸 못 배워두면 아무도 날 사랑하지 않을 거라고 했어요."

"제리 삼촌은 아무것도 몰라. 그 사람이 한 말은 죄다 엉터리야."

쉴라는 눈물을 흘리지 않으려고 입술을 꼬옥 깨물었다.

"선생님하고 아저씨도 그렇게 사랑을 나눈다고 했어요. 선생님하고 아저씨한테 사랑을 받으려면 삼촌한테 한 수 배워야 한다고 했어요."

병원이 가까워졌다.

"세상에, 그런 엉터리 같은 말을 하다니. 아저씨하고 선생님은 널 사랑해. 너한테 나쁜 짓을 하느라고 삼촌이 그런 말을 꾸며낸 거야. 그 사람한테는 널 건드릴 권리가 없어. 그 사람이 한 말, 그 사람이 한 짓은 전부 나빠."

젊은 간호사 둘이 들것을 들고 응급실에서 달려나왔다. 콜린스 교장이 우리가 간다고 병원측에 알린 모양이었다. 들것에 오르자 쉴라는 그제서야 아픔과 두려움을 느끼는 듯했다. 신음을 토하면서 큰 소리로 울어댔지만 눈물을 흘리지는 않았다. 쉴라는 내 옷자락을 놓지 않으려고 애쓰면서 간호사들이 나한테서 자기를 떼어내려고 하니까 발버둥을 쳤다.

"가지 말아요!" 쉴라는 울부짖었다.

"선생님도 같이 갈 거야. 가만히 누워야 돼. 자, 이 손 놓고."

"가지 말아요! 혼자 두고 가지 마세요! 선생님한테 안기고 싶어요!"

들것과 우리 네 사람은 한 덩어리로 엉켜 병원으로 들어섰다. 쉴라가 내 옷을 잡아당기는 바람에 찌익 하고 주머니가 찢겨나갔다. 어디서 그런 기운이 생겼는지 알다가도 모를 일이었다. 내가 낯선 사람들한테 자기를 맡겨두고 갈까봐 겁이 났던 모양이었다. 아니면 갑자기 견디기 어려운 통증을 느꼈거나. 아무튼 하도 심하게 발버둥치는 통에, 그 아이를 억지로 떼어내고 비명을 들으니 차라리 내가 안고 가는 것이 나을 듯싶었다.

응급실로 들어가니까 의사가 내 품에 안겨 있던 쉴라를 간단히 진찰했다. 쉴라의 아버지가 안 보였으므로 내가 대신 아버지가 올 때까지 응급처치에 대해서 책임을 지겠노라는 서명을 했다.

간호사가 들어와서 주사를 한 대 놓았다. 쉴라는 다시 얌전해졌다. 주사가 들어갔을 때도 가만히 있었다. 약 기운이 퍼졌는지 쉴라의 손가락에서 힘이 빠져나가는 게 느껴졌다. 나는 진찰대 위에 쉴라를 내려놓았다. 또 다른 간호사가 나타나서 이번에는 정맥주사를 놓았고, 멕시코계의 젊은 수련의가 혈액통을 높이 걸었다. 의사가 나에게 잠시 나가자는 몸짓을 했다. 파리한 얼굴로 눈을 감은 채 진찰대에 누워 있는 쉴라를 마지막으로 한 번 더 보고 나는 의사를 따라나왔다. 그는 어떻게 된 거냐고 물었고, 나는 내가 아는 범위 내에서 설명했다. 바로 그 무렵 쉴라의 아버지가 사회복지사와 함께 비틀거리며 복도를 걸어왔다. 그는 술에 취해 있었다.

의사는 쉴라가 피를 너무 많이 흘렸기 때문에 우선 수혈부터 해야 한다고 설명했다. 그가 진찰한 바로는 잠지로 들어간 나이프가 직장까지 건드린 모양이었다. 염증이 생길 가능성이 상당히 높고 그렇게 되면 아주 심각한 상황이 초래될지도 모른다는 것이었다. 일단 혈액 수준을 정상으로 올려놓은 다음 수술에 들어갈까 한다고 의사는 자기 소견을 밝혔다. 의사가 설명하는 동안 쉴라의 아버지는 제대로 몸도 가누지 못하고 우리 옆에 서 있었다.

내가 할 수 있는 일은 더 이상 없었다. 교실은 보나마나 엉망이 되어 있을 게 뻔했다. 수잔나가 피를 보았을 경우, 다른 보조교사가 돕는다 해도 안톤만으로는 감당하기 어려웠다. 내가 갑자기 없어진 것도 아이들의 불안을 가중시킬 것이다. 학교로 돌아가는 것이 최선일 듯싶었다. 그제서야 내 몰골이 눈에 들어왔다. 상의가 온통 피에 물들어 있었다. 청바지의 얼룩은 이미 검붉은 빛으로 변색되어 있었다. 나는 그 얼룩을 물끄러미 쳐다보았다. 나는 다른 사람의 인생 한 부분을 떠안고 있었다. 찻숟가락만 한 그 작은 핏자국은 나에게 황금보다도 소중했지만 마음은 편치 않았다. 인생이란 얼마나 허물어지기 쉬운 것인가, 나라는 인간은 얼마나 무력한가, 새삼 허탈감에 젖었다.

학교에 도착하니 열한 시였다. 시간이 겨우 요것밖에 안 지났다는 사실에 놀랐다. 쉴라를 무릎에 앉히고 산수 문제를 풀다가 피를 발견한 것이 불과 한 시간 전의 일이었던 것이다. 실제로 쉴라를 안고서 허둥거린 시간은 50분도 채 되지 않았다. 그 한 시간에는 내가 학교로 오기 전에 집에 들러 옷을 갈아입은 시간도 포함되었으니 말이다. 도저히 납득이 가지 않았다. 그 50분이 나에게는 100년처럼 느껴졌었다. 나는 그 사이에 폭삭 늙은 듯한 느낌을 받았다.

그날 밤 나는 병원으로 다시 가지 않았다. 수업이 끝나고 전화를 했더니, 의사는 쉴라가 수술실에 들어가서 아직 나오지 않았다고 했다. 그는 수혈을 했지만 쉴라는 안정을 되찾지 못한 채 위태로운 상황이 계속되었다고 전했다. 회복실에서 나오더라도 밤늦게야 가능할 것이라고 했다. 또 쉴라는 낮 동안 내내 혼수상태에 빠져 있었기 때문에 누가 옆에 있어도 알아보지 못할 것이며, 수술 뒤에는 출혈이 완전히 멎을 때까지 중환자실에 있다가 경과를 봐서 소아병동으로 옮길 예정이라고 의사는 덧붙였다. 나는 그 아이의 아버지 말고는 내가 가장 가까운 사람이라고 소개하고 가봐도 되겠느냐고 물었다. 그는 내일 오라고 권했다. 오늘 밤 와봐야 쉴라가 나를 알아볼 리 만무하고 중환자실에 보호자가 있으면 방해만 된다는 것이었다. 쉴라는 우리가 잘 보살필 테니 염려 놓으시라고 의사는 나를 안심시켰다.

쉴라의 아버지가 아직 거기 있느냐고 물었더니 의사는 없다고 했다. 내가 병원을 나서고 얼마 안 있어 술 취한 사람이 옆에 있어봐야 도움도 안 되겠기에 자기들이 집으로 보냈다는 것이었다. 쉴라의 삼촌은 바로 구속된 모양이었다.

병원에 안 가도 된다고 생각하니 한편으로는 마음이 놓였다. 너무 정신없이 치른 일이어서인지 몰라도 나는 아직도 사태가 얼마나 심각한지 깨닫지 못하고 있었다. 쉴라는 나에게 말을 했고, 버스에서 내려 교실까지 걸어와서는 한 시간 동안 앉아 있었다. 그리고 병원까지 가는 동안에도 나한테 말을 했다. 그런 아이가 중태에 빠졌다는 게 얼른 실감으로 와 닿지 않았다.

아침에 급히 갈아입고 간 피 묻은 셔츠와 바지는 그대로 집에 있었다. 바지는 욕조에 담갔지만, 쉴라와 간호사들이 몸싸움을 하는 통에 주머니가 찢겨나간 셔츠는 그대로 들고 있다가 차곡차곡 개어서 옷장 깊숙이 넣어두었다. 차마 버릴 수가 없었고 그렇다고 세면대에 담가두었다가 빨고 싶은 생각도 없었다. 피가 너무 많이 묻어서 세면대에 담갔다간 핏물이 배어나올 것 같았다. 그때까지도 머릿속에서 피를 지워내지 못하고 있던 나는 물이 벌겋게 변하는 광경을 차마 지켜볼 용기가 나지 않았다.

저녁을 먹은 뒤에야 채드가 왔다. 나는 그날 있었던 일을 털어놓았다. 채드는 노발대발했다. 아무 말도 하지 않고, 도저히 믿기지 않는 일이라는 듯이 고개만 내저으면서 방 안을 왔다 갔다 했다. 채드가 못 견뎌 하는 것은 아이가 중태에 빠져서라기보다는 사건의 비열한 성격 때문이었다. 채드는 그런 인간은 당장 요절을 내야 한다고 흥분을 삭이지 못했다. 어린 여자아이한테 그런 짓을 하는 자는 동정받을 가치도 없다고 소리를 질렀다. 이제까지 그렇게 화내는 모습을 본 적이 없었기 때문에 채드의 돌변한 태도에 나는 적잖이 놀랐다.

그 사건은 나를 맥빠지게 만들었지만 묘한 느낌도 들었다. 다섯 달 전만 하더라도 쉴라가 가해자였고, 다른 아이는 피해자였다. 지금 채드가 제리에 대해서 느끼는 감정을 틀림없이 소년의 부모도 가졌을 것이다. 사건의 흉폭성은 묵과할 수 없는 것이지만, 나는 쉴라한테서 내가 찾아낸 상흔을 제리한테서도 발견할 수 있을 것 같았다. 두 사람 다 결백하지는 않았지만, 그렇다고 악으로만 똘똘 뭉친 인간은 아니었다. 제리도 쉴라처럼 분명히 희생자일 거라고 생각하니 마음이 착잡했고 문제가 한층 꼬이는 느낌이 들었다.

저녁 늦게 경찰서에서 진술을 요청하는 전화가 걸려왔다. 나는 채드와 함께 경찰서에 갔다. 사방이 회색으로 칠해진 방에서 회색 탁자 앞에 앉아 나는 형사에게 그날 아침 교실에서 벌어진 상황을 그대로 전했다. 쉴라가 나한테 한 말과 내가 쉴라한테 한 말도 빼놓지 않았다. 우울한 사건을 다시 입에 올리고 있자니 마음이 더 우울해졌다.

다음 날 아침 휴식 시간에 병원에 전화를 걸어 쉴라의 상태를 물었다. 의사의 목소리는 어제보다 한결 여유가 있었다. 수술이 무사히 끝나서 밤늦게 중환자실로 들어가 안정을 되찾았고, 아침에는 혼수상태에서 깨어나 아동병동으로 보냈다는 것이었다. 의사는 언제든지 면회가 가능하다고 했다. 아버지가 오셨느냐고 물으니 안 왔다는 대답이었다. 나는 학교 수업이 끝나는 대로 병원에 갈 테니 아이한테 그렇게 전해달라고 부탁했다. 의사는 친절하게 그러겠노라고 대답했다. 꽤 고집이 센 아이던데요, 의사가 한마디 던졌다. 그럴 겁니다, 그렇게 고집이 센 아이는 저도 처음이니까요, 나도 맞장구를 쳐주었다.

가장 어려운 것은 쉴라에게 무슨 일이 생겼는지 반 아이들에게 설명하는 일이었다. 그렇지 않아도 평소에 우리는 교실에서 육체적, 성

250 한 아이 1

적 학대가 무엇인지를 놓고 이야기를 나누곤 했다. 우리 아이들은 가정환경 때문에 누구보다 학대당할 가능성이 높았다. 나는 그 아이들이 자신들한테 그런 일이 생기거나 다른 아이에게 그런 일이 닥치는 것을 보았을 때 어떻게 대처해야 하는지 알아두는 게 중요하다고 생각했다. 하지만 성적 학대는 꺼내기 어려운 주제였다. 성교육이 일반 학교의 교과과정에 정식으로 도입되지 않았던 우리 지역에서는 성적 학대를 거론한다는 것 자체가 금기시되는 실정이었다. 나는 누군가의 손이 내 몸에 닿았을 때 적절한 반응과 적절하지 못한 반응을 스스럼없이 함께 이야기할 수 있는 시간을 아이들을 위해 마련했다. 그리고 어른이 그냥 안아주는 것은 괜찮지만, 내 잠지를 만지면서 껴안는 것은 옳지 않은 행동이라고 아이들에게 강조했다. 남자아이건 여자아이건 그런 식으로 아이의 몸에 손을 댈 수 있는 권리를 가진 어른은 이 세상에 없으므로, 그런 일이 생겼을 때 어떻게 대처할지 함께 토론하곤 했다. 나는 또 어른한테 거기를 만져달라고 해서는 안 된다고 못 박았다. 그런 토론 시간은 작년 10월에 처음 가졌고, 그 뒤로도 몇 번 더 그런 기회를 가졌다. 아이들은 누군가가 자기들 몸을 만져서 기분이 좋을 때 어떻게 해야 할지 몰라서 겁이 날 때가 있었는데, 이런 이야기를 하게 되어서 다행이라고 하면서 만족감을 나타냈다.

하지만 쉴라가 당한 일은 어떻게 설명해야 좋을지 난감하기만 했다. 어린 나이에, 더구나 정서불안을 겪는 아이들에게 성과 폭력을 한데 묶어서 거론하는 것은 바람직해 보이지 않았다. 그래도 모른 척하고 넘어갈 수는 없었다. 우리가 부랴부랴 교실 밖으로 나가는 것을 보았고 피까지 본 아이들이었다. 그런 다음 나 혼자 돌아왔으니 아이들이 이상하게 여기지 않을 리가 없었다. 나는 아이들에게 쉴라가 집에서 다쳤기 때문에 선생님이 병원에 데리고 갔다고 간단히 설명하는 선에서 그쳤다.

오후가 되어 병원에 전화를 걸었더니, 쉴라가 많이 좋아져서 아동 병실로 옮겼다고 알려주었다. 이 소식을 들려주자 아이들은 너도나도 빨리 낫기를 빈다는 카드를 썼다. 바구니에는 가슴 찡한 사연들이 수북이 쌓였다. 하지만 그 사건은 생각보다 아이들에게 큰 충격으로 와닿은 모양이었다. 학교가 파할 때쯤 윌리엄이 울음을 터뜨렸다.

"왜 그러니?" 내가 마루에 앉으면서 물었다. 아이들은 코볼드 상자 주위에 모여 있었다. 윌리엄도 거기 있다가 기어이 울음을 터뜨리고 만 것이다.

"쉴라 때문에 겁이 나요. 병원에서 죽을까봐 겁이 난다구요. 우리 할아버지도 전에 병원에 갔다가 죽었어요."

돌발적으로 타일러도 흐느끼기 시작했다. "보고 싶어요. 쉴라가 왔으면 좋겠어요."

"애들도 참, 쉴라는 정말 괜찮아. 아까 점심 먹고 선생님이 말했잖니. 쉴라는 좋아지고 있어. 죽긴 왜 죽니."

사라의 뺨에서도 소리 없이 눈물이 주르르 흘러내렸다. 다른 아이들이 우는 까닭을 이해할 리 없는 맥스까지 그에 뒤질세라 엉엉 울었다. 보통 때는 쉴라와 원수처럼 지내는 피터의 눈도 빨개졌다.

"그렇지만 선생님은 우리가 쉴라 얘기를 못하게 했잖아요. 하루 종일 쉴라 이야기를 한 번도 안 하니까 무서운 생각이 들 수밖에요." 사라가 따졌다.

"맞아," 길러모도 나섰다. "난 하루 종일 개 생각만 했는데, 선생님은 그 애한테 관심이 하나도 없는 것처럼 보였어요. 쉴라가 보고 싶어요."

나는 아이들을 물끄러미 바라보았다. 프레디와 수잔나를 빼놓고는 모두 울었다. 그 아이들이 쉴라를 그렇게들 끔찍이 여긴다고는 생각하지 않았지만, 쉴라가 당한 일 때문에 모두들 겁이 난 것은 분명했다. 나도 마음이 심란했지만 더 이상 분위기를 가라앉히기 싫어서 그냥 잠자코 있었다. 지난 7개월 반 동안 우리 반 아이들은 남에게 마음의 문을 열고 남의 입장에서 생각하는 훈련을 지겹도록 해왔는데, 이제 그 효과가 과도하게 나타나서 그 아이들에게 아무것도 숨길 수가 없는 지경이 된 것이다.

그날은 평소처럼 마무리 시간도 갖지 못했고 코볼드 상자도 열어보지 않았다. 나는 왜 보통 때처럼 내가 솔직할 수 없었는지, 내 심정을 아이들에게 털어놓았다. 우리는 마루에 빙 둘러앉아서 원탁회의를 가졌다.

"말하기가 어려운 것도 있어." 내가 말했다. "쉴라에게 일어난 일도 그런 거란다."

"왜요?" 피터가 캐물었다. "우린 이만하면 크지 않았나요? 우리 엄마도 나한테 말해주기 싫은 게 있을 땐 맨날 그러더라."

나는 웃고 말았다. "그런가. 아무튼 말하기 어려운 게 있는 건 사실이야. 왜 그런지는 나도 몰라. 겁이 나서인지도 모르지. 우리 같은 어른들도 말이야. 어른들은 뭔가 무섭다고 여겨질 땐 거기에 대해서 말하고 싶어하지 않아요. 어른이 되면 그게 나빠."

아이들이 나를 빤히 쳐다보았다. 나는 아이들을 하나하나 돌아가면서 쳐다보았다. 목에 기다란 흉터가 난 타일러. 피부가 가무잡잡하고 예쁘장한 피터. 아무리 주의를 기울여도 세상을 보지 못하는 눈을 가

진 길러모. 몸을 흔들면서 손가락 장난을 하는 맥스. 사라. 윌리엄. 프
레디. 그리고 인형처럼 예쁜 수잔나.

"쉴라가 집에서 다쳤다고 선생님이 말했지. 그리고 전에 너희들 몸
에 남이 손을 대서는 안 될 곳이 있다고 한 말 기억나지? 어린아이들
몸에서 손을 대서는 안 되는 곳에 손을 대는 사람들이 있다고 선생님
이 말했던 거."

"선생님 몸에도 그런 데가 있다고 했죠?" 윌리엄이 말했다.

나는 고개를 끄덕였다.

"그래. 쉴라의 식구 중에서 누가 함부로 쉴라의 몸을 건드려서 쉴라
가 기분이 안 좋아진 거고 그래서 아픈 거야."

아이들이 이마를 찡그렸다. 눈들이 동그래졌다. 맥스도 몸을 흔들
지 않았다.

"어떻게 했는데요?" 윌리엄이 물었다.

"칼로 베었어."

아이들에게 그런 말을 하면서도 이게 과연 옳은 행동일까 걱정스러
웠지만, 내 본능은 내가 옳다고 말해주고 있었다. 우리들 사이는 아무
리 고통스러운 일일지라도 진실에 뿌리를 두고 있었다. 게다가 나는
모르는 게 약이라는 말에 동의할 수 없었고, 이 아이들은 그보다 더 끔
찍한 일을 이미 두 눈으로 보았다는 생각이 들었다. 아무리 괴로운 일
을 당했다 하더라도 우리 교실에서는 거리낌없이 말할 수 있어야 한다
는 원칙, 그런 원칙이 없으면 우리 반은 와르르 무너질 수밖에 없었다.
그렇지만 마음 한구석에서는 내가 강의 시간에 배운 원칙을 다시 한
번 무시하고 있고, 이미 효과가 증명된 교육학과 심리학 규범의 울타
리를 벗어나고 있다는 느낌이 자꾸만 들어 개운치가 못했다. 그리고

번번이 느끼는 감정이었지만, 이번에도 내가 일을 그르치는 것인지 모른다는 생각, 도움을 주기는커녕 아이들에게 상처를 안기는 건지도 모른다는 생각이 나를 괴롭혔다. 안전함과 솔직함 사이의 불꽃 튀는 싸움이 또다시 불거졌다.

"걔한테 누가 그랬는데요?" 길러모가 물었다. "아버지가 그랬나요?"

"아니. 삼촌이 그랬어."

"제리 삼촌이요?" 타일러가 물었다.

나는 끄덕였다.

잠시 침묵이 흘렀다. 사라가 그 침묵을 깨뜨렸다. "그러니까 아빠는 아니었네요."

"그렇다고 더 나을 게 뭐가 있어." 타일러가 꼬집었다.

"더 낫지." 사라가 대꾸했다. "내가 어렸을 때, 학교에 들어가기 전에, 엄마가 일하러 간 사이에 가끔 우리 아빠가 내 방에 와서……" 사라는 말을 멈추더니 타일러에게 가 있던 시선을 나한테로 돌렸다가 밑으로 고개를 떨구었다. "그런 걸 했어. 아빠가 그러면 더 괴로운 거야."

"그 얘기는 그만 하자." 윌리엄이 말했다. 뭐가 무서운지 이마를 찡그렸고 두 손을 꽈악 쥐었다.

"싫어, 할래. 쉴라가 어떤지 궁금하단 말이야." 사라가 말했다.

"안 돼." 이렇게 말하는 윌리엄의 눈이 젖어들었다.

"너 때문에 윌리엄이 무서워하잖아." 길러모가 나섰다.

"윌리엄, 뭘 무서워하는데?" 내가 손을 내밀었다.

"이리 와서 내 옆에 앉으렴." 윌리엄이 일어서서 내 곁에 왔다. 나는 어깨를 끌어안았다.

"말하기 무서운 거니?"

윌리엄이 끄덕거렸다. "엄마가 진공청소기를 돌리지 않으면 침대 밑에 먼지가 쌓여요."

"윌리엄, 뚱딴지 같은 소리 하지 마." 피터가 핀잔을 주었다.

"난 먼지가 무서워요. 먼지가 전에는 사람이었던 거 같아요. 죽은 사람이 침대 밑에 있는 거 같아요."

"그럴 리가 있니."

"아니에요, 선생님. 성경에도 나와 있어, 피터. 사람은 먼지에서 나왔고 죽으면 먼지로 돌아간다고 분명히 적혀 있어. 우리 엄마도 보여줬단 말이야. 선생님한테 물어봐."

"성경에서 말하는 건 그런 뜻이 아니야." 내가 말했다.

"그 먼지는 전에 사람이었을지도 모르잖아요. 병원에서 돌아가신 할아버지일지도 모르잖아요. 할아버지가 침대 밑에 있는지도 몰라요. 쉴라가 있는지도 모르구요."

"쉴라가 왜 거기 있니. 쉴라는 죽지 않았어, 윌리엄. 병원에서 조금씩 나아지고 있어."

"선생님?" 타일러가 불렀다.

"응?"

"쉴라 삼촌이 왜 걔한테 그런 짓을 했죠? 저번에 쉴라 얘기를 들으니까 놀아주기도 잘하는 거 같던데. 왜 칼로 베었어요?"

나는 멍하니 그 아이를 바라보았다. 대답이 떠오르지 않았다. 아무리 기다려도 마땅히 할 말이 없었다.

"나도 모르겠다."

"문제가 있는 사람인가보죠?" 사라가 물었다. "우리 아빠처럼? 아

빠 문제가 있어서 주립병원에 갔어요. 엄마가 그랬어요. 그 다음부터
는 집에 안 왔어요."

"그래, 문제가 있다고도 할 수 있겠지. 아이들을 어떻게 대해야 하
는지 모르는 사람이었으니까. 아니면 알고는 있었는데 미처 행동이 따
라가지 못했거나. 그런 사람은 순간순간 기분 내키는 대로 행동하거
든."

"우리 아빠처럼 주립병원에 갈까요?"

"글쎄다. 사람을 해치는 나쁜 짓을 저질렀으니까."

"쉴라는 언제 돌아와요?" 피터가 물었다.

"몸이 낫는 대로."

"전하고 같을까요?"

"무슨 소리니?"

피터가 울상을 지었다. "거길 칼에 베었는데도 전하고 같을까요?"

"무슨 소린지 난 아직도 모르겠다. 알아듣게 설명을 해보렴."

피터는 머뭇거리면서 불안한 표정으로 아이들을 둘러보더니 다시
나를 쳐다보았다.

"더러운 말을 해도 되나요? 선생님이 알아듣게 말을 하려면 그런
말을 안 쓸 수가 없거든요."

내가 고개를 끄덕였다. "이건 남한테 욕하는 게 아니니까. 내용이
담긴 말은 더러운 게 아니란다. 어서 해봐."

피터는 아직도 망설였다. "저기, 아래 있는 게 여자아이 보지 맞
죠?"

"그래."

"그래서 여자아이들이 화장실 가는 거잖아요. 거길 다쳤으면 큰일

아닌가요? 거기로 아기가 나오잖아요. 거길 칼에 베었다는 거 아닌가
요?"

그래도 피터가 무슨 말을 하려는 것인지 종잡을 수가 없었다. 나는
그 아이한테 거꾸로 질문을 던져서 정보를 얻어내는 방법으로 작전을
바꾸었다.

"거길 칼로 베이면 어떻게 되는 거지, 피터? 어떻게 된다고 생각하
니?"

그 아이의 눈이 불안으로 둥그렇게 되었다. "어른이 돼서 아이가 생
기면 어떡해요?"

"어떡하긴?"

피터가 눈물을 글썽거렸다. "그럼 아이를 낳을 때 아이 위로 똥을
싸게 되잖아요." 피터가 울음을 애써 참으며 말했다. "우리 엄마가 그
랬대요. 그래서 내가 미친 거래요."

"피터, 그건 그렇지가 않아요."

피터는 손과 무릎을 바닥에 대고 엎어졌다. 나는 윌리엄을 오른팔
로 안은 채 다리를 꼬고 바닥에 앉아 있었다. 피터가 내 무릎에 머리를
얹었다.

"정말이에요."

"아니라니까. 어디서 그런 소리를 들었는지 모르겠지만 그건 엉터
리야."

"피터, 넌 미치지 않았어." 윌리엄이 말했다. "진짜로 미친 사람은
아무도 없어. 그건 그냥 말일 뿐이야. 맞죠, 선생님? 그냥 말인 거야.
사람이 어떻게 말하고 같니."

우리는 오래도록 이야기를 나누었다. 하교 시간을 알리는 벨소리가 울렸고 버스가 왔다 갔는데도 우리는 계속 토론을 벌였다. 성적 학대에 관해서. 쉴라에 대해서. 우리 자신에 대해서.

나중에 나는 여덟 아이 모두를 내 차에 태워 일일이 집까지 바래다주었다. 우리는 심각한 토론 분위기를 끝까지 이어갔다. 차 안에서도 질문이 끊이지 않았다. 장난을 치거나 농담을 하거나 농땡이를 치는 아이는 없었다. 우리가 나눈 이야기는 누구에게도 즐거운 이야기가 아니었다. 그날 오후 우리는 다른 걸 전부 젖혀두고라도 그 문제에 대해서 이야기할 수밖에 없는 절박감을 느끼고 있었다. 그 절박감이 우리를 하나로 묶어주었다.

아이들을 집까지 바래다준 다음, 나는 아이들이 쓴 카드와 쉴라가 유달리 좋아하는 책 몇 권을 싸들고 병원으로 갔다. 쉴라는 간호사들 눈에 잘 띄는 병실을 배정받고 있었다. 내가 열려 있는 병실 문으로 들어갔다.

그 아이는 사방 벽이 온통 유리인 커다란 방에 혼자 있었다. 마치 동물원 우리 같았다. 쉴라가 누워 있는 침대는 사방에 높은 난간이 둘러쳐진 아기 침대였다. 한쪽 기둥에는 주사병이 매달려 있었고 또 한쪽 기둥에는 혈액병이 걸려 있었다. 바늘이 꽂힌 팔은 움직이지 못하도록 가로대에 단단히 묶여 있었다. 그날따라 쉴라가 유난히 작고 어려 보였다.

어느새 가득 고인 눈물이 내 뺨을 타고 주르르 흘러내렸다. 어떻게 아기 침대 안에 이 아이를 둘 수 있단 말인가. 그 생각밖에 들지 않았다. 쉴라는 어렸지만 자존심이 강한 아이였다. 그 아이가 얼마나 굴욕

감을 느낄지 짐작이 가고도 남았다. 내일 모레면 일곱 살이 될 아이한 테 걸맞는 침대를 주어야 할 것 아닌가. 아기 침대라니.

내가 들어가니까 쉴라는 고개를 돌려 말없이 쳐다보았다.

"울지 마세요, 많이 아프지 않아요. 정말이에요." 부드럽게 속삭였 다.

그 아이의 용기 있는 태도를 보니까 나 자신이 부끄러워졌다.

"왜 하필 아기 침대라든?" 질문을 던지면서도 나는 아무 생각이 없 었다. 나는 허리를 숙여 주사가 꽂히지 않은 그 아이의 손을 쓰다듬었 다. "너한텐 아기 침대가 맞지 않아."

"난 아무렇지도 않아요."

나는 그 말이 사실이 아니란 걸 알고 있었다. 하루 이틀 알고 지낸 사이가 아니었기 때문에, 나는 그 아이가 얼마나 자존심 강한 아이인 지 잘 알았다. 정작 위로받을 사람은 내가 아니라 자기인데도 쉴라는 살짝 웃으면서 내 얼굴을 어루만졌다.

"울지 마세요, 토리 선생님. 난 괜찮다니까요."

"이러면 기분이 좀 나아지거든. 네 걱정을 얼마나 했는지 모른단다. 조금 우니까 기분이 나아지는 걸 난들 어쩌겠니."

"정말 아프지 않아요." 예전의 초롱초롱한 눈동자가 아니었다. 약 때문에 초점이 흐려진 듯했다. "무서울 때가 있긴 하지만요. 아주 약 간. 어젯밤이 그랬어요. 여기가 어딘지 알 수가 없었어요. 덜컥 겁이 났어요. 그래도 울진 않았어요. 얼마 있으니까 간호사 언니가 와서 나 한테 말을 걸더라구요. 아주 친절해요. 그래도 아직은 약간 무서워요. 아버지가 보고 싶은데."

"어련하겠니. 네가 무섭다는 생각이 들 때 옆에 있어줄 사람을 찾아보마."

"아버지가 보고 싶어요."

"그럴 거야. 짬이 나는 대로 오시겠지."

"안 그래요. 아버진 병원을 안 좋아해요."

"두고 보렴."

"선생님하고 있고 싶어요."

나는 고개를 끄덕였다.

"가능하면 네 옆에 많이 있을게. 안톤도 가끔씩 들를 거야. 채드 아저씨도 오고 싶어해. 하루 종일 네 안부만 묻더라. 우리도 최선을 다할게. 네가 무서워하면 안 되니까. 열심히 도울게."

쉴라는 잠깐 고개를 돌려 주사병을 올려다보았다. "팔이 약간 아파요."

허공을 맴돌던 쉴라의 눈동자가 나에게로 돌아왔다. 아픔과 두려움이 삽시간에 되살아났다. 쉴라의 얼굴은 고통으로 일그러졌다.

"팔도 너무 아프고 외로워요. 어디 가지 말고 여기서 날 꼭 안아주세요."

"아가씨, 간호사 언니들이 보면 안 좋아한답니다. 겨우 알맞게 줄을 달아놨는데 죄다 헝클어질 거야. 대신 손을 잡아줄게."

"싫은데." 쉴라는 칭얼거렸다. "안아줘요. 아파요."

나는 아이의 머리를 빗어 넘겨주면서 바짝 허리를 숙였다. "네 심정은 이해하고 나도 그러고 싶지만, 안 돼."

쉴라는 나를 가만히 쳐다보았다. 서서히 자제심이 그 아이의 눈빛에서 되살아났다. 한 번 큰 숨을 들이마신 뒤 몸을 부르르 떨더니 더 이상은 고집을 부리지 않았다. 불가항력이라고 여겨지자 자기의 감정을 다시 한 번 안에 가두며 물러선 것이다.

"책을 좀 가져왔어. 네가 원하면 선생님이 읽어줄게. 마음이 한결 가벼워질 거다."

쉴라는 천천히 고개를 끄덕였다. "여우하고 어린 왕자하고 장미가 나오는 이야기를 큰 소리로 읽어주세요."

17

쉴라는 4월이 끝나도록 병원에 있었다. 그동안 그 아이의 삼촌은 성
폭행죄로 기소되어 재판을 받고 교도소에 재수감되었다. 쉴라의 아버
지는 병원 공포증이 있다고 호소하면서 딸이 입원한 병원에 한 번도
나타나지 않았고, 술타령으로 세월을 보냈다. 나는 하루도 거르지 않
고 학교 수업이 끝나면 쉴라를 보러 가서 저녁 시간까지 머물러 있었
다. 채드도 거기 자주 들러서 쉴라와 장기를 두었다. 내가 먼저 일어서
는 적도 있었다. 안톤도 꼬박꼬박 찾아왔고, 휘트니는 아직 미성년자
였지만 병원 측의 배려로 두어 번 병문안을 올 수 있었다. 심지어는 콜
린스 교장도 쉴라를 보러 왔다. 어느 토요일 오후엔가는 교장이 쉴라
를 데리고 놀고 있다가 나를 보더니 겸연쩍어하기도 했다. 쉴라의 쾌
유를 비는 방문객의 발길은 날마다 이어졌고, 쉴라의 병실은 어느새
가장 복작거리는 곳이 되어 병원 측을 놀라게 했다. 나는 사람들이 쉴

라에게 보여주는 관심이 고마웠다. 더 있고 싶은 마음이야 굴뚝 같았지만, 내가 하루 저녁에 낼 수 있는 시간은 기껏해야 두 시간을 넘지 않았던 것이다. 병문안을 오는 사람이 아무도 없었다면, 아마 나도 시간을 더 내야 했으리라.

입원 생활이 그 아이에게 좋은 면도 있었다. 인형처럼 예쁘기도 했지만, 그런 엄청난 시련을 겪었기 때문에 쉴라는 간호사들의 귀여움을 독차지했다. 간호사들의 지극한 정성에 쉴라의 표정도 밝아졌다. 쉴라는 명랑한 얼굴로 간호사들을 잘 따랐고 물론 우는 일도 없었다. 가장 다행스러웠던 것은 균형 잡힌 식단으로 꼬박꼬박 세 끼를 챙겨먹으면서 통통하게 살이 오르기 시작했다는 점이다. 그래도 퇴원을 앞두고는 슬슬 좀이 쑤시는지 자꾸 침대 밖으로 나오려고 해서, 그러지 못하게 하면 짜증을 부렸다. 그 아이가 정서적으로 안고 있는 문제는 이번 사건에 완전히 가려져버렸다. 쉴라에게는 분명히 정서장애라는 심각한 증세가 있었지만, 병원에서 행동하는 모습을 보면 그런 느낌을 전혀 받을 수 없었다. 오히려 간호사들은 그 아이의 범상치 않은 행동을 입에 침이 마르도록 칭찬했다. 그럴수록 나는 불안해졌다. 사람들이 모두 편안해하는 것이야 절대로 나무랄 일이 아니었지만, 쉴라가 병원에 오게 된 이유는 결코 사사로이 넘길 성질이 아닌 중대한 사건이었기 때문이다. 나는 무슨 일이 있어도 남에게 눈물을 보이지 않는 독한 면을 가진 쉴라가 이번에도 자신의 불행을 승화시켜 마치 그런 일이 전혀 존재하지 않았던 것처럼 굴까봐 걱정스러웠다. 다른 것보다도 바로 그런 점에서 그 아이가 안고 있는 문제의 심각성을 엿볼 수 있다는 게 나의 판단이었다.

그동안 아이들은 쉴라가 없는 생활에 잘 적응해주었다. 우리는 4월의 햇살과 우리를 둘러싼 대지가 소생하는 모습을 만끽했다. 사태는 어느 정도 진정되었고, 매주 어서 나으라는 편지를 쓸 때를 제외하고는 쉴라가 아이들의 토론에서 중심 주제로 떠오르는 일도 드물어졌다.

쉴라가 병원에 있는 동안, 나는 우리 반이 결국 해체된다는 소식을 접하게 되었다. 그런 결정이 나오기까지는 그럴 만한 배경이 있었고, 나도 그런 조치의 불가피성에 공감하는 바였다. 첫째, 교육청에서는 내부 논의를 거친 끝에 프레디나 수잔나 같은 정서장애아들도 지금처럼 별도의 학급을 운영하지 않고서 얼마든지 반 배정을 받을 수 있다는 결론을 내렸다. 둘째, 나머지 아이들도 지금보다 제한이 적은 환경에서 능히 생활할 수 있을 만큼 많이 좋아졌다. 가장 중요한 요인으로는 장애아들을 일반학급으로 복귀시키는 것을 골자로 하는 법안이 의회에서 통과될 가능성이 높아지면서 그에 부응하려는 움직임이 나타난 것이다. 새로운 연방법은 상당수에 달하는 특수학급을 모조리 없애고, 거기서 남게 될 특수교사를 일반학급 운영의 자문역으로 돌린다는 복안을 깔고 있었다. 나는 가장 중증의 장애아 학급을 운영하고 있었기에, 학생 배정을 담당하는 관계자들은 우리 수준의 반을 없애는 데 지대한 관심을 보였다. 그리고 마지막으로 가장 결정적으로 작용한 요인은 예산이 빡빡하다는 속사정이었다. 교사 한 명이 떠맡는 학생 수가 턱없이 적은 것은 둘째치고라도 훈련을 많이 받은 교사를 쓰다보면, 자연히 예산 지출이 늘어났고 그 밖에도 특수시설에 들어가는 이런저런 돈이 만만치 않았다. 지금처럼 부족한 예산으로는 수많은 특수반을 더 이상 꾸려갈 수 없다는 것이 교육청의 입장이었다.

그 소식을 들으니 서글픈 생각이 들었지만 이미 각오한 바이긴 했다. 내 서글픈 느낌은 매년 한 학년이 끝나갈 무렵이면 어김없이 들었던 감정, 곧 이 아이들과 처음부터 다시 생활했으면 좋겠다는 아쉬운 느낌과 같은 성격의 감정이었다. 사실은 나도 세워둔 계획이 있었다. 교육청에서는 다른 자리를 제안했지만, 나는 벌써 대학원에서 입학 허가를 받아놓은 상태였다. 나에게는 특수교육학 석사학위와 정규 교사 자격증이 있었지만, 특수아들을 가르칠 수 있는 정식 자격증은 아직 없었다. 물론 주정부에서는 정규 교사 자격증과는 별도로 특수교육 분야의 정식 자격증을 요구하지는 않았지만, 앞으로는 그럴 가능성이 높았다. 나는 유능한 교사들이 필요한 자격증을 갖지 못했다는 이유만으로 현직에서 물러나는 경우를 주위에서 수없이 보았다. 절대로 포기하고 싶지 않은 자리를 자격증이 없어서 포기해야 한다면, 그것처럼 불행한 일도 없을 것 같았다. 우리 반은 올 가을부터는 어차피 없어지게 되어 있었기에 대학원으로 복귀하기에는 지금이 적기였다.

박사학위를 딸 마음도 없지 않았다. 지난 몇 해 동안 아동의 위축과 우울증에 관해 꾸준히 연구하면서 현실과 이론의 크나큰 괴리를 절감하고 있었던 것이다.

가르치는 일은 나의 천직이었지만, 지난 몇 달은 내 미래를 설계하는 모색의 시간이기도 했다. 거기다가 채드는 결혼해서 안정되게 살아가자고 자꾸만 압력을 넣었다. 재판이 있던 날 쉴라와 함께 보낸 시간이 무척 인상적이었던지, 이제는 가정을 꾸리고 싶다고 노골적으로 자기 입장을 밝혔다. 하지만 나는 안정을 못 찾고 있었다. 입학허가서가 도착한 4월 6일, 나는 공부를 더 하기로 결심을 굳혔다. 대학원 수업이 시작되는 6월이면 나는 채드, 쉴라, 정든 아이들과 헤어져 먼 곳으로 떠나야 했다.

쉴라는 5월 초부터 학교에 나왔다. 병원에서 지낼 때와 똑같이 밝고 명랑한 그 아이의 모습은 방학 동안 신나게 놀다가 등교한 초등학생 같았다. 자기가 애용하던 자리로 돌아가는 쉴라를 지켜보자니, 이만저만 근심스럽지 않았다. 그렇게 엄청난 일을 당한 아이가 저렇게 태연자약할 수 있다는 게 도저히 납득이 되지 않았다. 나는 쉴라가 소름 끼치는 현실에서 자신을 방어하기 위해 환상 속으로 도피하는 훨씬 심각한 증세를 앓고 있는 게 아닐까 하는 두려움에 젖어들었다. 그렇지만 첫날은 물론 그 다음 며칠 동안에도 쉴라는 별다른 말썽을 일으키지 않았다. 모르는 사람 눈에는 그 아이가 지나가다가 잠깐 우리 반 수업을 구경하러 들어온 정상아로 보였을 것이다.

주말이 가까워지자 문제가 드러나기 시작했다. 고질적인 버릇이 슬슬 고개를 들었다. 나는 차츰 어려운 문제를 내놓았고 쉴라는 자꾸만 틀렸다. 목요일에는 속이 상했는지 몇 시간 동안 얼굴이 부어 있었다. 다른 아이들은 쉴라가 돌아왔다는 사실에 이미 익숙해져서, 병원에서 주인공 노릇만 해왔던 쉴라한테 기대만큼 관심을 보이지 않았다. 그래서 일이 자기 뜻대로 안 되면 쉴라는 화를 벌컥 냈다. 나하고도 말은 했지만, 전과는 많이 다른 모습이었다. 수업 시간에도 그렇고 방과 후에도 그렇고 쉴 새 없이 조잘거리기는 했지만, 알맹이 없는 말만 늘어놓았다. 그때그때 상황에 따라 쓸데없이 지껄이는 말뿐이었다. 전에는 마음의 문을 열고 솔직한 감정을 곧잘 드러내곤 하더니, 이제는 안전한 것에 대해서만 말하려고 들었다. 그렇지만 가끔씩 던지는 한마디에서 그 아이의 태연자약한 겉모습 뒤에 숨은 어두운 그늘을 읽을 수 있었다.

쉴라는 멜빵바지와 티셔츠 차림으로 학교에 왔다. 핏자국도 아직 남아 있었고 병원에 있는 동안 쉴라의 몸무게가 늘어났기 때문에 이제 그 옷은 입고 다니기에 너무 작았다. 너무 짧았고 너무 꼭 끼었다. 붉은 바탕에 하얀 무늬가 있는 드레스를 입고 다니지 않는 것이 이상해서, 금요일 저녁 학교 수업이 끝나고 나는 슬쩍 그 이유를 물어보았다. 그때 쉴라는 나를 도와서 게시판에 붙일 도형을 자르고 있었으므로 우리는 같은 탁자 앞에 일감을 잔뜩 펼쳐놓고 앉아 있었다.

쉴라는 내 질문을 받더니 잠시 생각에 잠겼다.

"이젠 안 입고 싶어서요."

"왜?"

"그날……" 그 아이는 잘라낸 종이를 뚫어지게 보면서 말을 잘 잇지 못했다. "그날 제리 삼촌이…… 아주 이쁜 옷이라고 하면서 옷 안으로 손을 집어넣었어요. 전에도 그런 적이 있었지만 이번에는 계속 그랬어요. 손을 빼려고 하지 않았어요. 그래서 이젠 안 입고 싶어요. 아무도 거길 만지게 하고 싶지 않아서요."

"아."

"그리구 피투성이에요. 내가 없는 동안 아버지가 내다버렸어요."

길고 무거운 침묵이 우리 사이에 흘렀다. 무슨 말을 해야 좋을지 알 수 없어서 나는 묵묵히 자르던 일을 계속해나갔다. 쉴라가 고개를 들었다.

"토리 선생님."

"음?"

"선생님하고 아저씨도 같이 그런 거 해요? 제리 삼촌이 나한테 한 것처럼요?"

"삼촌이 너한테 한 짓은 아무나 하는 게 아니야. 그건 나쁜 짓이거든. 섹스는 어른들끼리만 하는 거란다. 아이들이 해선 못써. 그리고 칼을 쓴다는 건 있을 수 없는 일이지. 아주 나쁜 짓이야."

"난 다 알아요. 아버지도 가끔 여자들을 데리고 와서 그걸 해요. 내가 잠든 줄 알지만 난 깨어 있거든요. 시끄러운 소리가 나서 깼어요. 다 봤어요. 그게 뭔지 알아요." 쉴라의 눈빛이 흐려졌다. "그런 게 정말로 사랑인가요?"

나는 한숨을 길게 내쉬었다. "그걸 이해하기엔 넌 아직 너무 어리구나. 그걸 사랑이라고 부를 때도 있지만, 꼭 그렇지만은 않아. 그건 섹스야. 두 사람이 서로를 정말로 사랑할 때는 대개 그걸 하고 그건 좋은 거란다. 그렇지만 사랑하지 않으면서도 그걸 하는 사람들도 있어. 그건 섹스지 사랑이 아니야. 어떤 땐 남을 윽박질러서 그걸 하려는 사람도 있지. 그건 절대 옳지 못한 행동이야."

"그런 걸 해야 한다면, 난 아무도 사랑하지 않을래요."

"넌 어려서 몰라. 네 몸은 아직 그런 걸 할 준비가 안 되어 있어서 너무 아파. 그건 사랑이 아니란다. 사랑은 달라. 사랑은 느낌이거든. 네가 당한 일은 정말 안 좋은 거야. 어린아이한테 절대로 해서는 안 되는 짓이지. 너한테 일어나서는 안 될 일이었기 때문에 아팠던 거구. 넌 너무 어려."

"그런데 삼촌은 왜 나한테 그랬어요?"

나는 자르고 있던 종이를 내려놓으면서 머리를 쓸어 넘겼다. "정말 어려운 질문이다."

"아무리 생각해도 모르겠어요. 난 제리 삼촌을 좋아했고 삼촌도 나랑 잘 놀았거든요. 그런데 왜 나를 아프게 한 거죠?"

"나도 모르겠구나. 사람들은 자기 감정을 잘 다스리지 못할 때가 있어. 저번에 내가 회의에 참석하러 갔을 때 우리도 그러지 않았니? 서로의 마음을 아프게 했었잖아. 살다보면 그럴 때가 있어."

쉴라는 종이 오리기를 그만두고 가위와 종이를 살그머니 탁자 위에 놓았다. 그리고 아주 한참 동안 말없이 가위와 종이, 자기의 펼쳐진 손을 응시했다. 턱 끝이 바르르 떨렸다.

"이 세상 일은 사람 마음대로 안 되나부죠?" 쉴라가 내 얼굴을 보지 않으면서 말문을 열었다.

나는 할 말이 없어 가만히 있었다.

쉴라는 세상사에 지친 것처럼 얼굴을 탁자에 대고 엎드렸다. "난 지금 내 모습이 싫어요. 너무 싫어요."

"견디기 힘들 때가 있지." 어떤 말을 해야 좋을지 알 수 없었지만, 아무튼 말은 해야겠기에 이렇게 받아넘겼다.

그 아이는 나를 쳐다보려고 고개를 돌렸지만 얼굴은 탁자에서 떼지 않았다. 동공이 흐릿했다.

"수잔나 조이처럼 태어나서 드레스를 실컷 입을 수 있었으면 좋겠어요. 여기가 싫어요. 보통 아이가 되어서 보통 아이가 다니는 학교에 가고 싶어요. 지금의 내가 싫어요. 지겨워요. 어쩜 좋을지 모르겠어요."

나는 그 아이를 바라보았다. 언제부터인가 나는 늘 나 자신이 순진함에서 많이 멀어졌다는 생각을 한다. 최악의 상황을 목격했으니 다음번에는 어떤 안 좋은 일이 생겨도 충격을 받지 않을 거라고 자신한다. 하지만 그런 나의 예상은 번번이 빗나갔다.

18

나는 우리 반에서는 이번 학기를 마무리하는 중요한 활동으로 '어머니의 날'이라는 행사를 벌이기로 결정했다. 특수교육 분야에서 일하면서 가장 안타깝게 여기는 것은 특수아들이 일반 아동들이 즐기는 재미난 활동에 좀처럼 끼어들지 못한다는 점이다. 특수아들의 입장에서는 하루하루를 근근이 버텨내는 것만도 힘에 버거운 일이었다. 그렇지만 내 생각은 달랐다. '하루하루를 근근이 버텨내는' 삶은 가치 있는 삶이 아니라는 게 내 지론이었다. 인간은 먹고사는 것만으로 만족할 수 있는 존재가 아니었다. 그래서 나는 우리 교실에도 일반학급에서 인기를 얻고 있는 재미있는 프로그램을 도입하고자 했다.

작년 10월에도 우리는 가족들을 초대해서 오붓한 모임을 가졌는데, 결과가 썩 나쁘지는 않았다. 나는 거기서 자신감을 얻어 5월에는 더욱 근사한 행사를 벌여야겠다는 생각을 진작부터 하고 있었다. 하지만 수잔나, 프레디, 맥스 같은 아이들도 참여할 수 있는 프로그램을 짜기란 생각처럼 만만치 않았다. 우리는 학부모들의 도움으로 노래 몇 곡과 시 몇 수를 준비했고, 아이들의 공연을 한층 빛내기 위해 봄에 피는 꽃들과 버섯들도 동원했다.

아이들은 행사에 대한 기대감으로 잔뜩 부풀어 있었는데, 그중에서도 특히 피터는 아주 야무진 꿈을 가지고 있었다. 아이들 대부분이 얼마 전 TV에서 방영된 〈오즈의 마법사〉를 보았기 때문에 그걸 공연하자고 우겼다. 쉴라를 제외하고는 변변히 글을 읽을 줄 아는 아이가 없다시피 하고, 믿을 만한 배우라야 다섯 명밖에 안 되는 처지에서 그것은 무리한 계획이라고 나는 아이들을 설득했다. 피터는 자기는 숲에 피는 꽃으로 만족할 수 없고 양철 나무꾼 역을 맡고 싶다고 욕심을 부렸다. 사라도 맞장구를 쳤다. 아이들끼리 운동장에서 〈오즈의 마법사〉를 연습했는데, 사라 말로는 썩 보기 좋았다는 것이었다. 결국 내가 물러설 수밖에 없었다. 나는 피터와 사라에게 프레디 같은 아이도 배역을 맡을 수 있고, 앞 못 보는 길러모도 참여할 수 있는 내용으로 촌극을 꾸며야 한다는 조건을 내걸고 공연을 허락했다.

우리는 곧바로 연습에 들어갔다. 노래 연습은 사실상 4월부터 시작되었다고 할 수 있지만, 피터가 준비하고 있던 대본은 쉴라가 병원에서 퇴원한 뒤에야 겨우 윤곽을 드러내고 있었다. 쉴라가 아니었더라면 어머니의 날 연극 공연은 조금 늦추어졌을지 모른다. 쉴라의 눈부신 기억력이 더없이 고맙기만 했다. 쉴라는 꾀꼬리처럼 노래를 잘 불렀고 기억력도 비상했다. 나는 쉴라와 맥스의 대사 분량을 늘렸다. 맥스는 정서장애 덕분에 꼭 누가 시키지 않더라도 방대한 양의 자료를 반복 암송할 수 있는 능력을 가지고 있었다.

나는 쉴라에게 아버지가 오셨으면 좋겠느냐고 물었다. 비록 어머니의 날이라는 간판을 내걸기는 했지만 그날은 부모 입장에서는 자기 자식들이 학교에서 얼마나 신나게 생활하는지 볼 수 있는 드문 기회 중하나였으므로 아버지들도 많이 왔다. 뿐만 아니라 모든 가족들이 우리 반이 어떻게 운영되고 있는지 자유롭게 구경하는 소중한 시간을 가질 필요가 있다는 게 내 생각이었다. 쉴라가 바란다면 어떻게 해서든 그 아이의 아버지를 학교로 모셔 오리라는 마음을 먹고서, 나는 슬쩍 쉴라의 의중을 떠보았다.

쉴라는 고민스러운 얼굴로 잠시 생각에 잠겼다.

"아버진 안 올 거예요."

"안톤이 가서 모셔 오면 돼. 오시겠다는 마음만 있으면. 미리 우리가 알고 있으면 그건 하나도 어려울 게 없어."

"그래도 오지 않을 거예요. 학교 일이라면 질색을 하시거든요."

"그래도 오시면, 네가 연극도 하고 노래도 부르는 모습을 보실 수 있잖니. 네가 그런 걸 척척 해내는 걸 보면 아버지도 대견해하실 거야."

나는 작은 의자에 앉아 쉴라의 눈높이로 키를 낮추었다.

"너도 알겠지만, 쉴라, 넌 1월에 우리 반에 온 다음에 참 많이 변했잖니. 넌 예전의 네가 아니야. 그때처럼 말썽을 부리지도 않고."

쉴라가 힘주어 고개를 끄덕였다. "맨날 때려부수기만 했지만 이젠 안 그래요. 화가 났을 땐 말도 하지 않았구요. 정말 나쁜 아이였어요."

"넌 아주 많이 좋아졌어. 모르긴 몰라도 아버지도 네 달라진 모습을 보면 기뻐하실 거다. 우리 반에서 네가 얼마나 중요한지 두 눈으로 보시면 아버지도 자랑스러워하실 거야."

곁눈질로 내 표정을 살피면서 쉴라가 잠시 생각에 잠겼다. "잘하면 오실지도 모르겠네요."

나는 고개를 끄덕였다. "오시고말고."

공연이 있는 날 아침, 채드가 커다란 상자를 들고 교실에 나타났다. 안톤은 무대를 꾸미고 있었고, 쉴라는 이를 닦고 있었다.

"웬일이야?" 내가 놀라서 물었다.

"쉴라 보러 왔지."

쉴라는 서 있던 의자에서 팔짝 뛰어내려 쪼르르 달려왔다.

"치약은 뱉고 와야지." 채드가 한마디 하니까 쉴라는 치약을 질질 흘리면서 쏜살같이 세면대로 돌아갔다. "오늘 공연이 있다면서."

"야호!" 쉴라는 신이 나서 채드 주위를 돌면서 깡충깡충 뛰었다. "난 도로시 역을 하는데 토리 선생님이 내 머리를 땋아줄 거예요. 노래도 부르고 시도 외워요. 아버지도 와서 본다고 했어요!" 쉴라는 흥분을 가누지 못하며 따발총처럼 지껄였다. "아저씨도 올 거예요?"

"아니. 그 대신 네 첫 무대를 축하하는 선물을 가져왔다."

쉴라의 눈이 휘둥그레졌다. "내 것을요?"

"그렇다니까."

뛸 듯이 기뻐하면서 쉴라가 다리에 꼭 매달리는 바람에 채드는 잠시 휘청거렸다.

상자 안에 무엇이 들어 있는지 나는 알고 있었다. 빨강, 하양, 파랑이 예쁘게 섞여 있고 옆구리에 레이스가 달린 긴 드레스였다. 채드가 얼마 전에 뉴욕으로 출장 갔다가 사 온 예쁘고 비싼 옷이었다. 전에 사준 드레스의 운명에 대해서, 또 쉴라가 드레스를 입기 싫어하는 이유에 대해서 나는 채드한테 지나가듯이 말한 적이 있었다. 채드가 짧은 드레스 말고 긴 드레스를 사온 것도 그런 이유에서였다. 밤늦게 집에 도착하자마자 드레스를 보여주던 채드의 눈은 어린아이처럼 초롱초롱 했다. 나는 여자아이들의 옷을 진열해둔 선반 앞에 엉거주춤 서서 점 원에게 자기가 원하는 옷이 무엇인지 열심히 설명하는 채드의 모습을 능히 상상할 수 있었다. 채드는 쉴라가 꿈에 그리던 옷을 샀다는 자신 감에 차 있었다. 그 옷을 보면 쉴라도 지난달의 악몽을 씻고 우리가 재 판에서 이긴 날 밤에 맛보았던 그 신비스러운 환희를 조금이라도 되찾 을 수 있게 될 거라고 채드는 말했다.

쉴라는 포장지를 벗긴 다음 상자 뚜껑을 들어올리더니 잠깐 머뭇거 리다가 내용물을 살짝 가린 종이를 우두커니 바라보았다. 그리고 아주 천천히 옷을 상자에서 꺼냈다. 쉴라가 눈을 둥그렇게 뜨고, 바닥에 무 릎을 꿇고 있는 채드를 쳐다보았다.

그러고는 옷을 상자 안에 툭 떨어뜨리고 고개를 떨구었다.

"드레스는 이제 안 입는다니까요."

채드가 실망의 빛을 감추지 못하며 멍청히 내 얼굴을 쳐다보았다. 나는 두 사람 있는 곳으로 걸어가서 무릎을 꿇고 앉았다.

"이번 한 번만 입을 수 없겠니?"

쉴라가 고개를 저었다.

나는 채드를 보았다. "미안하지만 우리 둘만 조금 있다 올게."

나는 일어나서 동물 우리 뒤편으로 쉴라를 데리고 갔다. 채드의 착 잡한 심경은 듣지 않아도 능히 짐작할 수 있었다. 쉴라라고 해서 마음 이 아프지 않을 리 없었다. 그 아이는 예쁜 물건을 무척 좋아하는 아이 였고, 채드가 사온 옷은 지난 3월에 쉴라에게 사주었던 옷보다 훨씬 근사했다. 그렇지만 쉴라의 뇌리에는 고통스러운 기억이 아직도 너무나 생생히 남아 있었던 것이다.

동물 우리 뒤편에 이르렀을 무렵 쉴라는 울먹거리면서 표정이 잔뜩 일그러져 있었다. 눈물을 흘리지 않으려고 손가락으로 관자놀이를 눌렀지만 그것이 먹혀들지 않는 장면을 나는 그날 처음으로 보았다. 뺨 위로 흘러내리는 굵은 물줄기와 함께 그 아이는 흐느끼기 시작했다.

마침내 그 순간이 왔다. 이제나저제나 하고 몇 달 동안 숨죽여 기다려온 그 순간이 이제 눈앞의 현실로 나타난 것이다.

나는 몇 분 동안 꼼짝 않고 그 아이 옆에 앉아 있었다. 놀랍게도 그 아이는 진짜 눈물을 쏟았고, 나는 잠시 할 말을 잊은 채 그 아이를 바라보는 수밖에 없었다. 나는 그 아이를 꼬옥 끌어안았다. 아이는 내 옷을 움켜잡았다. 살갗을 파고드는 아이의 손가락에서 둔중한 아픔이 느껴졌다. 쉴라는 자제력을 잃었고 당분간은 그런 상태가 계속될 것 같았다. 나는 아이를 안고 일어섰다. 공연 준비로 들락날락거리는 아이들로부터 방해받지 않을 곳으로 자리를 옮겨야겠다는 생각이 들었다.

"내가 잘못한 거지?" 채드가 걱정스럽게 물었다. 온화한 얼굴에 불안이 가득했다. "딴 뜻은 없었는데……"

"걱정하지 마. 드레스는 저기 두고. 나 좀 어디 있다 올게." 나는 다시 안톤에게 돌아섰다. "잠깐 아이들 좀 맡아줘요."

방해받지 않고 우리 둘만 있을 수 있는 곳은 서고밖에 없었다. 나는 쉴라를 안고 작은 의자 하나를 든 채 서고 문을 열고 안으로 들어간 다음 문을 닫았다. 차곡차곡 쌓인 책들에 의자를 기대놓고 앉아서 쉴라를 편한 자세로 안아주었다.

쉴라는 격하게 흐느꼈지만 처음보다는 많이 진정되어 있었다. 그래도 울음은 하염없이 계속됐다. 내가 할 수 있는 일이라고는 아이를 안은 채 흔들어주는 게 전부였다. 좁은 방 안에서, 내 팔과 가슴은 아이의 눈물과 뜨거운 숨결로 촉촉이 젖어갔다. 처음에는 안톤 혼자서 공연 때문에 들떠 있는 아이들을 감당할 수 있을까, 오늘 공연은 잘될까, 어떻게 해야 쉴라를 달랠 수 있을까, 두서없는 이런저런 생각으로 머리가 복잡했다. 그렇지만 어느 정도 시간이 지나자 마음이 차분해졌고, 나는 그냥 가만히 앉아서 쉴라를 토닥여주기만 했다. 팔이 뻐근하다는 느낌 외에는 아무런 생각도 없었다.

드디어 눈물이 그쳤다. 쉴라는 바르르 떨면서 축 늘어져 있었다. 근육 모두에서 기운이 빠져나가 탈진한 상태였다. 좁은 서고는 눅눅하고 후덥지근했으며, 우리 두 사람 다 눈물과 콧물과 침으로 범벅이 되어 있었다. 나는 쉴라의 젖은 머리를 뒤로 쓸어넘기면서 채드가 선물을 주었을 때 이 아이가 무슨 생각을 했는지 문득 알고 싶어졌다.

"이젠 좀 괜찮아졌니?" 내가 조용히 물었다.

쉴라는 나에게 몸을 맡긴 채 가만히 있었다. 심하게 울고 난 뒤끝이라 딸꾹질을 하면서 몸을 파르르 떨었다.

"토할 것 같아요."

교사로서의 본능이 순간 발동한 나는 쉴라를 도서실 밖으로 데리고 나와 화장실로 들여보냈다. 화장실에서 나온 쉴라의 얼굴은 싸움에 지친 사람처럼 붉게 부어올랐으며, 걸음도 잘 못 걸었다. 턱에 치약이 조금 묻어 있었다. 나는 쉴라를 다시 안았다.

"그럴 때가 있단다." 나는 서고로 돌아가면서 말했다. "굉장히 심하게 울면 속이 울렁거릴 때가 있어."

쉴라가 고개를 끄덕였다. "나도 알아요."

우리 사이에는 의자 하나가 놓여 있었지만, 쉴라는 내 무릎 위로 기어올라와 젖은 내 옷에 몸을 기댔다. 우리는 말없이 그렇게 앉아 있었다.

"선생님 심장 뛰는 소리가 들려요." 한참 만에 쉴라가 입을 열었다.

나는 그 아이의 머리를 부드럽게 어루만졌다.

"교실로 돌아갈까? 지금쯤 산수 문제를 풀고들 있을 텐데."

"아니요."

다시 침묵이 감돌았다. 내 머릿속에는 뭐라 형언할 수 없는 무수히 많은 생각이 떠돌고 있었다.

"선생님?"

"응?"

"아저씨가 왜 나한테 그 옷을 사준 거죠?"

쉴라는 제리 삼촌이 자기 드레스를 보고 예쁘다고 말했던 이유와 같은 이유에서 채드가 자기한테 옷을 사준 거라고 생각했을지도 모른다는 생각이 얼핏 내 머리를 스치고 지나갔다. 친절하고 따뜻한 채드 아저씨가 제리 삼촌처럼 행동하기 위해서 자기한테 드레스를 입히는 것이라고 생각했을 때 오죽 무서운 생각이 들었을까? 물론 그것은 어디까지나 내 억측에 지나지 않았지만, 그래도 나는 그 아이한테 채드 아저씨가 너를 '사랑'하기 때문에 준 것이라는 말은 하지 않는 게 좋겠다는 결론을 내렸다.

"전에 산 드레스가 엉망이 되었다고 선생님이 아저씨한테 말했거든. 아저씬 네가 예쁜 옷을 입고 연극하길 바랐던 거야." 나는 아이의 비단결 같은 머리를 손가락으로 쓸어주었다. "네가 이제 드레스는 입고 싶어하지 않는다는 말을 선생님이 깜빡 잊고 못했구나. 선생님 잘못이 크다."

쉴라는 묵묵히 듣고만 있었다.

"너도 알겠지만, 채드 아저씨는 제리 삼촌이 너한테 했던 그런 행동은 절대로 하지 않을 분이야. 어린아이한테 그런 짓을 해서는 안 된다는 걸 아저씨는 너무나 잘 알아. 널 해치려고 드레스를 사온 게 아니란다. 아저씬 무슨 일이 있어도 너를 해치지 않아요."

"나도 알아요. 울지 않으려고 했어요."

"그래, 괜찮아. 아저씬 네 마음 이해하셔. 네가 운다고 해서 기분 나빠할 사람 아무도 없어. 울고 싶을 땐 울어버려야 마음이 후련해진다는 거 너나 나나 잘 알잖니. 다른 사람들은 신경 쓸 거 없어."

"그 옷 입을래요." 쉴라는 잠시 말을 끊었다가 다시 이었다. "입고 싶어요. 그냥 겁이 났던 건데 울음을 멈출 수가 없었어요."

"괜찮아. 정말이야. 아저씬 네 마음 이해한다니까. 다른 사람들도 마찬가지구."

"내가 왜 울었는지 모르겠어요. 참 어이가 없어요."

"그 일은 없던 걸로 하자."

공연을 앞두고 들떠 있는 아이들을 놔두고 너무 오래 자리를 비웠다는 불안감이 슬슬 나를 압박했다.

"쉴라, 난 교실로 돌아가야겠다. 안톤 혼자서 아이들을 돌보고 있거든. 두 가지를 제안하마. 나하고 같이 가든지 그럴 기분이 아니면 양호실에 가서 좀 쉬든지."

"토했으니까 집에 가는 건가요?"

"아니. 속이 메슥거리지는 않잖아."

쉴라는 무릎에서 내려갔다. "조금 쉴래요. 피곤해요."

나는 양호교사에게 쉴라가 조금 누워 있어야 하지만 집에 갈 필요
는 없다고 설명한 다음 쉬는 시간에 다시 보러 오겠다고 말했다. 양호
교사가 담요를 주자 쉴라는 침대에 누웠다.

"선생님?" 내가 담요를 덮어주는데 쉴라가 불렀다. "그 옷 가져도
돼요? 이젠 입을 수 있을 것 같아요."

나는 고개를 끄덕이며 웃었다.

"돼구말구. 아저씨가 준 거니까."

쉬는 시간에 돌아와보니 쉴라는 잠이 들어 있었다. 오전 내내 잠을
재운 다음, 나는 점심시간이 되어서야 쉴라를 깨웠다.

작품 제목과 등장 인물은 똑같았지만 아이들이 그날 한 공연은 책
이나 영화하고는 공통점이 거의 없었다.

쉴라가 도로시 역을 맡은 것은 머리가 잘 돌아갔고 대사를 빠르게
내뱉을 줄 알았기 때문이었다. 타일러와 사라도 그 역을 원하는 바람
에 잠시 언쟁이 벌어졌고, 사라와 피터의 공조 체제에 균열이 올 뻔했
다. 그러나 배역을 정할 수 있는 권한은 피터가 더 많이 가진 듯싶었는
데, 피터는 쉴라를 선택했다. 사악한 마녀들을 도맡아 연기하는 불명
예스러운 일은 타일러의 몫으로 돌아갔다. 사라는 허수아비로 분장했
다. 윌리엄은 겁쟁이 사자였고, 길러모는 마법사였다. 선한 마녀 글렌
다를 누가 맡을 것인지를 두고 또 한 차례의 신경전이 벌어졌을 때 피
터가 수잔나를 선택한 것은 뜻밖이었다. 나는 피터가 왜 수잔나를 택
했을까 곰곰이 생각해보았다. 가장 큰 이유는 별다른 분장을 하지 않

아도 선녀처럼 어여쁜 얼굴 때문이었겠지만, 피터가 은근히 수잔나를 좋아하는지도 몰랐다. 프레디는 외로운 숲 속의 꽃이었고, 맥스는 외팔이 원숭이였다. 물론 양철 나무꾼은 피터였다.

우리 반에서 공연한 〈오즈의 마법사〉를 제대로 감상하기 위해서는 어설퍼서 익살맞은 우리 아이들에 대해 교사건 학부모건 무한한 사랑을 가지고 있어야 했다. 오전 중에는 의기소침해 있던 쉴라도 훌훌 털고 일어나 휘트니가 준비한 의상을 거부하고 채드가 사온 옷을 입었다. 두 시간 낮잠을 자서 힘이 솟는지 무대가 좁아라 누비고 다니면서 참새처럼 쉴 새 없이 지껄였다. 그런가 하면 프레디는 전혀 움직이려 들지 않았다. 그 아이는 우스꽝스러운 꽃모자를 쓴 채, 관객석의 엄마를 향해 손을 흔들었다. 한번은 쉴라가 통통한 프레디의 다리에 걸려서 그 아이의 무릎 위로 넘어지기도 했다. 나중에는 안톤이 프레디를 무대 밖으로 데리고 나가야 했다. 윌리엄은 겁쟁이 사자 역에 적격이었다. 무서움의 감정을 윌리엄보다 잘 아는 아이도 드물었기 때문이다. 그 아이는 무대 위에서 부들부들 떨고 몸서리를 치면서 실감나는 연기를 보여주었다. 가장 놀라운 것은 수잔나 조이가 글렌다 역할을 썩 잘 해냈다는 사실이었다. 그 아이는 높고 작은 소리로 혼잣말을 하면서 딴 세상에서 살아가는 사람처럼 무대를 빙빙 돌았다. 연극에 너무나 잘 어울리는 행동이었다.

공연 중에 딱 하나 문제가 있었다면 쉴라가 관객들이 줄거리를 이해하지 못할까봐 걱정한 나머지, 다른 아이들의 대사까지 떠맡고 나서려는 바람에 그 아이의 대사량이 점점 늘어났다는 것이다. 그러자 쉴라가 지루한 독백을 하는 동안 모두 우두커니 서 있어야 하는 사태가 빚어졌다. 한 번은 피터가 나와서 독백을 하는 쉴라에게 퇴장을 요구한 적도 있었다.

공연 후반부도 재미있었다. 시를 까먹은 아이는 하나도 없었고 비록 음정은 잘 맞지 않았을지언정 노래도 큰 소리로 잘 불렀다. 공연이 끝난 뒤 학부모들은 다과를 들면서 아이들이 학교에서 만든 것을 구경했다.

쉴라의 아버지도 왔다. 이번에도 배가 불룩 튀어나온 양복에 싸구려 로션 냄새를 풀풀 풍기며 나타나서는 거대한 몸집을 작은 의자에 실었다. 연극 공연이 끝나고 쉴라가 다가갔을 때, 나는 그 사람이 처음으로 딸에게 미소 짓는 걸 보았다. 그는 고맙게도 술을 먹지 않았고 우리와 함께 가지는 시간이 즐거워 보였다. 쉴라가 입은 옷에 대해서도 이렇다 말이 없었다. 행사가 막바지에 이르렀을 무렵, 나는 쉴라 아버지에게 가서 채드가 사준 옷이라고 설명했다. 그는 딸아이를 가만히 쳐다보다가 나한테 돌아서면서 양복 주머니에서 낡은 지갑을 꺼냈다.

"가진 게 얼마 없어서—" 그가 나직이 말했다.

나는 값비싼 드레스 값을 내겠다고 우기면 어쩌나 하고 걱정했지만 그의 생각은 그게 아니었다.

"돈을 드릴 테니까 쉴라한테 평상복 좀 사주시겠수? 입고 다닐 옷이 변변치 않다는 건 알지만 그런 건 여자가 아니면 잘 모르니까……" 그는 말꼬리를 흐리면서 시선을 다른 데로 돌렸다. "돈이 있으면, 잘 아시겠지만, 당최 붙어나질 않아서요. 그래서……"

그가 손에 쥐고 있던 돈은 10달러였다.

나는 고개를 끄덕였다. "걱정 마세요. 다음 주에 사러 가겠습니다."

그는 입술을 굳게 다문 채 나에게 서글픈 미소를 짓더니 어느새 종적을 감추었다. 나는 그가 주고 간 지폐를 물끄러미 쳐다보았다. 옷을 사기에는 턱없이 부족한 돈이었지만, 쉴라의 아버지는 술값으로 날려 버리기 전에 그 돈을 마땅히 써야 할 곳에 써야겠다는 그 나름의 성의 표시를 한 셈이었다. 나는 왠지 그 사람이 밉지 않았다. 연민이 밀려들 었다. 쉴라만 희생자가 아니었다. 쉴라의 아버지도 누군가가 보살피지 않으면 안 될 사람이었다. 일찍이 한 소년의 아픔과 괴로움을 어느 누 구도 알아주지 않았던 것이다. 그리고 그 아이는 이제 어른이 되었다. 남을 보살피기 좋아하고 아무런 대가 없이 남을 사랑할 줄 아는 사람 이 이 세상에 많으면 얼마나 좋을까, 나는 서글픈 심정으로 그런 생각 을 했다.

19

어느새 석 주만 지나면 학기가 끝나게 되어 있었다. 미처 마무리하지 못한 일들로 내 머리는 어지러웠다. 처리해야 할 일들이 한두 가지가 아니었다. 학기가 끝나는 대로 이사를 가려면 짐도 꾸려놓아야 했다. 저녁마다 나는 짐을 싸고 몇 년 동안 집 안에 쌓인 쓰레기를 처리하느라 정신을 못 차릴 지경이었다.

아직 아이들한테는 우리 반이 없어진다는 이야기를 하지 않았다. 몇몇 아이들은 내년부터 행동의 제약이 더 따르는 학급에 배정될 거라는 사실을 알고 있었다. 윌리엄은 보조교사가 있는 5학년 정규반에 들어갈 예정이었다. 석 달 전부터 그 아이는 본관에 있는 4학년 교실에서 읽기와 산수 공부를 하고 있었다. 타일러는 새로 마련된 프로그램에 따라 배우게 되었다. 아직은 특수지도를 받는 반에서 대부분의 시간을 보내야겠지만 타일러도 일반 교실의 생활에 적응할 만큼은 성장해 있었다.

사라 문제는 아직 결정을 내리지 못했다. 사라는 우리 반에서는 잘 적응했지만 아직도 사람들이 많은 곳에서는 움츠러들었다. 나는 아직도 1년은 사라가 특수학급에서 더 생활할 필요가 있다고 생각했지만 그래도 일반학급으로 복귀할 준비는 상당히 되어 있는 편이었다. 아쉽지만 피터는 당분간 특수교육을 더 받아야 했다. 신경 손상이 여전히 지속되면서 그 아이의 행동은 악화일로를 걸었다. 피터의 파괴적이고 돌발적인 행동은 꽉 짜인 정규 학급에서 용납되기 어려웠다. 길러모는 식구들과 함께 다른 곳으로 이사할 예정이었다. 맥스, 프레디, 수잔나는 모두 특수프로그램에 배정되었다. 프레디는 중증의 정신지체아 반에 들어가게 되었는데, 그 반을 맡은 교사는 프레디가 별다른 문제를 일으킬 것 같지 않다는 희망적 관측을 내렸다. 그 교사는 우리 학급에서 그 아이가 어떻게 생활하는지 참고하기 위해 몇 번인가 우리 교실에 와서 프레디를 관찰했다. 맥스는 많이 좋아졌다. 흉내말이 부쩍 줄어들면서 말하는 것이 정상아에 가까워졌다. 맥스와 수잔나는 자폐아를 위한 특수프로그램에 들어가게 되었다.

쉴라는? 쉴라가 문제였다. 나는 아직 우리 반이 없어진다는 말을 그 아이한테 하지 못했다. 그런 이야기를 듣고 쉴라가 순순히 받아들일지 자신이 없어서 차일피일 미루고 있었다고 말하는 것이 옳으리라. 요컨대 나는 겁이 났다. 쉴라는 1월에 우리 교실에 질질 끌려 들어오면서 악에 받쳐 날뛰던 시절에 비하면 장족의 발전을 한 셈이었다. 이제 내 허리를 붙잡고 졸졸 쫓아다니지도 않았다. 지미 일은 까맣게 잊은 듯 싶었고 이제는 길가에 내버려졌던 이야기도 거의 하지 않았다. 그렇지만 쉴라는 언제 허물어질지 모르는 아이였다. 그 아이는 이제 특수학급에 다닐 필요가 없었다. 오히려 특수학급에 들어가면 워낙 말을 잘 하는 데다가 눈치가 빨라서 관심 밖으로 벗어나기 십상이었다. 그러면 쉴라는 교사의 관심을 끌기 위해 필경 과거의 좋지 못한 버릇을 다시 써먹으리라는 게 내 판단이었다. 그 아이에게 필요한 것은 관심을 쏟아줄 만한 사람이었다. 에드에게 아직 어리기는 하지만 쉴라를 3학년으로 월반시키자는 건의를 할까도 생각해보았다. 학습능력이 엇비슷한 아이들 틈에 있어야 그나마 적응하는 데 도움이 될 것 같았다. 비록 정서에 문제가 있었지만 쉴라는 조숙한 아이였다. 게다가 내가 잘 아는 친구가 다른 학교에서 3학년 아이들을 가르치고 있었다. 그 학교는 우리 학교보다 이주노동자 단지와 가까웠으므로 버스 통학도 용이한 편이었고, 어차피 일반학급에 집어넣는 것이 특수학급보다 비용도 싸게 먹혔다. 내 친구는 나 대신 쉴라를 잘 보살펴줄 사람이었다. 그런 대안이라도 마련해놓아야 나도 안심이 될 것 같았다.

나는 쉴라가 일반학급에서 어떻게 지내는지 알아보려고 산수 시간에만 우리 학교의 2학년 반에 보내기로 마음먹었다. 2학년을 가르치는 낸시 긴스버그 교사는 나와 우리 반 아이들을 제일 먼저 자기네 반에 초대하여 같이 수업을 하는 등, 아주 헌신적이고 명랑한 교사였다. 그래서 어느 날 휴게실에서 나는 낸시에게 산수 시간에 쉴라를 맡아달라고 부탁했다. 쉴라의 산수 실력은 2학년 수준을 능가하지만, 그 아이가 일반학급의 빡빡한 분위기에 적응할 수 있는 시간을 주고 싶다고 덧붙였다. 쉴라가 가장 좋아하는 과목이 산수였으므로 거기서부터 시작하는 편이 제일 나을 듯했다. 낸시는 내 요청을 흔쾌히 받아들였다.

"할 말이 있거든." 나는 쉬는 시간에 장난감을 정리하면서 쉴라에게 슬쩍 말을 건넸다.

"뭔데요?"

"이제부터 근사한 경험을 하는 거야. 다른 반에서 공부를 하는 거다."

쉴라가 번쩍 고개를 들었다. "네?"

"긴스버그 선생님한테 말씀드렸더니 너더러 매일 와서 산수 공부를 해도 된대."

"윌리엄처럼요?"

"그래."

"싫어요."

"처음에는 익숙하지 않겠지만 금방 좋아질 거야. 거긴 일반학급이란 말이야. 전에 그런 데서 공부하고 싶다고 선생님한테 말한 걸로 아는데? 지금이 좋은 기회야."

"싫어요."

"왜?"

"내가 다니는 반은 여기니까요. 다른 반에는 안 갈래요."

"산수만 거기서 배우는 거래두." 쉴라가 얼굴을 찌푸렸다.

"난 여기가 맘에 들어요. 여기가 맘에 든다는데 다른 데로 보내면 어떡해요."

"네가 원하면 여기서도 산수 공부를 하면 되잖니. 아무튼 월요일부터 긴스버그 선생님 반에서 산수를 배우는 거다."

"싫어요."

쉴라는 내 제안을 탐탁지 않게 여겼다. 내가 거기 가야 하는 이유를 댈 때마다 그 아이는 거기 가서는 안 되는 이유를 들이밀었다. 그날 쉴라는 샐쭉했다가 신경질을 부렸다가 하면서 도무지 내가 파고들 틈을 주지 않았다. 오후가 되자 나는 더 이상 참을 수가 없어서 그 아이에게 네가 무슨 소리를 해도 어차피 거기 갈 수밖에 없는 거라고 일방적으로 선언했다. 이틀의 시간 여유가 있으니 마음의 준비를 할 수 있을 테고 나도 네가 적응하도록 도와주겠지만, 아무튼 거긴 반드시 가야 한다고 못 박았다.

쉴라는 화가 나서 쿵쿵 요란한 소리를 내며 토끼장으로 걸어가서 창살을 붙잡고 흔들었다. 다행히 그 안에는 토끼가 없었지만 너무 시끄러워 견딜 수가 없었다. 나는 쉴라를 탁자 있는 곳으로 끌고 와서 얌전히 말을 듣든지 생각하는 자리에 앉아 있든지 둘 중 하나를 선택하라고 요구했다. 쉴라는 벌떡 일어서더니 방 한구석으로 씩씩거리며 걸어갔다. 그리곤 의자를 홱 당겨서 앉았다.

나는 못 본 체 내버려두고 그림 지도를 하러 윌리엄한테로 갔다. 안톤과 내가 몇 번인가 마음이 가라앉았으면 거기 앉지 않아도 좋다고 말했고, 사라도 오후 간식 차리는 일을 도와달라고 부탁했지만, 쉴라는 꼼짝 않고 그 자리에 앉아 있었다.

그 아이가 일부러 내 심기를 건드리려 한다는 걸 모르는 내가 아니었으므로, 나는 수업이 끝난 뒤 안톤에게 쉴라를 맡기고 내일 수업을 준비하기 위해 휴게실로 갔다. 쉴라가 골이 나 있을 때는 그냥 내버려두는 게 상책이었다. 다섯 시가 조금 못 되어 교실로 돌아와보니 쉴라는 책을 읽고 있었다.

"이제 화가 좀 풀렸니?"

내가 묻자 그 아이는 책에서 눈도 떼지 않고 건성으로 고개를 끄덕였다.

"나를 화나게 하면 후회할 거예요."

"그게 무슨 뜻이지?"

"거기 억지로 보내면 착하게 굴지 않을 거란 소리예요. 말썽을 피우면 할 수 없이 날 도로 여기로 보내겠죠. 그럼 선생님도 날 데리고 있을 수밖에 없잖아요."

나는 기가 막혔다. "쉴라, 가만히 생각해보렴. 네가 원하는 건 그게 아닐 거다."

"아니에요. 맞아요." 쉴라는 여전히 책에서 눈을 떼지 않고서 대꾸했다.

나는 시계를 보았다. 집에 가야 할 시간이 거의 다 되었다. 쉴라가 이렇게 나올 때는 정말로 속이 상했다. 나는 그 아이 쪽으로 다가가서 바닥에 무릎을 꿇고 앉았다.

"왜 그러는데? 왜 안 가겠다는 거야? 선생님은 네가 일반학급에 다시 가게 되는 걸 바라는 줄 알았는데?"

그 아이는 천만의 말씀이라는 듯이 어깨를 으쓱 올렸다 내렸다.

나는 쉴라가 나를 외면하지 못하도록 그 아이의 손에서 책을 빼앗았다.

"쉴라, 난 네 생각을 알고 싶어. 거기서 말썽을 피울 거면 선생님이 널 보내지 못한다는 거 너도 잘 알잖아. 넌 내가 긴스버그 선생님을 곤란하게 만들고 싶어하지 않는다는 걸 이용하고 있어. 그럼 못쓴다."

"마음대로 생각하세요."

"쉴라……"

마침내 그 아이가 나를 똑바로 쳐다보았다. 파란 눈이 촉촉이 젖어 있었다. "왜 나를 여기 못 있게 하는 건데요?"

"못 있게 하는 게 아니야. 나도 네가 우리 반에 있기를 원해. 그걸 말이라고 하니. 그렇지만 나중을 생각해서 일반학급 분위기에 적응해야 하지 않겠어?"

"가보지 않아도 벌써 다 알아요. 여기 오기 전에 내가 다니던 학교가 그런 데잖아요. 난 미친 아이들이 있는 우리 반이 좋아요."

시계 바늘이 다섯 시로 바짝 다가섰다.

"쉴라, 잘 들어, 우린 시간이 없다. 뛰어가야 버스를 탈 수 있어. 그 문제는 내일 다시 이야기하자."

쉴라는 그 문제를 더 이상 이야기하지 않으려고 했고 자기 말을 그대로 실천에 옮겼다. 나는 월요일 아침에 그 아이를 30분 동안 긴스버그 선생의 교실에 보냈다. 15분도 못 되어 안톤이 쉴라를 데리고 와야 했다. 보아하니 쉴라는 시험지를 갈기갈기 찢고 연필을 집어던지고 자기보다 몸집이 두 배는 되는 죄 없는 불쌍한 아이의 발을 걸어 넘어뜨린 모양이었다. 안톤에게 끌려오면서도 쉴라는 고래고래 악을 쓰고 몸부림을 쳤다. 문이 열렸다 닫히고 교실 안에 완전히 들어온 걸 확인하고 나서야 쉴라는 얌전해졌다. 안도의 웃음이 그 아이의 입술에 떠올랐다. 안톤이 쉴라를 생각하는 자리로 데리고 갔다. 나는 맥스 옆에 앉아서 눈을 감았다.

그 아이의 행동에 나도 무척 화가 나 있던 터라 그 아이 앞에서 화를 내지 않을 자신이 없었다. 뿐만 아니라 나는 내년에 그 아이에게 닥칠 일을 이 참에 이야기하는 게 좋겠다는 생각이 들었으므로, 긴스버그 선생의 방에서 말썽을 피운 걸 가지고 당장 야단치지는 않기로 했다.

나는 다소 진정을 되찾은 다음 쉴라에게 구석을 떠나도 좋다고 말했고, 우리는 수업을 계속했다.

쉴라는 막상 나한테 노골적으로 반기를 들고 나서 몹시 마음이 불안한 것 같았다. 그날 오후 쉴라는 나한테 지나치리만큼 애교를 부리면서 자기가 얼마나 착한 아이인지 내가 보아주기를 원했다. 다른 교실을 난장판으로 만들었는데도 조용히 구석에 가서 있으라는 말 외에 내가 특별한 반응을 보이지 않은 것도 쉴라를 불안하게 만들었다. 쉴라는 언제 자기한테 화를 낼 거냐고 물었다. 내가 갑자기 무심하게 굴면 자기를 버리려나 보다고 생각할까봐 나는 미소를 지은 뒤 그 문제는 나중에 시간이 있을 때 이야기하자고 말했다. 그렇지만 쉴라는 하루 종일 마음을 졸이면서 멀리서 내 일거수일투족을 감시했다.

방과 후에 나는 다른 아이들과 함께 버스 타는 곳으로 갔다. 교실로 돌아오니 쉴라가 두려움에 젖은 눈으로 동물 우리 옆에 기대어 서 있었다. 나는 탁자를 가리키며 쉴라를 불렀다.

"이리 와라. 나하고 이야기 좀 하자."

쉴라가 쭈뼛거리며 내 맞은편 의자에 와서 앉았다. 잔뜩 긴장한 얼굴이었다.

"나한테 화났어요?"

"오늘 아침 일? 그때는 당연히 화가 났지만 지금은 괜찮아. 그렇지만 네 생각을 정확히 알고 싶구나. 네가 왜 거기 안 가려고 하는지 선생님은 이해가 안 되거든. 지난주에 넌 나하고 그 이야기를 하지 않으려고 했다. 선생님은 그래서 궁금한 거야. 넌 무슨 일을 하더라도 항상 이유를 생각하면서 하잖니. 난 그렇게 알고 있는데."

쉴라가 유심히 나를 살폈다.

"응?"

"여기가 내 반이잖아요."

"그야 그렇지. 난 널 쫓아내려는 게 아니야. 하루에 겨우 35분이잖니. 그리고 어차피 너도 내년에는 일반학급으로 옮겨가야 돼."

"난 일반학급에 가지 않을 거예요. 여기가 내 반이니까요."

나는 물끄러미 그 아이를 쳐다보았다. "쉴라, 벌써 5월이야. 앞으로 몇 주만 있으면 학기가 끝나. 이제 다음 학년을 생각할 때도 됐어."

"다음 학년에도 여기 있을 거예요."

내 가슴이 철렁 내려앉았다.

"안 되지." 내가 상냥하게 받아넘겼다.

쉴라의 눈에서 불꽃이 튀었다. "나도 안 돼요! 이 세상에서 제일 나쁜 아이가 되구 말 거예요. 내가 형편없이 굴면 그 사람들이 선생님한테 날 돌려보내겠죠. 날 버리고 가지 못하게 할 거예요."

"아, 쉴라." 나는 한숨을 내쉬었다.

"다른 데는 절대 가지 않을 거예요. 다시 나쁜 짓을 할 거예요."

"네가 잘못 생각하고 있어. 난 널 쫓아내려는 게 아니라니까. 그래도 선생님 말을 못 믿겠니?"

쉴라는 두 손으로 귀를 막았다.

"내년에는, 이 반은 없어져." 들릴락 말락 나직하게 말했지만 쉴라는 그 말을 놓치지 않았다.

한순간에 표정이 변하더니 귀를 막았던 손을 내렸다. 분노가 빠져나가면서 그 아이의 표정이 창백해졌다.

"무슨 소리예요? 어떻게 된다구요?"

"우리 반이 없어진다구. 교육청에서 필요 없다는 결정을 내렸어. 모두들 다른 반으로 가야 한단다."

"필요 없다구요?" 쉴라가 소리를 질렀다. "필요 없긴 왜 필요 없어요? 난 필요해요! 난 아직도 미쳤어요. 미친 아이들만 모이는 반이 나한테는 필요해요. 피터도 그렇고 맥스도 그렇고 수잔나도 그렇고. 우린 다 미친 아이들이잖아요."

"아니야, 쉴라, 그렇지 않아. 넌 미친 적 없어. 지금은 더더욱 안 그렇고. 그런 생각은 이제 버려."

"그럼 이제부터 미칠 거예요. 악독한 짓을 할 거예요. 아무 데도 안 갈 거예요."

"쉴라, 나도 여기 없어."

그 아이의 얼굴이 굳어졌다.

"나도 6월이면 떠나. 학기가 끝나면 나도 없다구. 우리가 얼마나 좋은 친구인지 나도 알기 때문에 너한테 말하긴 어렵지만, 헤어질 시간이 왔어. 그렇다고 내가 너를 사랑하지 않는 건 아니고, 내가 떠나는 건 네가 무슨 짓을 했느냐 안 했느냐 하고도 상관없어. 그건 어디까지나 별개란다. 어른으로서 내리는 결정이야."

그 아이는 내 얼굴만 빤히 쳐다보았다. 팔꿈치를 탁자에 댄 두 손을 깍지 껴서 그 위에다 뺨을 괴었다. 깊은 바다 빛깔처럼 짙푸른 눈이 멍청히 나를 응시했다.

"세상 일에는 끝이 있는 법이야. 6월이면 교사로서의 내 임기도 끝나. 우리가 얼마나 소중한 시간을 가졌니. 이 세상 무엇하고도 바꾸고 싶지 않은 값진 경험이었어. 너도 많이 변했지만 나도 참 많이 변했단다. 우린 같이 성장했고, 이제 우리가 얼마나 그동안 성장했는지 확인해야 하는 시간이 온 거야. 선생님은 그럴 준비가 되었다고 생각한다.

너도 마찬가지고. 너 혼자서 얼마든지 해낼 수 있어. 넌 약한 아이가
아니거든."

갑자기 눈물이 그 아이의 뺨을 타고 턱 끝으로 주르르 흘러내렸다.
하지만 쉴라는 턱을 괸 그 자세로 눈도 깜박거리지 않고 가만히 있었
다. 나는 무슨 말을 해야 좋을지 알 수 없었다. 가끔 나는 그 아이가 여
섯 살이라는 사실을 잊을 때가 있었다. 쉴라의 눈은 노인처럼 지쳐 보
였다.

쉴라는 손을 탁자 위에 얹고 천천히 고개를 숙였다. 소리 없이 계속
떨어지는 눈물을 닦을 생각도 안 하고 잠시 그렇게 앉아 있었다. 그러
더니 벌떡 일어나 방 한구석으로 가서 쿠션들 사이에 앉았다. 그러고
는 두 손으로 얼굴을 가렸다. 여전히 아무 소리도 새어나오지 않았다.

나는 그 아이한테서 뿜어나오는 고통을 느끼면서 말없이 앉아 있었
다. 그 아이의 고통은 내 고통이기도 했다. 내가 너무 깊이 빠져든 것
일까? 겉보기에는 눈에 띄게 좋아졌다고 하지만, 그 아이가 지나치게
나에게 의존하도록 방치한 것은 아닐까? 누군가를 사랑하는 데 따르
는 시련을 받아들이도록 섣불리 가르칠 게 아니라 1월에 처음 나타났
던 그 상태로 내버려두는 것이 낫지 않았을까? 나는 동료들 사이에서
늘 이단자로 통했다. 헤어질 땐 헤어지더라도 사랑을 듬뿍 주어야 한
다는 것이 내 생각이었지만, 내가 강의 시간에 배운 내용은 그게 아니
었다. 교수들은 아이들에게 너무 빠져들면 위험하다는 점을 누누이 역
설했다. 하지만 나는 안 그럴 수가 없었다. 깊이 빠져들지 않고서는 아
이들을 제대로 가르칠 수가 없었다. 헤어짐은 늘 아픔이었다. 내가 한
아이를 사랑할수록 헤어짐은 더욱 큰 고통이었다. 그러나 헤어져야 할
순간이 오면 그 아이를 정직하게 놓는 수밖에 없었다. 더 이상 내가 할

수 있는 일이 없기에 나는 떠나야 했다. 내가 떠날 수 있었던 것은 우리가 함께 누렸던 소중한 추억을 가슴에 가지고 있기 때문이었다. 나는 사람이 사람한테 줄 수 있는 것은 소중한 기억이라는 믿음을 가지고 있다. 설령 내가 앞으로도 쉴라가 학교를 마칠 때까지 함께 생활한다 하더라도 내가 할 수 있는 일은 아무것도 없었고, 그 아이의 행복을 보장할 수 있는 것도 아니었다. 행복은 스스로의 힘으로밖에 얻을 수 없는 것이다. 내가 줄 수 있는 것은 나의 사랑과 시간뿐이었다. 그동안 내가 했던 모든 노력은 추억으로 남게 되는 것이다.

하지만 쉴라를 바라보고 있노라니, 그 아이의 상처가 아물 때까지 충분히 기다려주지 못한 게 아닐까, 그 아이는 내 고통스러운 이별 방식을 이겨낼 수 있을 만큼 강한 아이가 아니지 않을까 하는 불안이 엄습했다. 나야 견뎌낼 수 있다고 하지만, 그 아이에게 선택의 여지를 주지 않은 것은 온당치 못한 처사인지도 몰랐다. 하지만 난들 어쩌겠는가? 마침내 내 마음은 내가 한 아이를 도와주기는커녕 상처만을 안기고 말았다는 자책감으로 갈갈이 찢겨나갔다. 연구자라면 아무리 반전통적 방식을 취해도 받아들여질 수 있지만, 교육 현장에서는 아무래도 다수에게 통용되는 방식을 취하는 것이 안전한 것인지도 모른다는 뒤늦은 후회에 빠져들기도 했다.

나는 쉴라가 앉아 있는 곳으로 천천히 걸어갔다.

"가세요." 그 아이는 얼굴을 가린 채 나직하지만 단호하게 내뱉었다.

"왜? 네가 우니까?"

손이 내려오더니 내 얼굴을 잠깐 바라보았다.

"아뇨." 잠시 말을 끊었다. "나도 어떻게 해야 할지 모르겠어서요."

나는 그 아이 앞에 앉아서 쿠션에 등을 기댔다. 그 아이의 상처를 달래주기 위해 팔로 감싸야겠다는 생각이 들지 않은 것은 그때가 처음이었다. 그 아이의 주위에는 망토처럼 위엄이 감돌고 있었다. 한 사람은 어른, 한 사람은 아이가 아니라 우리 둘은 동등한 위치에 있었다. 내가 더 지혜롭고 더 똑똑하고 더 강한 사람이 아니었다. 우리는 같은 인간이었다.

"선생님이 옆에 있으면 난 좋아질 텐데, 왜 못 그러겠다는 거죠?" 한참 만에 쉴라가 물었다.

"널 좋게 만드는 건 내가 아니라 너니까 그렇지. 내가 여기 있는 건 네가 올바르게 사는지 안 사는지에 관심을 가진 사람이 있다는 사실을 너한테 알려주기 위해서였어. 네 생활에 관심을 가진 사람이 있다는 걸 깨닫게 하기 위해서였어. 내가 어디에 있는지는 중요하지 않단다. 난 어딜 가나 너한테 관심을 둘 거야."

"선생님은 우리 엄마나 같아요." 인생을 달관한 듯한 그 나지막한 목소리에는 힐난의 뜻이 담겨 있지 않았다.

"그렇지 않아, 쉴라." 나는 그 아이를 물끄러미 바라보았다. "어쩌면 그런지도 모르겠네. 엄마도 나처럼 네 곁을 떠나기가 힘들었을 거야. 엄마도 너만큼 괴로웠을 거야."

"엄만 날 진정으로 사랑하지 않았어요. 동생을 더 사랑했어요. 엄마는 강아지처럼 길가에 날 버렸어요. 모르는 남남인 것처럼."

"나도 자세히는 모르겠다. 네 엄마가 어떤 분이었고 왜 너를 두고 떠났는지, 솔직히 선생님은 잘 모르겠어. 하지만, 쉴라, 너도 안다고 할 수는 없어. 네가 아는 건 네 감정뿐이야. 엄마하고 나는 다르단다. 난 네 엄마가 아니야. 아무리 네가 그러길 바라도 난 그렇게 될 수가 없어."

눈물이 다시 그렁그렁 맺혔다. 쉴라가 바지 허리띠를 만지작거렸다. "나도 알아요."

"알 거라고 생각했어. 그게 네 꿈이었다는 걸 선생님도 알아. 나도 너 같은 생각을 할 때가 있었으니까. 하지만 그건 어디까지나 꿈이란다. 난 네 신생님이고 학년이 끝나면 우린 친구로 남는 거야. 네가 원한다면 난 언제까지나 너와 친구가 되고 싶구나."

쉴라가 고개를 들었다.

"왜 좋은 일에는 항상 끝이 있는지 알다가도 모르겠어요."

"모든 일이 다 그래."

"나쁜 일은 안 그렇잖아요. 나쁜 일은 사라지지 않아요."

"사라져. 네가 거기에 매달리지 않으면 사라져. 욕심만큼 빨리 사라지지 않을 때가 있긴 해도 언젠가는 사라진다. 사라지지 않는 건 우리가 서로에게 가지는 느낌이야. 네가 어른이 되어서 다른 곳에 가서 살더라도 우리가 함께 보냈던 좋은 시절은 언제나 기억할 수 있거든. 앞으로 살다가 안 좋은 일을 겪고 그게 영원히 끝나지 않을 것처럼 보일 때는 날 생각하렴. 나도 널 기억할게."

뜻밖에도 쉴라가 서글픈 미소를 흘렸다.

"그건 우리가 서로를 길들였기 때문이에요. 책에 그렇게 나와 있죠? 여우를 길들이느라고 어린 왕자가 고생고생했는데 나중에는 어린 왕자가 떠난다고 여우가 막 울었잖아요." 쉴라는 내가 앞에 있다는 것을 의식하지 못하고 기억을 되씹으며 배시시 웃었다. 그 아이의 뺨에 흐르던 눈물이 말라붙었다. "언제나 밀밭을 생각하면 되니까 괜찮다고 여우가 나중에 말했구요. 맞죠?"

나는 고개를 끄덕였다.

"우린 서로를 길들인 거죠?"

"물론이지."

"누구를 길들일 때는 울 수밖에 없나봐요. 책에서도 다들 울기만 했잖아요. 난 그게 이해가 안 갔어요. 사람은 맞았을 때만 우는 줄 알았어요."

내가 다시 한 번 고개를 끄덕였다.

"누군가에게 길들여진 사람은 울 확률이 높아요. 그게 길들여진다는 뜻인가봐요." 쉴라는 입술을 지그시 깨물고 마지막으로 얼굴에 남아 있던 눈물의 흔적을 닦아냈다. "그래도 마음이 너무 아프죠?"

"그래. 많이 아프구나."

20

쉴라는 다음 날 아침 긴스버그 선생 방으로 가서 이렇다 할 말썽 없이 35분을 잘 보냈다. 그러나 우리 문제가 모두 해결된 것은 아니었다. 학기가 끝나간다는 것, 우리는 더 이상 같이 지낼 수 없다는 것을 모를 리 없었건만, 쉴라는 도무지 그것을 현실로 받아들이려 하지 않았다. 앞으로 남은 2주일 동안 그 아이가 크게 달라지리라고 기대하기도 어려웠다. 쉴라의 행동은 내가 떠나는 데 대한 분노와 두려움 사이에서 오락가락하면서 갈피를 못 잡고 있었다. 그 아이는 자기와 엄마 사이에서 벌어진 일과 우리 사이에서 벌어진 일은 성격이 다르다는 것을 확실히 깨닫지 못하고 있었다. 우리는 예전보다도 그 문제를 두고 더욱 많은 토론을 벌여야 했다. 사람들은 헤어지게 마련이고 헤어짐은 고통이어서 사람들을 울게 만들지만, 그래도 사랑하는 마음에는 변함이 없다는 원칙을 입증하는 증거로서 쉴라는 《어린 왕자》에 집착했다.

잠시도 그 책을 손에서 놓는 적이 없었고 어찌나 많이 읽었는지 보지 않고도 내용을 줄줄 읊었다. 더욱이 인쇄된 글이어서인지 쉴라는 내가 말로 설명하는 것보다 그 책을 더 신뢰하는 듯했다.

쉴라는 이제 울 줄도 알게 되었다. 그 다음 며칠을 그 아이는 눈물을 흘리거나 울먹거리면서 보냈다. 쉴라의 눈은 물이 새는 수도꼭지를 방불케 했다. 심지어는 웃거나 놀이를 할 때도 눈물을 줄줄 흘릴 때가 있었다. 왜 우느냐고 물으면 자기도 모르겠다고 대답했다. 나는 쉴라가 울도록 내버려두고 거기에 신경을 쓰지 않았다. 벌써 여러 날째 울고 있었으므로 이제는 웬만큼 감정 정리가 되었으리라 싶었고, 또 울음이 그 아이의 마음을 가라앉히는 데 도움이 된다면 그것처럼 다행스러운 일도 없지 않겠느냐는 생각도 들었다. 눈물은 조금씩 사라져갔다.

눈물이 걷히고 나자 그 아이가 가진 활기와 용기의 놀라운 알맹이가 드러났다. 그것은 쉴라에게 너무나 힘겨운 과제였다. 이제까지 그 아이의 인생에서 일어난 모든 일은 그 아이의 의도와는 상관없이, 아무런 선택의 여지도 없이 이루어진 일이었고, 아이는 그저 생존하기에 급급할 수밖에 없었다. 그러나 지금은 자기한테 어떤 일이 닥치리라는 것을 알고 절대로 흔들리지 않기 위해 영웅적인 노력을 기울였던 것이다. 쉴라가 닳고 닳은 《어린 왕자》를 가슴팍에 꼭 끌어안고서 무슨 일이냐, 왜 그래야만 하느냐 쉴 새 없이 질문 공세를 펴면서 눈물을 서서히 극복하는 모습을 지켜보면서 나는 그 아이가 틀림없이 이겨내리라는 확신을 가질 수 있었다. 그 아이는 강했다. 나보다 강했을지 모른다. 정서장애아들과 생활하면서 나는 아이들의 신속한 회복 능력에 깊은 감동을 받았다. 세인의 많은 오해에도 불구하고 그 아이들은 약하지 않았다. 살아남았다는 사실 자체가 그 증거인 셈이었다. 만일 우리로서는 살아가면서 너무나 당연하다고 여기는 도구를 그 아이들에게 준다면, 우리로서는 아낌없이 누리는 사랑, 도움, 신뢰, 자긍심을 그 아이들에게 심어준다면, 그 아이들의 강인한 생명력은 그저 생존하는 차원을 넘어 이 세상을 지배하고도 남음이 있을 것이다. 쉴라의 경우도 예외가 아니었다. 그 아이는 쉽게 포기할 아이가 아니었다.

학년 말을 코앞에 두고 경황이 없는 가운데 내 생일이 돌아왔다. 우리 교실에서는 생일을 중요한 행사로 여겼다. 집에서 생일상을 차려먹지 못하는 아이가 태반인 탓도 있었지만 내가 워낙 파티를 좋아했다. 나는 아이들도 당연히 안톤이나 휘트니, 내 생일을 축하해주어야 한다고 생각했다. 생명을 가지고 이 세상에 태어난 것처럼 소중한 일도 없다고 보았기 때문에 나는 생일 따위는 중요하지 않다는 듯이 수줍음을 떨 생각은 조금도 없었다. 그래서 내 생일이 돌아왔을 때 나는 노랗고 커다란 코끼리 모양의 케이크와 초콜릿 아이스크림을 준비해갔다.

그날은 일이 잘 풀리지 않았다. 그렇다고 해서 중대한 사고가 터진 것은 아니었고 그저 아이들이 티격태격하면서 교실 분위기를 어지럽힌 데 지나지 않았다. 피터는 버스에서 싸움을 벌여 코피를 흘리면서 들어왔다. 쉬는 시간에는 사라가 쉴라한테 신경질을 부렸고 쉴라는 타일러한테 분풀이를 해서 타일러를 울리고 말았다. 쉴라는 다시 사라한테 모래를 뿌렸고 사라도 울음을 터뜨렸다. 잠시도 구석 자리가 빌 때가 없었다. 오후로 접어들자 내 인내심도 한계에 이르렀다. 교사 휴게실에 가서 아이스크림을 가져오라고 휘트니를 보냈는데 5학년 어떤 반에서 그 아이스크림이 자기들 것인 줄 착각하고 가져간 모양이었다. 그래도 케이크는 남아 있으니 다행이었다. 피터와 윌리엄은 우리가 파티를 준비하는 동안 야단법석을 떨면서 돌아다녔다. 두 아이는 블록 두 개를 가지고 요술을 부린다며 난리였다. 조용히 하라고 했지만 말을 듣지 않았다. 또 다른 아이가 내 팔을 잡아당겨서 나는 정신을 차릴 수가 없었다. 그때 쿵 소리가 났다. 윌리엄이 피터한테 블록을 던졌는데 피터가 그것을 받으려다가 바닥에 앉아 있던 쉴라한테 걸려서 넘어진 것이다. 어느새 쉴라가 블록을 집어서 피터한테 던지려 하고 있었다. 피터는 의자를 들어서 쉴라 쪽으로 휙 던졌다. 피터가 던진 의자는 탁자와 맥스와 케이크를 차례로 건드렸다. 내가 준비한 노란 코끼리는 엉망이 되어버렸다.

"너희들 너무하는 거 아니니!" 나는 버럭 소리를 질렀다. "모두들 의자에 앉아서 고개를 숙여!"

"난 잘못이 없는데요," 길러모가 억울하다는 듯이 말했다. "난 아무 짓도 안 했어요."

"다들 숙이라니까!"

모든 아이들이, 심지어는 맥스와 프레디까지도 의자에 앉았지만 쉴라는 꼼짝도 하지 않았다.

"피터가 나한테 걸려서 넘어진 게 왜 내 잘못인가요?"

쉴라는 피터가 넘어졌던 그 자리에 가만히 앉아 있었다.

"어서 의자를 가져와서 다른 아이들처럼 머리를 숙이고 앉으라니까. 선생님도 너희들한테 참을 만큼 참았어. 하루 종일 싸움이나 하고. 너희들은 거기 있는 게 좋아. 머리를 숙이고 의자에 앉아 있어."

쉴라는 여전히 마룻바닥에 앉아 있었다.

"일어서, 쉴라."

쉴라는 크게 한숨을 내쉬더니 일어서서 의자를 가지고 왔다. 그리고 타일러 옆에다 의자를 놓고 거기 앉아서 머리를 숙였다.

나는 아이들을 바라보았다. 교실은 엉망진창이었다. 휘트니와 안톤은 바닥에 흩어진 케이크를 모았다. 내가 다가가보니 안톤도 기진맥진해 있었다. 나는 힘없이 웃었다. 내 솔직한 심정은 울고 싶다는 것이었다. 그날이 특별한 날이 되기를 바랐는데 그런 기대가 물거품이 된 것이 속상했고, 공들여 준비한 케이크가 바닥에 나동그라진 것을 보고 있자니 참담한 느낌이 들었다.

내가 다시 아이들 있는 곳으로 돌아오자 피터가 겨드랑이 사이로 나를 빼꼼 훔쳐보았다. 나는 손가락으로 피터를 겨누면서 눈을 부라렸다. 그러자 피터가 도로 얼굴을 숙였다. 나는 시계의 분침만 물끄러미 바라보았다.

"자, 점잖게 행동할 사람은 이제 일어나도 좋아. 앞으로 10분 남았구나. 모두 케이크를 주워 담고 각자 조용히 지내도록 해. 싸우는 소리가 또다시 들려서는 안 돼."

쉴라는 머리를 숙인 채 가만 있었다.

"쉴라, 너도 일어서야지."

하지만 쉴라는 머리를 감싸 안고 꼼짝도 하지 않았다. 나는 그 아이 옆으로 가서 앉았다.

"선생님도 이젠 화가 풀렸어. 일어나서 놀아도 된다니까."

"여기 있는 게 선생님한테 드리는 제 선물이에요. 나머지 시간은 여기서 조용히 있을래요."

수업이 끝난 다음 휘트니는 쉴라를 바래다주러 갔고, 안톤과 나는 교사 휴게실로 갔다. 나는 편한 의자에 앉아서 머리를 뒤로 젖히고 두

발을 탁자 위에 올려놓은 채 한 팔로 눈을 가렸다.

"오늘은 정말 힘드네요."

안톤의 대꾸가 없길래 똑바로 앉으면서 눈을 떠보았다. 안톤이 없었다. 그가 떠나는 것도 못 알아차린 것이다. 이런, 나는 다시 편한 자세로 돌아갔다. 졸음이 쏟아졌다.

"선생님?"

고개를 들었다. 어느새 안톤이 돌아와서 내 의자 옆에 서 있었다.

"생일 축하드립니다." 그러면서 두툼한 봉투를 내밀었다.

"이럴 필요까지 없어요. 우리끼리 이러면 안 돼요."

그가 빙긋 웃었다. "열어보세요."

그 안에는 초록색 뱀이 그려진 생일 축하 카드가 한 장 있었고 접힌 서류도 하나 있었다.

"이게 뭔데요?"

"제가 드리는 선물입니다."

나는 서류를 펼쳤다. 편지를 복사한 종이였다.

친애하는 안토니오 라미레스 씨,

체로키 개방대학은 귀하가 달튼 장학금 수혜자로 선정되었음을 기쁜 마음으로 알려드리는 바입니다.

축하합니다. 올 가을에 귀하를 교정에서 뵐 수 있기를 기원합니다.

나는 안톤의 얼굴을 올려다보았다. 그는 웃음을 참으려고 애썼지만 생각대로 되지 않았다. 만면에 미소를 짓고 있었다. 나는 축하한다는 말을 하고 싶었다. 내가 이 서류를 보고 얼마나 기쁜지 말하고 싶었다.

하지만 나는 가만히 있었다. 우리는 서로의 얼굴만 바라보았다. 그리고 웃었다.

    나는 쉴라의 반 배정 문제로 에드에게 전화를 걸었고 곧바로 회의가 열렸다. 나는 쉴라를 제퍼슨 초등학교에서 아이들을 가르치는 내 친구 샌디 맥과이어 선생에게 맡기는 것이 좋겠다고 말했다. 샌디는 쉴라에게 세심한 관심을 쏟아줄 수 있는 젊고 유능한 교사였기 때문이다. 그렇지 않아도 샌디는 쉴라가 일반 학교로 돌아갈 준비가 되어 있다는 말을 내 입에서 처음 들은 이후로 몇 번인가 쉴라에 대해서 물어온 적이 있었다.

    처음에 에드는 내 제안을 별로 달가워하지 않았다. 그는 아이를 월반시키는 일 자체에 대해서 거부감을 가지고 있었다. 게다가 쉴라는 체구가 작은 아이였다. 여덟 살이나 아홉 살 먹은 아이들 대부분이 쉴라보다 머리 하나가 더 컸다. 우리는 다각도로 그 문제를 논의했다. 쉴라의 학습능력은 2학년생보다 적어도 2년은 앞서 있었지만, 몸집은 비슷한 나이 또래보다 작았다. 쉴라의 경우에는 완벽한 해결책이 있을 수 없었다. 난 체구나 지능지수를 놓고 옥신각신하는 것보다는 쉴라를 정서적으로 성장시키는 데 더 관심을 기울여줄 믿을 만한 교사에게 그 아이를 맡기는 데 주안점을 두어야 한다고 말했다. 무엇보다도 내가 우려한 것은 쉴라를 2학년 반에 집어넣을 경우 그 아이가 고삐 풀린 망아지처럼 반 아이들 위에 군림하면서 사람들의 관심을 끌기 위해 일부러 못된 행동을 일삼을지 모른다는 것이었다. 결국 회의 참석자들은 쉴라를 샌디의 반에 보내기로 합의했다. 여기에 덧붙여 그 아이가 정서적으로 안고 있는 문제를 도와주고 뛰어난 학습능력을 살려주기 위해 하루에 두 시간은 특수지도를 하기로 했다.

학년이 끝나기 2주 전에 나는 쉴라에게 여름방학이 끝나면 제퍼슨에 있는 학교를 다니게 될 거라고 말해주었다. 그리고 그 반 선생님은 오래전부터 내 친구라서 아주 친한 사이라고 덧붙였다. 나는 언제고 기회를 보아서 방과 후에 한번 그 학교에 가보자고 제안했다. 다음에 다닐 학교에 대해서 말해주다보니 자연히 그런 제안이 나온 것이다. 쉴라는 펄쩍 뛰면서 지금도 그렇고 앞으로도 그렇고 그 학교에는 가고 싶은 생각이 없다고 말했다. 하지만 그날 오후 늦게 반 아이들이 쉴라가 월반한다는 사실을 듣고 흥분을 감추지 못하자 쉴라는 샌디 선생님을 한번 만나보는 것도 나쁘지는 않겠다는 쪽으로 생각을 돌렸다.

수요일 오후, 수업 종료를 알리는 벨이 울리자마자 쉴라와 나는 차를 타고 도시 맞은편에 있는 제퍼슨 초등학교로 향했다. 수업이 끝나려면 30분이나 남았기에 나는 도중에 아이스크림 가게에 들렀다. 쉴라는 아이스크림을 맛있게 먹었다. 그런데 실수로 냅킨을 가져오는 것을 잊어버렸다.

제퍼슨 초등학교에 도착했을 무렵 쉴라의 얼굴은 한마디로 가관이었다. 뺨과 턱은 물론이고 머리카락과 셔츠 앞자락에까지 초콜릿 아이스크림이 덕지덕지 묻어 있었다. 불과 15분 전까지 그렇게 깨끗하던 아이가 이렇게 돌변한 모습을 보니 기가 막혔다. 휴지도 없어서 그냥 맨손으로 대충대충 아이스크림을 닦아내는 수밖에 없었다. 그런 다음 나는 쉴라를 앞세우고 학교 안으로 들어갔다.

샌디는 쉴라를 보더니 빙그레 웃었다. 웃는 것도 무리는 아니었다. 아이스크림이 얼굴에 잔뜩 묻어 있으니 네 살 난 어린아이처럼 보이는 데다가 두려움에 젖어서 잔뜩 굳은 얼굴을 하고 있었으니 말이다. 쉴라는 내 다리에 바짝 붙었다.

"너 맛있는 거 먹었구나." 샌디가 웃으며 말했다. "뭐 먹었니?"

"아이스크림." 쉴라가 눈이 동그래져서 속삭이듯 나직이 말했다.

나는 샌디가 어떻게 생각할까 마음이 조마조마했다. 머리가 비상하고 언어능력이 유달리 뛰어나다고 입에 침이 마르도록 칭찬했는데 겉모습만 보아서는 영 아니올시다였던 것이다.

그렇지만 샌디는 역시 좋은 교사였다. 의자를 가져오더니 함께 앉아서 쉴라가 좋아하는 아이스크림에 대해서 아주 세세한 데까지 질문을 던지는 것이었다. 그러고는 교실을 구경시켜주었다. 보통 흔히 볼 수 있는 교실이었다. 제퍼슨 초등학교는 교실들이 큼직큼직한 유서 깊은 벽돌 건물이었다. 교실 안에는 책상이 모두 스물일곱 개 있었고 벽을 따라서 다양한 '학습 공간'이 마련되어 있었다. 샌디의 교실답게 안은 어수선했다. 탁자 한구석에는 수련장들이 어지럽게 쌓여 있었고 시험지들이 마루 여기저기에 흩어져 있었다. 나도 정리정돈하고는 거리가 먼 사람이었지만 샌디에 비하면 약과였다. 아이들이 하다 만 과제들이 여기저기 그대로 방치되어 있었다. 교실 뒷벽에는 책이 가득 꽂힌 서가가 놓여 있었다.

쉴라는 서서히 긴장을 풀고 생기를 되찾았다. 수줍음도 책에 대한 호기심을 이겨낼 수는 없었다. 쉴라는 혼자서 교실 안을 돌아다니면서 이것저것 구경했다. 샌디는 그런 쉴라의 모습을 지켜보면서 내게 웃어 보였다. 이곳에 데려오기를 정말 잘했다는 생각이 들었다.

발끝으로 서서 수련장 제목을 살피던 쉴라가 윗부분에 놓여 있는 것을 하나 꺼내 들춰보았다. 그리고는 그 수련장을 나에게 들고 왔다.

"이건 선생님이 갖고 있는 것들하고 달라요." 쉴라가 말했다.

"여기서 네가 공부할 수련장이야."

쉴라는 계속 페이지를 넘겼다. 그러더니 샌디에게 돌아섰다.

"난 수련장 푸는 거 좋아하지 않아요."

샌디가 입술을 모으면서 천천히 고개를 끄덕였다. "다른 아이들도 그렇게 말하더라. 수련장은 별로지, 그치?"

쉴라가 잠시 샌디를 응시했다.

"그래도 난 해요. 토리 선생님이 시키거든요. 처음에는 익숙하지 않았지만 지금은 괜찮아요. 이 수련장은 나빠 보이지 않는데요. 이걸로 하면 좋겠어요." 쉴라는 한 페이지를 주의 깊게 들여다보았다. "이 아이는 틀렸구나. 보세요, 빨간 표시가 있잖아요."

쉴라는 나에게 그 부분을 보여주었다.

"누구나 실수를 할 때가 있단다."

샌디가 말했다. 나는 쉴라가 틀리는 것에 대한 불안감이 유독 심하다는 것을 친구에게 귀띔해줘야겠다고 마음먹었다. 내년에 샌디가 풀어야 할 과제 중의 하나가 바로 틀리는 것에 대한 쉴라의 불안감을 줄이는 일이었다.

"그럼 어떻게 하는데요?" 쉴라가 물었다.

"틀렸을 때?" 샌디가 되물었다. "그럼 다시 해보라고 하지. 그래도 이해를 하지 못하면 선생님이 거들어주고. 누구나 실수는 하기 마련이거든. 그건 대수롭지 않아요."

"아이들을 때리나요?"

샌디는 빙긋 웃으며 고개를 흔들었다. "아니. 절대로 그런 일은 없어."

"이 선생님도 안 때리네." 쉴라가 나를 쳐다보면서 말했다.

우리는 샌디의 교실에 45분 가까이 머물러 있었다. 쉴라의 질문은 갈수록 대담해졌다. 나는 쉴라의 버스 시간 때문에 그만 가봐야겠다고 말했다. 교실 밖으로 막 나서려는데 샌디가 하루에 단 몇 시간이라도 좋으니 방학이 시작되기 전까지 쉴라를 여기 보내 3학년 수업이 어떻게 돌아가는지 구경시키는 것도 괜찮지 않겠냐고 제안했다. 나는 고맙다고 말하고 차에 올랐다.

쉴라는 학교로 가는 동안 차 안에서 내내 말이 없었다. 내가 차를 막 주차시키려고 할 때 쉴라가 내 쪽을 보면서 입을 열었다. "나쁜 사람은 아닌 거 같네요."

"네가 마음에 들어하니 다행이구나."

우리는 차에서 내렸다. 건물로 걸어가면서 쉴라가 내 손을 잡았다.

"가끔 그 선생님 교실에 가도 돼요?"

"가고 싶니?"

"가도 괜찮아요?"

나는 고개를 끄덕이고, 교문 위로 늘어진 층층나무에서 꽃 한 송이를 꺾어서 쉴라의 머리에 꽂아주었다. "한번 그런 방향으로 추진해보자꾸나."

마지막 주의 월요일에 안톤은 쉴라를 샌디의 반까지 데려다주었다. 나는 오전에만 있다 오라고 했지만 쉴라는 하루 종일 있겠다고 했다. 그 아이는 식당에서 다른 아이들처럼 자기 돈을 내고 자기가 먹고 싶은 것을 골라서 먹는 게 무척 신기했던 모양이었다. 우리 학교에서는 우리 반이 맨 마지막에 먹고 식단도 정해져 있었다. 쉴라는 보통 아이처럼 생활하는 게 어떤 느낌인지를 실감하려 했다. 고사리 같은 손으로 안톤의 손을 잡고 걸어가는 쉴라의 뒷모습은 보기에 안쓰러웠다. 쉴라는 평소에 입고 다니던 청바지와 티셔츠가 아니라 채드가 사준 드 레스를 입고 나타났다. 나한테 머리를 땋아달라고 하더니 어디서 뜨개 실을 꺼내와서 묶어달라고 했다. 안톤의 옆에 서니 쉴라는 더 작아 보 였다.

쉴라는 그날 오후 아주 신이 난 얼굴로 돌아왔다. 식당에서 음식을 하나도 흘리지 않고 자기 쟁반을 무사히 날랐던 이야기하며, 자기가 이제까지 본 머리 중에서 제일 길고 까맣고 아름다운 머리를 가진 마 리아라는 이름의 아이가 앉으라고 자리를 권하던 이야기하며, 쉴라는 그날 있었던 일을 하나도 빼놓지 않고 말하면서 자랑스러운 웃음을 지 었다. 좋은 일만 있었던 것은 아니었다. 화장실에 갔다가 길을 잃었던 것이다. 이야기하는 투로 보아 낯선 곳에서 길을 잃고보니 어지간히 무서웠던 모양이었다. 하지만 쉴라는 교실로 무사히 돌아왔다. 자기가 헤매고 다닌 줄 아무도 모른다고 그 아이는 자랑스럽게 말했다. 쉬는 시간에 놀다보니 긴 드레스가 예쁘기는 하지만 뛰어다니는 데는 거추 장스럽더라는 이야기도 했다. 뛰다가 넘어져서 무릎도 까진 모양이었 다. 쉴라는 치맛자락을 올려서 다친 데를 보여주었다. 거의 눈에 띄지 않는 상처였지만 무척 아팠고, 그래도 자기는 안 울었노라고 했다. 샌 디 선생님이 지켜보고 있다가 자기를 위로해주었다고도 했다. 가까이 와서 안아주면서 무릎이 안 아프라고 호호 불어주었는데, 샌디 선생님 몸에서 나는 냄새가 참 좋았다고 쉴라는 말했다. 하나같이 만족스럽기 만 한 날이었다. 쉴라는 마리아가 낙제를 해서 내년에도 자기와 같은 반이 되었으면 좋겠다고 했다. 나는 마리아한테 그런 좋지 않은 일이 안 생기더라도 너희 둘은 얼마든지 친구가 될 수 있다고 말해주었다.

우리 반을 떠나야 한다는 사실 때문에 쉴라가 침울한 표정을 짓지 않은 것은 그때가 처음이었다. 오히려 새로운 학교에서 보낼 생활이 자못 기대되는지 맥과이어 선생님과 내년이라는 단어가 대화에 자주 등장했다. 내가 없어도 그 아이가 잘 지낼 수 있으리란 생각을 하니 안도감과 서글픔이 교차했다.

방학 전날 우리는 소풍을 갔다. 우리는 학교 근처 공원에 모이기로 했다. 식당에 주문한 도시락이 있었고 아이스크림도 있었다. 학부형들이 과자와 군것질거리를 싸왔다. 작은 동물원과 오리가 노니는 커다란 호수가 있는 그 공원은 아주 넓었다. 정원에는 6월의 햇살 아래 꽃들이 활짝 피어 있었다. 아이들은 부모를 끌고 사방으로 흩어졌다.

별로 기대한 건 아니었지만 쉴라의 아버지는 오지 않았다. 쉴라가 그날 아침 입고 온 밝은 주황색 여름옷은 내가 처음 보는 옷이었다. 자기 몸이 너무 많이 드러나는 게 쑥스러웠는지 쉴라는 처음 30분 동안을 우리 옆에 붙어다녔다. 안톤은 색깔이 너무 예쁘다고 추켜올려주면서 언제 기회를 봐서 자기가 훔쳐야겠다고 농담을 던졌다. 안톤이 그옷을 입고 있는 모습을 상상했는지 쉴라는 배꼽을 잡고 웃었고, 다른 아이들이 오기를 기다리는 동안 우리 앞에서 춤을 추었다. 어젯밤 쉴라의 아버지가 할인점에 가서 딸에게 줄 여름옷을 샀던 모양이다. 그옷은 쉴라가 아버지한테서 난생처음 받아보는 옷이었다. 쉴라는 너무들떠 있어서 가만히 한자리에 있지를 못했다.

공원에 도착해서도 쉴라의 흥겨운 몸놀림은 계속되었다. 점심을 먹고 난 뒤 나는 안톤, 휘트니와 함께 연못가에 앉아서 쉴라를 지켜보았다. 그 아이는 우리가 앉아 있는 곳에서 10여 미터 떨어진 연못 주변의 산책로에 혼자 떨어져 있었다. 자기 안에서 들려오는 음악에 귀 기울이면서 길을 따라서 미끄러지듯 춤을 추었다. 산책로를 걷던 사람들이 즐거운 표정으로 조심스럽게 옆으로 비켜섰다. 쉴라는 깡충 뛰기도 하고 빙그르르 돌기도 하고 활처럼 몸을 구부리기도 했다. 여름 햇살 아래 금발을 휘날리면서 혼자서 춤추는 모습은 소름 끼치도록 매혹적이었다. 산책로를 지나가는 사람들, 다른 아이들, 나와 안톤, 휘트니도 까맣게 잊은 채 그 아이는 무아경에서 자기 안의 꿈을 춤으로 승화시켰다. 다른 사람들도 나처럼 그 아이의 춤에 빠져든 듯했다. 안톤은 말 없이 바라보고, 휘트니는 우리 귀에는 들리지 않는 음악을 따라가는 듯 고개를 가볍게 흔들었다.

안톤이 나를 보았다. "육체를 벗어나 있는 것처럼 보이지 않으세요? 훅 불면 날아갈 거 같아요."

내가 고개를 끄덕였다.

"저 앤 자유로워요." 휘트니가 나직이 뇌까렸다. 일리가 있는 말이었다.

마지막 날은 너무나 빠르게 지나갔다. 우리는 짐을 싸서 학교로 돌아와 마지막 시험지를 나누어주었고 마지막 작별 인사를 나누었다. 좁은 교실이 이제는 거의 텅 비어 있었다. 그림과 이야기도 벽에서 떼어냈고, 동물 우리도 모두 내 아파트에 갖다놓았다. 사물함에서도 아이들의 이름을 지웠다.

드디어 헤어져야 할 순간이 왔다는 사실을 깨닫고 쉴라는 활기를 잃었다. 시험지를 모두 나눠주고 수업 종료를 알리는 벨이 울리기를 기다리는 동안 쉴라는 쿠션과 동물 우리가 모두 치워진 교실 한구석으로 갔다. 그리고 바닥에 쪼그려 앉았다. 다른 아이들은 신나는 여름방학이 시작된다는 사실에 다들 들떠서 재잘거렸다. 안톤이 아이들에게 노래를 시키는 동안 나는 쉴라에게 갔다.

눈물이 소리 없이 그 아이의 뺨으로 흘러내리고 있었다. 휴지도 없어서 쉴라는 머리카락으로 물기를 닦아냈다. 그 눈에는 아픔과 슬픔이 가득했다.

"나 가지 않을래요. 우리 반이 없어지는 거 싫어요. 돌아오고 싶어요." 쉴라는 흐느꼈다.

"왜 안 그렇겠니." 나는 아이를 끌어안았다. "하지만 그런 느낌은 잠시란다. 이제 여름방학을 보내고 나면 넌 3학년이 되어서 다른 아이들하고 똑같이 생활하는 거야. 지금 이 순간만 이겨내면 돼."

"가고 싶지 않아요. 선생님이 떠나는 것도 싫어요."

나는 그 아이의 머리를 쓰다듬어주었다. "너한테 편지 쓸 거라고 했잖니. 편지로도 얼마든지 서로의 안부를 알 수 있는 거야. 떨어져 있다는 기분이 안 들 거야. 두고 보렴."

"안 그래요. 난 여기 있고 싶어요." 쉴라는 다시 울지 않으려고 애를 썼다. 작은 몸이 내 품에서 바르르 떨렸다. "난 못되게 굴 거예요. 맥과이어 선생님 반에서 말썽을 부려서 선생님이 다시 오게 만들 거예요."

"그런 말 하면 못쓰지. 넌 예전의 쉴라가 아니잖아."

"못되게 굴 거라니까요. 누구도 날 막지 못해요."

"그건 안 돼. 물론 네 일이니까 네가 알아서 하는 거지만, 그런다고 해서 달라지는 건 없어. 네가 그런 행동을 한다고 해서 지나간 시간이 되살아나고 없어진 반이 다시 생기지는 않아. 나도 못 와. 전에도 말했지만 선생님은 공부를 더 할 계획이거든. 네 일이니까 내가 이래라저

래라 할 수는 없지만, 흐르는 세월을 되돌려놓을 수는 없단다."

그 아이는 아랫입술을 깨물고 바닥을 뚫어져라 바라보았다.

나는 웃었다. "네가 나를 길들였으니까 넌 나한테 책임이 있어. 우리가 서로 사랑한다는 사실을 까먹으면 안 될 책임이 있다는 소리야. 지금은 울음이 조금 나올지 몰라도 얼마 안 있으면 우린 행복했던 기억만을 가지게 될 거야."

쉴라는 고개를 저었다. "난 행복하지 않을 거예요."

그때 벨이 울렸고 교실은 아이들이 지르는 함성으로 떠나갈 듯했다. 나는 일어나서 다른 아이들에게 갔다. 쉴라도 머뭇거리다가 내 뒤를 따라왔다. 우리는 작별 인사를 나누었다. 타일러와 윌리엄의 눈이 촉촉이 젖어 있었다. 피터는 환호성을 질렀다. 나는 아이들을 꼬옥 껴안아주고 입맞춰주었다. 아이들은 6월의 따뜻한 햇살 속으로 달려나갔다.

그날은 쉴라가 집까지 타고 가는 버스도 일반 학생들을 태우고 가는 버스가 떠난 직후에 출발하게 되어 있었다. 안톤과 휘트니한테 작별 인사를 하고 소지품을 챙겨서 버스 타는 곳까지 가려면 지금부터 서둘러야 할 것 같았다.

쉴라는 안톤과 헤어지기가 못내 섭섭한 모양이었다. 처음에는 얼굴을 가리고 아예 안톤을 쳐다보지도 않으려 했다. 안톤은 스페인어로 뭐라 뭐라고 하면서 쉴라에게 자꾸만 웃어보라고 했다. 쉴라는 안톤이 하는 스페인어를 알아듣는 것 같았다. 안톤은 이따가 저녁때 동네에서 또 보면 되지 않느냐고 쉴라를 달랬다. 나는 더 이상 기다릴 수가 없었다. 버스 타는 곳까지 데려다줄 테니 어서 가자고 말했다. 그러자 쉴라는 돌아서서 안톤을 끌어안았다. 작은 팔이 레슬링 선수처럼 안톤의 몸을 꼭 조였다. 이어서 쉴라는 휘트니에게 손을 흔든 다음 내 손을 잡았다. 교실 문 앞에서 잠시 서 있더니 별안간 안톤한테 달려가서 다시 끌어안았다. 쉴라는 안톤의 볼에 입을 맞춘 다음 나에게 되돌아왔다. 시험지들, 《어린 왕자》, 추억이 깃든 소지품들을 챙기는 그 아이의 눈에 물기가 어려 있었다. 우리는 계단을 내려와 고등학교 쪽으로 걸어갔다.

쉴라는 가면서도 내내 말이 없었다. 나도 침묵을 지켰다. 우리는 말이 필요한 단계를 넘어서 있었다. 말은 오히려 우리의 소중한 기억을 망칠 수 있었다. 버스는 벌써 와 있었지만 아직 학생들의 모습은 보이지 않았다. 운전기사가 아는 척을 했고 쉴라는 쪼르르 달려가서 먼저 짐을 자리에 갖다놓았다. 그러고는 다시 버스에서 내려 내가 서 있는 곳으로 걸어왔다.

쉴라가 눈부신 햇살을 손으로 가리면서 나를 올려다보았다. 나도 그 아이를 바라보았다. 밝은 햇살 아래 영원 같은 한순간이 지나갔다.

"안녕."

그 아이가 속삭였다.

나는 무릎을 꿇고 앉아 쉴라를 끌어안았다. 심장 고동 소리로 귀가 멍멍했고 목이 메어 말을 할 수가 없었다. 나는 일어섰고 쉴라는 버스로 뛰어갔다. 내처 버스까지 달려간 그 아이는 계단 앞에서 우뚝 섰다. 고등학생들이 버스에 오르고 있었으므로 쉴라는 기다려야 했다. 쉴라는 나를 돌아보더니 별안간 내 쪽으로 달려왔다.

"아까 한 말은 거짓말이었어요. 못되게 굴 거라는 말은 진짜로 한 말이 아니에요. 착한 아이가 될게요." 아이는 숨차게 말하고 나서 엄숙하게 나를 보았다. "선생님을 위해서."

나는 고개를 저었다. "내가 아니라 너를 위해서지. 그게 정확한 말이야."

쉴라는 알 듯 모를 듯 살며시 웃었다. 그러더니 어느새 버스로 돌아가서 계단 너머로 사라졌다. 잠시 후 버스 뒤창에 쉴라의 얼굴이 나타났다. 운전기사가 문을 닫고 시동을 걸었다.

"안녕."

입 모양으로 쉴라가 그렇게 말하는 것을 알 수 있었다. 코가 창문에 눌려 납작해졌다. 울고 있는지도 몰랐다. 한 바퀴 돌고 난 버스가 진입로를 따라갔다. 작은 손이 처음에는 미친 듯이 흔들리다가 나중에는 점점 약해졌다. 나는 버스가 도로로 접어들어 시야에서 사라질 때까지 손을 든 채 웃어주었다.

"안녕."

목이 메어 겨우 그 말만 던지고는 학교로 돌아섰다.

맺는말

1년 전에 내 앞으로 물에 젖어서 번진 자국이 있고 파란 사인펜으로 적은 구깃구깃한 종이 한 장이 도착했다. 다른 편지는 없었다.

너무나 '사랑' 하는 토리 선생님께

온갖 사람들이 왔습니다
그들은 나를 웃기려고 애썼고
나와 놀아도 주었습니다
재미로 하는 놀이도 있었고 심각한 놀이도 있었습니다
그리고는 모두들 떠났습니다
함께 놀았던 그 자리에 나만 쓸쓸히 남겨둔 채
무엇이 재미로 하는 놀이였고
무엇이 심각한 놀이였는지 나는 몰랐습니다
혼자 남은 내 귓가에는 웃음소리가 메아리쳤지만

내 소리는 아니었습니다

그때 선생님이 왔습니다
선생님은 별났습니다
사람 같지가 않았습니다
그리고 나를 울게 만들었습니다
내가 울어도 선생님은 내버려두었습니다
놀이는 끝났다는 말만 했습니다
그리고 기다려주었습니다
내가 흘린 모든 눈물이 기쁨으로 바뀔 때까지.

7년 후,
열네 살 소녀가 된 쉴라의 이야기가
2권으로 이어집니다.

옮긴이 **이희재**

1961년에 태어나 서울대 심리학과 졸업. 성균관대 대학원 독어독문학과를 수료했다.
전문번역가로 많은 책들을 번역해왔다.
주요 번역서로는 《몰입의 즐거움》, 《소유의 종말》, 《미완의시대》,
《새벽에서 황혼까지 서양문화사 500년》, 《문명의 충돌》 등 다수가 있다.

한 아이 1

토리 헤이든 지음·이희재 옮김

1판 1쇄 펴낸날 1998년 2월 15일 | 2판 20쇄 펴낸날 2023년 10월 11일
펴낸이 이충호 | 펴낸곳 길벗어린이(주)
등록번호 제10-1227호 | 등록일자 1995년 11월 6일
주소 04000 서울시 마포구 월드컵북로 45 에스디타워비엔씨 2F
대표전화 02-6353-3700 | 팩스 02-6353-3702 | 홈페이지 www.gilbutkid.co.kr
편집 송지현 임하나 황설경 박소현 김지원 | 디자인 김연수 송윤정
마케팅 호종민 신윤아 이가윤 전예은 최윤경 강경선 | 경영지원본부 이현성 김혜윤
ISBN 978-89-5582-511-4 03370

아름드리미디어는 길벗어린이(주)의 청소년·단행본 브랜드입니다.